江藤茂博・牧角悦子 監修
Shigehiro Eto & Etsuko Makizumi
松本健太郎・王 怡然 編

二松學舍大学学術叢書

# 日中文化の トランスナショナル コミュニケーション

◆コンテンツ・メディア・歴史・社会

Transnational
Communication of
Japanese and
Chinese Culture

ナカニシヤ出版

# まえがき

# 日中文化のトランスナショナルコミュニケーション

　遣唐使や元寇そして昭和期の大陸侵略など，様々な歴史的交流が東アジアで繰り返されてきたことを，私たちは知識として知っている。中学や高校の教科書に記載された歴史上の出来事である。そこに個々の知識や関係性をさらに重ねて，私たちの東アジアについてのイメージが構築されていく。そういう意味では，江戸時代の中国人居留地や明治期以降のチャイナタウン，そして中華学校などが身近にあったことが，筆者である私の，中国を中心とする東アジアイメージの形成に大きく影響してきたと思う。中国大陸からの文化の影響が日常生活のなかにもあったのである。そして 1960 年代末，中学生にとっても，たとえば毛沢東は，チェ・ゲバラとともに革命家として人気者だった。その頃に，デパートで「英雄」という名前の黒い万年筆を，本屋で赤い表紙の「毛沢東語録」を買った記憶がある。私の中学校には，先の中華学校を卒業した女の子が入学してきて，得意なのは中国語だと自己紹介で話していた。

　いつしか made in china が誰の日常生活の品々にもあふれ，つぎに，たくさんの中国の若者たちが日本の大都会にやってきた。そして，20 世紀末には，私自身が中国に行き来するようになった。21 世紀からはデジタルコンテンツの流通をめぐるグローバル化がはじまり，やがて 2010 年が過ぎた頃には，東アジアの若者の日常生活はどこの国も同じようなものになっていた。今回の共同研究は，こうした今日的な東アジアの状況において，テーマを「日中文化のトランスナショナルコミュニケーション」とした。

　振り返ると，2000 年代に入ってから，人・モノ・資本・情報の「トランスナショナル」な移動が加速して，日本と中国との文化交流は新たな局面を迎えたのだと思う。中国の若者は，「bilibili」のような動画共有サイトを活用して日本の映画やアニメなどのコンテンツへと容易にアクセスできるようになった。逆に日本の若者は，「TikTok」や「荒野行動」のような中国発のソーシャルメディアやソーシャルゲームを利用している。インターネットを介した各種のサービスやコンテンツが越境的に流通し，そしてそれをもとにした，日中間の新たなコミュニケーションや文化が

台頭してきているということができるだろう。

　日中両国の思想，文学，言語，芸術などといったハイカルチャーに対しては，それぞれの専門領域からの比較研究が行われてきており，相応の研究蓄積が重ねられてきた。しかしポピュラーカルチャーに対しては，近年のグローバル化による文化現象だということもあり，これまで十分な比較研究がなされてきたとはいいがたい。本書ではそのような現状を踏まえて，日中の研究者の共同研究として，「コンテンツ」と「メディア」，あるいは「歴史」と「社会」という視座に立脚しながら，両国の大衆文化をめぐる越境的流通に焦点を当てることにした。とくに，中国の研究者側からのアプローチに重きを置いた。

　もはや，私が育った長崎に根付いた中国民衆の文化風習にはエキゾチックな情緒を感じるのみである。そして長崎の港には，一時的にコロナ禍で途絶えてはいるものの，大型クルーザー船が立ち寄り，多くの中国人観光客が街中のショッピングを楽しむ時代になった。中国系の同級生のその後を私は知らない。しかし，家族団欒の光景が彼女にあるとすれば，いまどの国で生活していても，同じゲームやアニメを楽しんでいる子供や孫がいるに違いない。

2021 年 3 月 13 日

二松学舎大学学長

江藤　茂博

# 本書の刊行にあたって

　本書は，二松学舎大学東アジア学術総合研究所における共同研究「東アジア都市文化における「コンテンツ」と「モノ」の流通をめぐる学際的研究」（2019–2020年度）の成果を集成して出版するものである。共同研究に直接ご参加いただいた学内の先生方に加えて，関連するシンポジウムに登壇された先生方，そしてそれ以外のところで，このテーマに関する優れた学術的な知見をおもちの先生方にお願いし，結果として，素晴らしい原稿を本書にお寄せいただいた。

　本書の構成に関して，ここで簡潔に触れておきたい。まず，「第Ⅰ部　「コンテンツ」と「メディア」からみる日中文化のトランスナショナルコミュニケーション」では，その題目にあるように「コンテンツ」と「メディア」に着眼しつつ，日本と中国の間隙で展開される文化のトランスナショナルコミュニケーションをめぐって，各章が含むそれぞれの視点から考察が展開されることになる。目次における各章のタイトルからも理解されるように，第Ⅰ部で扱われる題材はじつに多様である。アニメ，西遊記，映画のネット配信，ギャグマンガ，ノベライズ，ゲームなど，それこそ多種多様な視点から，日中間の文化越境の諸相が照射されることになる。

　つづく「第Ⅱ部　「歴史」と「社会」からみる日中文化のトランスナショナルコミュニケーション」では一転して，おもに「歴史」あるいは「社会」という視座に依拠しながら，東アジアを中心とする文化越境の諸相を考察の俎上に載せることになる。なお，ここでの題材も，医学交流，三国志，雑誌，ガイドブック，アートツーリズム，ゆるキャラ，シェア自転車，化粧など，じつに多様である。さらに付言しておくと，本書には各章における議論を補完するものとして，合計で9本のコラムが所収されている。これらはそれぞれ，日本と中国の間で展開されてきた／されつつあるトランスナショナルコミュニケーションの広がりを確認するうえで，重要な論点を含んでいるといえるだろう。

　なお，本書の刊行にあたっては，多数の方々にご協力いただいた。2020年1月8日に開催された東アジア学術総合研究所主催のシンポジウム「越境する現代日本文化——東アジアにおけるコンテンツの受容」に基調講演者としてご登壇いただいた范周氏（中国伝媒大学）には，この分野に関する重要な知見を多角的に提供いただいた。また，北京外国語大学の秦剛氏には，本書を企画するにあたって，お力のあ

る研究者を数多くご紹介いただいた。北京大学の鄧剣氏には，私がこのテーマに関心を抱くきっかけを様々なかたちで頂戴した。さらに，私の出身研究科（京都大学人間・環境学研究科）の後輩であり，また，私とともに編者を担当してくださった王怡然氏には，編集作業の様々な局面において大いにご活躍いただいた。ここにあげた方々を含め，本書の刊行に御尽力いただいたすべての先生方に対して，この場をお借りして心よりお礼を申し上げたい。


　　　　　　　　　　　　　　　　　　　　　　　　　編者を代表して

　　　　　　　　　　　　　　　　　　　　　　　　　松本 健太郎

# 目　次

## 第Ⅱ部　「歴史」と「社会」からみる日中文化の トランスナショナルコミュニケーション

# 第Ⅰ部

「コンテンツ」と「メディア」からみる日中文化の
トランスナショナルコミュニケーション

# 01 中国の国産アニメとその発展のプロセス

## 日本アニメの影響を中心に

范 周／訳・周 潭

## 1 はじめに

　中国において，日本は「アニメの王国」と呼ばれている。というのも，日本は世界最大のアニメ製作国かつ輸出国として，現在では，世界で放送されているアニメ作品の6割以上を産出しているからである。とりわけヨーロッパにおける日本産アニメの比率は，8割以上に達している。

　日本の様々なコンテンツ産業のなかでも，アニメはとくに重要な位置を占めている。それは映画としても，あるいはテレビ番組としても人気があり，各種アニメのキャラクターは街頭にあふれている。日本のアニメは海外に輸出され，ときに大きな人気を獲得してきたが，それは以下で注目するように，中国のアニメ産業の進歩と発展を推進する原動力にもなってきた。本章では中国における日本アニメの伝播と影響を概観したうえで，日本と中国のアニメ産業の規模，文化的特徴，人材育成や知的財産権保護などを比較してみたい。

## 2 中国における日本アニメ産業の伝播と影響

### ■ 2-1　中国における日本アニメ産業の展開

　歴史的にみると，日本のアニメは中国国内において，多種多様なメディアをつうじて拡散されてきた。その発展はおもに四つの時期を経由している。まず，第1段階が「マスメディアによる拡散期」，つづく第2段階が「海賊版の氾濫期」，第3段階が「ファンによる自発的な拡散期」，そして第4段階が「インターネットプラットフォームにおける知的財産権の導入時期」である。以下ではそれを順番に説明しておこう。

1）第 1 段階「マスメディアによる拡散期」（1980 年代中頃から 1990 年代初頭
　　まで）

　中国のマスメディアにおける日本アニメの拡散は，1979 年から開始されたといえ
る（郭, 2016）。日本人である近藤宏が香港で独自に香港国際映画業務（影業有限公
司）を立ち上げ，日本の IP の授権代理に従事することになる。そして 1980 年代の
前半には，『一休さん』と『花の子ルンルン』が主題歌とともに，中国のテレビ視聴
者による好評を博した。1990 年代に入ると，『ドラえもん』，『Dr. スランプ アラレ
ちゃん』，『キャプテン翼』，『聖闘士星矢』，『ドラゴンボール』など，日本の人気ア
ニメが相次いで中国で放送され，やはり大きな話題となる。

　なかでもアニメのキャラクターとしての「ドラえもん」は中国の視聴者に大きな
人気を得て，その影響はこんにちまで継続している。最初に輸入された漫画版『ド
ラえもん』は，人民美術出版社により 1987 年と 1988 年に全 18 巻で翻訳出版されて
いる。2015 年以来，『ドラえもん』のアニメ映画は 4 本公開され，中国では 8.4 億元
の興行収入を獲得し，その関連商品についても，中国での年間売上高は 10 数億元か
ら 20 億元の間を推移している。

2）第 2 段階「海賊版の氾濫期」（1990 年代初頭から 2000 年前後まで）

　海賊版漫画は，台湾と香港で最初に広まった。1989 年末に『少年快報（少年快
报）』が創刊されたとき，この海賊版ブームは最高潮に達し，ピーク時には 1 期で
23 万部を売り上げるという記録を残している（宋, 2016）。

　1990 年代，日本アニメの黄金期の到来とともに，中国に輸入されたアニメ作品
は質・量ともにピークを迎えた。それと同時に，海賊版メーカーは漫画のみなら
ず DVD などのディスク製品についても海賊版を流通させていった。21 世紀の初頭，
中国はテレビをつうじて，いくども「アニメの輸入と放送管理の強化に関するお知
らせ」（关于加强动画片引进和播放管理的通知），あるいは「テレビアニメの放送管
理に関する規範強化に関するお知らせ」（关于进一步规范电视动画片播出管理的通
知）などを視聴者に通知し，また，輸入に関しては数量を制限し，さらに，ゴール
デンタイムには国産作品の放送を要求した。そして 2 度にわたる「放送制限令」（禁
播令）が発令されると，日本のアニメは中国国内のテレビ局のスクリーンからはほ
ぼ消滅した。しかし，当時の中国の状況を振り返ると，国産アニメ作品は人びとの
需要を満たすほどには良質ではなかったといえる。

### 3) 第3段階「ファンによる自発的な拡散期」（2002年から2010年まで）

　インターネットは中国国内において，2002年前後に普及しはじめる。これによってアメリカやイギリスのドラマ，あるいは日本アニメなどの外国映画作品がインターネットをつうじて受容されるようになった。また，その一方で中国では「字幕組」[1] と呼ばれるグループが台頭するようになった。これは言語を超えた字幕の共有を試みるものだが，中国最初の字幕組はアニメファンスペース（論壇）のなかで誕生している。そしてその出現は，知的財産権矛盾をめぐる葛藤を惹起することになった（常ほか，2015）。

　ほとんどの字幕組のメンバーは著作権料の支払いを回避しており，知的財産権の問題を回避している。しかし法律的にいえば，字幕組には何らかの権限があるわけではなく，映画を無断で公開しているわけである。知的財産権の「合理的な使用」を盾にしても，責任を免れることはできないと考えられる。

### 4) 第4段階「インターネットプラットフォームにおける知的財産権の導入時期」（2010年から今まで）

　日本動画協会が発行した『アニメ産業レポート2016』を参照すると，アニメ産業市場が2015年の段階で，中国におけるWeb正式配信から得られた配信権販売収入は2014年の段階と比べて178.7％と大幅に増加しており，中国市場は日本アニメ産業の成長の最大の原動力となっていた。多くの中国の動画配信プラットフォームは，配信権の購入や放送許可権の獲得など形式上での協力だけでなく，日本のアニメ製作スタジオとのパートナーシップを結ぶことによってコンテンツの共同開発を実施している。とりわけ2016年は，アニメビジネスにおける日中間の協力関係において重要な年となった。この年に，合計で8本の日中合作のアニメ作品が上映されており，中国の動画配信プラットフォームも協力モデルを構築している——配信権の

---

1）湯天軼は「字幕組」について次のように解説している——「いうまでもなく，中国人受容者の大多数が日本語の熟練者ではないため，その一次コンテンツに接触するにあたって，ある程度の中国語訳が必要とされている。しかし，公式な中国語訳版を有する作品も少数存在するが，大多数のコンテンツは放送または販売が日本国内に限定されたものであるため，インターネットなどをつうじて中国に流れ込んだ時点では，翻訳されていない。そこで登場する翻訳の担い手のなかで，もっぱら映像作品における音声や文字を中国語に訳して字幕を作成し，データ化した映像作品にそれを挿入して再生産し，インターネットで配布するというような愛好者グループたちは「字幕組」と呼ばれている」（湯，2017：19）。

購入から投資，コンテンツ制作，海外発行まで，産業チェーンの開発が遂行されつつあるのだ。

### ■ 2-2 中国における日本アニメ産業の受容

1981年に『鉄腕アトム』が輸入されて以来，様々な日本アニメが中国に持ち込まれたが，2018年には劇場版『ONE PIECE』（以下『ワンピース』）の中国国内における興行収入が100億円を突破して話題となった。日本アニメは中国の若者たちに多大な影響を与え，また，それによって中国アニメ産業の革新をも促進することになった。中国におけるアニメーターの多くは日本のアニメ産業を学び，それを参考にする傾向がある。2014年の『One Hundred Thousand Bad Jokes（「十万個冷笑話」中国語：「十万个冷笑话」）』（尹ほか，2015）は，民族文化を現代風にアレンジし，中国アニメに固有のパターンを作り出した。また，現代の情報化時代において，既存のメディアとしてのアニメはインターネットと組み合わされて，「オリジナルウェブコミック」，「ミニコミック」，「オンラインゲームアニメ」などの新しい形式を生み出した――『泡芙小姐（Miss Puff）』，『超有病』，『我叫MT』などはその優れた事例だといえるだろう。ともあれ中国のアニメ産業は積極的に国外の文化的要素を葛藤のなかで吸収し，自国のアニメの発展へと結びつけつつある。

日本アニメの影響は，中国における「二次元文化」の発展を促進させた。日本においてこれは「オタク文化」（御宅文化）として位置づけられる傾向にあるが，中国国内では，「二次元」（二次元）は次第に「オタク」（御宅）という概念に取って代わられた。こんにちでは，中国の二次元産業のコンテンツはさらに拡張され，アニメ，漫画，ゲーム，漫画展示会などを含んでおり，派生品を中心とした二次元産業のポテンシャルはますます巨大化している。

## 3 日中アニメ産業の発展に関する比較分析

### ■ 3-1 産業規模の比較

日本は世界のアニメ業界の先行者であり，その発展モデルと文化的特色ゆえに世界から賞賛を浴びてきた。日本漫画協会が作成した『アニメ産業レポート2020』によると，2009年から2019年にかけて，日本アニメ市場の規模は10年連続で拡大をつづけている（ちなみに2019年までに，その市場規模は2兆5112億円に達している）。アニメ映画は2019年に過去最高の692億円に達し，前年同期比62.4%増

のネットアニメ市場も，2019年には685億円に達し，前年同期比15.1%増となった。興行娯楽市場は844億円に達した。

　それでは，中国のアニメ産業はどうだろうか。手短にその歴史を素描しておこう。中国アニメ産業の発展は1922年からはじまった。その年，上海万氏兄弟が制作した中国初の広告アニメ『Shuzhendong Chinese Typewriter（舒振東華文打字機）』（殷，2013）は，中国アニメ産業のスタートを示す象徴的な作品となった。1926年から1957年にかけて，中国のアニメは最初の繁栄期を迎えた。1941年9月には，万籟鳴監督をはじめ中国のアニメーター100人あまりが1年以上を費やして，アジア初のアニメ映画『鉄扇公主』を制作している。

　最近では2013年以降，中国アニメは急速な発展期に入った。とくにその後の2年間は，『西遊記 ヒーロー・イズ・バック（大聖帰来）』，『紅き大魚の伝説（大魚海棠）』，『哪吒（哪吒）』といった中国的な特徴を反映した作品が制作された。さらに2015年以降，中国オンラインアニメ産業はさらなる発展を遂げていく。そして2018年以降，良質なアニメコンテンツのさらなる出現により，ネットアニメ市場は安定成長期に入り，ユーザー料金をはじめとする付加価値サービスの成長が顕著となった。

　全般的にいって，二次元ユーザーの規模は年々増加している。関連データによると，2019年の中国二次元ユーザーの規模は約3.32億人で，2021年には4億人を突破する見込みとなっている。中国におけるアニメ産業の規模は日本と比べてまだ差があるが，巨大な二次元ユーザーは中国のアニメ産業の継続的な発展に寄与すると考えられる。

### ■ 3-2　文化的特徴の比較

　日中アニメにおけるコンテンツを比較してみると，日本のそれは地域の特色が鮮明かつ詳細に描き込まれていることが多い（陈，2016）。その一方で，日本に固有の文化的特徴——たとえば「もののあわれ」，「武士道精神」，「集団意識」，「宿命論」および「耽美主義」などの追求——が描き込まれていることも多い。たとえば「もののあわれ」の思想の影響により，『BLEACH』や『るろうに剣心』などでは，桜の木を背景にした死の場面が認められる。美しい景色と血なまぐさい殺伐の場面とを瞬間的に融合させる極端な描写は，日本アニメのなかでしかみられない。

　さらにいえば，日本のアニメには固有の神話や宗教，あるいは民間伝承などに依拠した創作も多い。たとえば『ゲゲゲの鬼太郎』には多種多様な妖怪のストーリー

が描かれているし，また，宮崎駿監督の作品には，森林を含む自然への敬慕の念が反映されている。

　さらにいえば，日本におけるアニメコンテンツの創作は，外来文化を受け入れつつ実践されることも多い。日本のアニメは自国の歴史文化のみならず，また世界各国の歴史文化から題材を発掘し，それを再創造することで自らの創作へと結びつけている。たとえば鳥山明の『ドラゴンボール』の場合には，中国古代のドラゴンボール伝説と名著『西遊記』から題材を採っている。また，篠原千絵の『天は赤い河のほとり』は，紀元前 13 世紀のヒッタイト王国から題材を採っている。

　これと比較してみるならば，中国のアニメは儒教思想や民族文化などの側面で独自の文化的特徴をそなえている。さらにプロットの設定において，それは明確な思想的特徴をもち，悲喜の表現が曖昧であったりする。そしてエンディングがコメディ調であったり，あるいはハッピーエンドであったりすることが好まれる。たとえば，中国の古典アニメである『大暴れ孫悟空（大鬧天宮）』や，あるいは『西遊記 孫悟空対白骨婦人（金猴降妖）』などはそのような傾向をもつ作品の典型であるといえるだろう。そこに描かれる「仁愛，義気，誠実，寛容，忠誠」などの伝統的な儒教思想は，アニメ作品の画面構成，プロットとエンディングにその顕著な特徴として見出すことができる。

　他方で民間伝承や神話なども，中国のアニメコンテンツの題材としてよくもちいられる。たとえば『ナスレッディン・ホジャ物語（阿凡提的故事）』，『九色の鹿（九色鹿）』，『ナーザの大暴れ（哪吒鬧海）』，『Three Monks（三个和尚）』などは，民間の物語や伝説をアニメ映画化した代表作である。あるいは 1999 年に公開された長編アニメ『宝蓮灯（宝蓮灯）』は，中国の伝統的な民族文化の魅力をあますところなく発揮されたものといえる。

　中国のアニメ産業を振り返ってみると，『シーヤンヤンとホイタイラン（喜羊羊与灰太狼）』や『くましゅつぼつ（熊出没）』などがそうであるように，幼児をおもな受け手として想定した作品が市場を占拠してきた。しかし近年では，成長した青少年が新たな受容層として認識されるようになり，たとえば 2015 年の『西遊記 ヒーロー・イズ・バック（大聖帰来）』や 2016 年の『紅き大魚の伝説（大魚海棠）』などのように，すべての世代を対象とするアニメ作品が制作されつつある。さらに 2017 年には大人向けのアニメとして『大護法』（張・張, 2000）が公開されているが，その監督である不思凡はアニメ映画とポスターに「PG-13」という等級標識を付けている。このことは中国のアニメ映画の内容等級別についての重要な試みとなった。

　総じていうと，長い歴史をもつ日本のアニメは題材が幅広く，種類も豊富である。他方で，中国アニメの題材も幅が広がりつつあり，表現形式や受け手も多様化しつつあるといえる。

### ■ 3-3　人材育成の比較

　日本のアニメ産業の成功と成熟の要因としてあげられるのは，人材の重視，および人材育成システムの存在である。日本ではアニメに関わる人材の育成は，おもに学校教育と社会教育の二つの方式がある。このうち前者の学校教育に関していえば，東京工業大学や京都精華大学などのような大学教育によるものと，代々木アニメーション学院などのような専門学校教育によるものがある。このうち大学教育の現場においては，アニメとメディアの結合が強調され，それをデジタル芸術分野の創作手段とみなす傾向がある。

　他方の社会教育についてみてみると，それは業界予備軍を育成するうえで重要な役割を果たしている。日本社会で行われている各種の教育学校，養成コースおよび講座は，日本のアニメ人材育成の重要な力であり，アニメや漫画についての社会養成訓練はおもに以下のような学校運営モデルで構成されている。第1のものは，私立のアニメ教育学校である。アニメ・漫画の養成訓練の多くは塾として運営されている。これらの養成訓練学校は先進的なコンピュータおよび関連デジタル設備をそなえているだけではなく，有名なアニメーターや漫画家を招いて教育を担当させている。第2のものは，映画スタジオや出版社が主催する各種トレーニングコースである。たとえば東映アニメーション研究所[2] は長い間，アニメ人材育成に注力してきたが，その教育の特徴は「実践しながら学ぶ方式」を採用している。第3のものは，様々な形態のアニメ教室である。これらのアニメ教室は，ある地域で開催されたり，漫画家個人が不定期で開催していたりする。たとえば手塚治虫の故郷である大阪府豊中市岡町では，2004年8月に「漫画教室」の初級講座が企画されている。第4のものは，通信教育である。日本では通信教育として「漫画家教育通信講座」があり，それをつうじてアニメ人材を育成している。あるいは，各種ファンドや国際アニメフェアなどもアニメ講座を開催している。たとえば，東京国際アニメフェアでは毎年様々なかたちでのアニメ専門講座が開催されている。ともあれ，日本におけるア

---

2）東映アニメーション株式会社が1995年から2011年にかけて運営していた人材育成機関である。

ニメ人材の社会教育は良い結果をもたらしてきたが，しかしその一方で，スタジオ
ジブリをはじめとする有名なアニメスタジオでは人材育成の仕組みが整っていると
は言い難い。

　これと比較するならば，中国のアニメ産業では人材育成がかなり遅れている。大
学教育にはアニメに関する専門学部が少なく，必要な人材を供給できていない。
「2014 年中国アニメ産業発展レポート」（2014 年度中国动漫产业发展报告）による
と，2002 年までに大学でアニメ専門学科を開設したのは北京電影学院や中国伝媒大
学などわずか数校だけであった。これに対して，2009 年までに全国でアニメ専門学
科を開設したのは 1279 校に達し，アニメに関連する専門学科は 1877 校設置された。
中国伝媒大学の「中国アニメ高等教育とアニメ人材育成規範研究報告（中国动画高
等教育与动画人才培养规范研究报告）」（苏，2019）によると，学院のアニメ教育の方
向性と卒業生の満足度には落差があり，営利目的のアニメ企業としては，即戦力と
実践力のある人材の育成がさらに重要となってくると分析されている。

### ■ 3-4　知的財産権保護の比較

　日本では知的財産権の保護が積極的に推し進められている。まず，日本政府は創
作者の知的財産権を保護するために複数の法律を制定し，2003 年には知的財産戦略
本部を設立している。また，それにつづいて知的財産権調査会，財団法人知的財産
権研究所などの部門を設立し，それに関する一連の措置を講じた。たとえば日本で
は，アニメ文化やクリエイティブグッズの販売に関わる場所での写真撮影は一切禁
止されている。これらのやり方は知的財産権の保護を後押しし，それによって技術
者とコンテンツ創作者の創作意欲を高めることになった。すでに子供の頃からの教
育によって，知的財産権保護は日本人の意識に浸透している。

　インターネットはアニメ産業の発展に対して，両刃の剣ともいえる。一方では，
インターネットは様々なオンラインアニメの創作形式を生み出し，その作品の普及
を大いに推進した。しかし他方では，インターネットは各国における知的財産権の
法律体系を揺るがし，海賊版や著作権侵害などの問題を生じさせてもいる。じっさ
い中国の動画配信プラットフォームで外国のアニメ作品を導入した当初，おもな競
争は海賊版の動画との間に生じた。配信有料化の習慣がまだ定着していない時期に
は，ユーザーが自発的に国内動画配信プラットフォームに共有するアニメ動画資源
が，版権市場の混乱を引き起こしたのである。

　過去数年にわたり，中国の知的財産権保護をめぐる状況は持続的に改善されつつ

ある。2019年3月の政府活動報告では，「知的財産権の保護を全面的に強化し，知的財産権侵害の罰則賠償制度を健全化し，発明の創造と転化の運用を促進する」と提言されている。知的財産権法も改正され，侵害行為に対する罰則的な賠償制度を導入することによって，より健全な知的財産権保護環境の構築を推進しようとしている。

　2019年6月28日，文化・観光部が発表した「文化産業促進法（草案意見募集稿）」では，知的財産権行政管理と法律執行の部門が文化製品の知的財産権の保護を強化し，法により侵害行為の内容を調査することが改めて強調された。アニメ産業にとってより適正な知的財産権保護システムは，ユーザーによる有料でのコンテンツ受容を促進させている。

## 4　中国アニメ産業における日本アニメ産業の経験と啓発

### ■ 4-1　政府の政策誘導の役割とその深化

　日本は20世紀の時点でいちはやく，「文化立国」戦略を提唱している。日本のアニメ産業は「産官学」の連携を特徴としてもっており，首相のもとで民間企業から学術界にいたるまで，様々な水準でアニメ産業の急速な発展を支援している。東京を例にあげるならば，そこは日本のアニメ産業の発展にとって最も発達したところであり，ほとんどの漫画出版社とアニメ制作会社は東京に集中している。東京都はアニメ産業の発展を重視している。都はアニメ産業のさらなる発展を奨励し，一連の支援策を打ち出し，財政支援を行なっている。2009年には練馬区で4600万円を投資して，アニメ企業の発展を支援する基金を設立し，アニメ制作を含むコンテンツ制作者の人材育成を支援している（李・于，2013）。政府はこれを強力に支持しており，アニメ専門の人材育成事業を展開している。また，この計画によって，アニメ業界に就職する人のために，アニメ制作企業で研修する機会が提供されている。

### ■ 4-2　専門的なアニメ人材の継続的育成

　日本におけるアニメ人材の育成モデルを参照しつつ，中国の大学におけるアニメ専門学科はこれを学び，人材育成のシステムを構築すべきだと考えられる。現在，中国国内ではアニメ，漫画，ゲームに関するイノベーション型人材は不足しているわけではない。しかしハイエンドなアイデア創作者，監督，プロジェクト管理者などの人材，あるいはマーケティングや国際代理権利などの人材は不足している。ア

第1部

第2部

ニメ人材育成の分担メカニズムを充実させ，高等教育，専門職業教育，成人教育，現代的なリモート教育などの方式を積極的に活用し，それぞれのレベルのアニメ人材を育成していくことが求められる。これは日本のアニメ教育のあり方が中国に与えた重要なメッセージであると考えられる。

### ■4-3　中国アニメの発展におけるターゲット開拓の必要性

アニメ産業は各年齢層，各社会層をカバーできるコンテンツ産業であり，「視聴者を把握し，優れた作品を作りつづける」というイノベーション意識が必要である。日本のモデルから多くを学びながら，「低年齢向け」の市場という位置づけを脱出し，アニメ市場を盛り上げるべきだ。そしてそのためには，政府も積極的に育成政策を打ち出し，日本アニメの「産官学」（蘇，2014）連携モデルを参考にするべきだと考えられる。

学術界は理論研究と同時に人材育成を担い，産業界は市場の現状情報を提供し，また，利益の一部を学術研究に投資すべきである。政府は適切な環境と関連する法令を出し，人材の育成や，海外市場での販売などの面で資金支援を行うべきである。また，科学技術との接続を加速すべきである。アニメーション処理はネットワーク技術のサポートから離れられない。たとえば Flash アニメーション，三次元アニメなど多くのかたちでネットワーク技術をサポートする必要がある。ここ数年来，アニメ漫画産業のなかでバーチャルリアリティの運用が拡大しつつある。これはコンピュータ技術がアニメ制作の核心になりつつあることの証左である。

## 5　アニメ産業チェーンの推進と，アニメ文化の IP ブランドの拡大

日本はコンテンツ作品の二次開発を重視している。アニメ産業の産業チェーン化を推進し，コンテンツ作品の付加価値を高め，漫画，アニメなどから派生したキャラクター，グッズ，ガレージキット，ゲーム，服，映画などからなる産業チェーンを形成している。学術的な研究考察をつうじて，日本のコンテンツ産業の各チェーンには，製品の設計，生産，販売の各段階においては，統一された計画と管理があることが理解される。

これをモデルとしながら，中国アニメはビジネス化のための産業チェーンの発展に注力すべきである。たとえばアニメ聖地巡礼などを例にあげると，それはアニメ産業と旅行業の垣根を越えるものである。たとえばディズニーランドの「アニメ

テーマパーク＝観光モード」，秋葉原の「アニメ産業＝観光モード」，上海 Chinajoy の「アニメフェア＝観光モード」，米ブリザードエンターテイメントの「アニメ演出 ＝観光モード」などをあげることができよう。これは，もとのアニメ全産業チェーンの開発と IP ブランドのイノベーション，文化旅行の相互促進，知的財産権の保護などの面で重要な役割を果たしている。

【引用・参考文献】

尹鸿・王旭东・陈洪伟・冯斯亮（2015）．「IP 转换兴起的原因，现状及未来发展趋势」『当代电影』*2015*（09）: 22–29.

殷福军（2013）．「万氏兄弟早期动画作品《舒振东华文打字机》创作时间及相关问题」『成都大学学报（社会科学版）』*2013*（01）: 96–102.

郭庆藩［辑］（2006）．『庄子集释』中华书局

郭蔓青（2016）．「日本动漫在中国的跨文化传播研究」陕西师范大学

国家广播电影电视总局（2000）．「关于加强动画片引进和播放管理的通知」『中华人民共和国国务院公报』*2000*（31）: 38–39.

常昕・李庚轩・朱莹（2015）．「媒介融合视角下的"弹幕"传播」『传媒』*2015*（02）: 52–54.

宋杨（2016）．「从传播学视角探析日本动漫在我国的传播」陕西师范大学

苏勋（2014）．「日本动漫对中国的影响」『艺术教育』2014（12）: 206.

苏锋（2019）．「中国动画产业的供给侧结构性改革——短板与对策」『同济大学学报（社会科学版）』*30*（05）: 41–55.

张天一・张浩（2020）．「中国动画影片的成人化叙事探索——以《大护法》和《大世界》为例」『邯郸职业技术学院学报』*33*（03）: 38–44.

陈姝（2016）．「日本动漫中的中国传统题材研究」湖南师范大学

汤天轶（2017）．「字幕という形象，翻訳という享受——中国における日本アニメ字幕組とその翻訳形式について」『日本学報』*36*: 19–36.〈https://ir.library.osaka-u.ac.jp/repo/ouka/all/67848/NG_36_019.pdf（最終閲覧日：2021 年 3 月 20 日）〉

日本動画協会［編］（2016）．『アニメ産業レポート 2016』一般社団法人日本動画協会

日本動画協会［編］（2020）．『アニメ産業レポート 2020』一般社団法人日本動画協会

李彬・于振冲（2013）．「日本文化产业投融资模式与市场战略分析」『现代日本经济』*2013*（04）: 60–68.

# 第1部

# 02 戦後日本のアニメにおける『西遊記』のアダプテーション

## キャラクターの変容とテーマの変奏をめぐって

秦 剛

## 1 はじめに

　戦後の日本では，中国の古典小説『西遊記』に題材をとったアニメーション作品が数多く作られてきた。それらの作品にはどのような改編の特徴や変遷がみられるだろうか。本章では対象を 1960 年から 2003 年までの以下の 8 作品に絞り，それらを検証してみたい。

① 『西遊記』（東映動画，1960，劇場長編，88 分）
② 『悟空の大冒険』（フジテレビ・虫プロ，1967，TV シリーズ，全 39 話）
③ 『孫悟空シルクロードをとぶ!!』（東京ムービー新社・フジテレビ，1982，TVM アニメ，全 1 話）
④ 『西遊記』（松竹・NHK エンタープライズ・日本ビクター・荒木事務所，1988，劇場長編，100 分）
⑤ 『手塚治虫物語 ぼくは孫悟空』（手塚プロ，1989，TVM アニメ，全 1 話）
⑥ 『ぽこぽんのゆかいな西遊記』（株式会社サンリオ，1990，劇場中編，62 分）
⑦ 『モンキー・マジック』（ビー・ファクトリー，1999，TV シリーズ，全 13 話）
⑧ 『ぼくの孫悟空』（手塚プロ，2003，劇場長編，94 分）

　上記の作品群のうち，劇場で公開された長編は①④⑥⑧の 4 作，単発の TV アニメは③⑤の 2 作，そして TV シリーズは②⑦の 2 作であり，いずれも VHS や DVD などが市販されている。『SF 西遊記スタージンガー』(1978)，『ドラゴンボール』

(1986)，『幻想魔伝最遊記』（2000）などの人気 TV シリーズは西遊記にヒントを得てはいるが，天竺に取経に行くという西遊記物語の枠組みから大幅に逸脱しており，二次創作的傾向が顕著なため対象外とした。上記の作品群は，結果的に『西遊記』に題材をとった戦後の主要作品をほぼ網羅しており，それらを対象に日本アニメにおける『西遊記』物語のアダプテーションについて脈絡と傾向を探ってみたい。

　まず注目すべきは，戦後最初の東映動画『西遊記』をはじめとする上記 8 作品の半数にあたる 4 本が，手塚治虫のマンガ『ぼくの孫悟空』を原作とするか，あるいは手塚の原案によるということである。アニメ作品への『西遊記』翻案においては，手塚治虫が圧倒的な影響力を発揮してきたことを認めざるをえない。また，同時に，手塚治虫によって西遊記アニメのあるステレオタイプが定着させられ，「孫悟空」というキャラクターのイメージも決定づけられた点が以下の検証によって明かされるだろう。

## 2　手塚治虫が西遊記アニメにもたらしたもの

　実は，手塚治虫の「西遊記」理解に大きく影響を与えた中国のアニメーション映画がある。戦中に日本で公開された，万籟鳴・万古蟾兄弟演出のアジア初の長編アニメ『鉄扇公主』（中国聯合影業公司，1941）である。日本では 1942 年 9 月 10 日から『西遊記 鉄扇姫の巻』という題名で上映された。それ以前に日本でも西遊記を題材とする短編アニメが何本か制作されているが，この『鉄扇公主』が手塚治虫のマンガ『ぼくの孫悟空』，とりわけ「火焔山のたたかい」の章[1]における受容を主要な経路として，本章で取りあげる作品群へとつながる共通の源流になっているのである。

　ところで，本章が概観していく 8 作品にみられるキャラクター変容の傾向として，まず以下の 4 点をあげておきたい。いずれも原作小説および中国の『鉄扇公主』とは異なる，日本アニメにしか見られない特徴的な趣向である。

　①孫悟空が少年化・幼児化する。

---

1)「火焔山のたたかい」は，最初は『漫画王』第 3 巻 5 月号付録『そんごくう珍道中 火焔山のたたかい』（手塚，1954）として刊行，後に『長編冒険漫画 西遊記』（手塚，1960），『ぼくの孫悟空』（手塚，1979）に収録。

②孫悟空の恋人役が登場する。
③三蔵法師が女性化・母性化する。
④牛魔王が極悪化し命を絶たれる。

　簡単に説明すると，①は主人公である孫悟空の年齢が12歳以下の少年，多くの場合，幼児にまで子供化するという現象である。②は日本オリジナルのキャラクターとして孫悟空の幼なじみ，多くの場合はメスザルが登場することである。そして③は三蔵法師のイメージが女性化する，あるいは女性俳優がその声を演じるという趣向を指す。最後の④は牛魔王がしばしば妖怪の親分，最強の悪王に描かれ，作品の最後に滅ぼされることが定型になったということである。本章で取りあげる西遊記ものアニメーションにおいては，それぞれのストーリー展開や構成の違いはあるものの，これらの大半がほぼ共通して表れている。

　まず，戦後第1号の日本における西遊記アニメの金字塔となった東映動画『西遊記』をみてみよう。この作品は手塚治虫のマンガ『ぼくの孫悟空』を原作としたうえ，手塚自身が原案・構成で加わり，ストーリーボードまで描いている。本人はのちに「出来上がった『西遊記』は私のイメージの50％くらいなもの」（東映動画，1978：70-71）ともらしているが，やはり手塚ならではの自由奔放な改編が際立っている。

　東映アニメの『西遊記』は，孫悟空の誕生にはじまり，三蔵一行の天竺からの帰還に至るまで多くのエピソードを詰め込み，それ以後の単発西遊記アニメで反復される基本的なストーリーのパターンを作りあげた。具体的には，孫悟空の誕生と修行から天界での大暴れ，三蔵の弟子となっての天竺への旅立ち，猪八戒・沙悟浄の弟子入り，そして火焔山のエピソード（羅刹女の芭蕉扇を奪い取り牛魔王と対決する）までの一連のプロットである。こうした構成はその後，日本アニメにおける『西遊記』翻案の典型的なパターンとなり，『孫悟空シルクロードをとぶ‼』，『ぽこぽんのゆかいな西遊記』，『ぼくの孫悟空』などにおいても継承されていく。

　孫悟空が年少者のイメージで描かれるのは原作のマンガ『ぼくの孫悟空』を踏襲しているが，これ以後，日本のアニメにおいては孫悟空のキャラクターが子供のサルのイメージで描かれることが定番化してしまう。そして，同じくマンガから受け継がれた「主人公の孫悟空の人間的成長」（大川，1960）というモチーフは，戦後の高度経済成長期という「夢ある時代」にふさわしい主題となっていく。

　この作品のキャラクターにおいて最も破天荒な改編は，メスザルで悟空の恋人のリンリンを登場させたことである。「映画は女性向きにつくら」なければいけない

第1部

第2部

のに「西遊記に女っ気が殆ど出て来ない」（手塚, 1992）のがおもな理由だというが，これが悟空の恋人が登場する先例となり，以後の作品に継承される見本ともなった。

　クライマックスの火焔山の場面で牛魔王を，火焔山を噴火させた極悪人と描いたうえで悟空が殺してしまうという展開も新しい脚色である。中国アニメ『鉄扇公主』では，牛魔王は滅ぼすべき悪役ではなく，孫悟空との激闘の末に屈服して伝家の芭蕉扇を差し出すことで命を助けられるのである。ところが本作品では，牛魔王は火山の溶岩のなかに叩き落され，身を滅ぼすように改編された。それは悟空をヒーローとして描き，勧善懲悪のドラマを作るための劇的な効果をあげ，以後の西遊記アニメに定着したばかりか，悪役としての牛魔王の凶暴さはどんどんエスカレートしていくこととなった。

## 3　悟空の幼児化と成長拒否

　『悟空の大冒険』は虫プロダクションが『鉄腕アトム』の後番組として制作し，1967 年 1 月から約 9 ヶ月間フジテレビ系列で放映された。マンガ『ぼくの孫悟空』を原作にしていながら，ほとんどの物語が新しく作られたドタバタ調のギャグアニメになっており，『西遊記』の「世界観」および物語に縛られず自由自在にアレンジする流れを切り開いた作品でもある。本放送に先んじて「孫悟空が始まるよ 黄風大王の巻」など 2 話のパイロット版が作られ試写会を開いたところ，孫悟空が真面目すぎるという意見が多く，ならば徹底的に不真面目にしてやろうとキャラクターデザインを一新したという。

　たしかに，本作品のキャラクターはどれも型破りなところが目立つ。現代っ子風で腕白なヤンチャ坊主にされた悟空は，幼児化のイメージを極めた二頭身の姿で描かれている（声優の右手和子がこれを幼児の声で演じている）。孫悟空の生い立ちについても，石から生まれてサルの盗賊軍団の親分となり天帝のキント雲を盗むなど大胆で斬新な解釈にあふれている。孫悟空の極端な幼児化により，彼の荒々しい行為を未成熟な幼児性のなかに緩和することができている。一方，前作の『西遊記』にあった「成長」のテーマは「冒険」に置き換えられ，主人公は成長しない，むしろ成長を拒むキャラクターに仕立てられている。

　孫悟空の恋人役は，彼が術を盗んだ竜海仙人の孫娘で活発な女の子の竜子であり，彼女は三蔵たちの旅に同行し，悟空がピンチに陥ると仙術で助けるという観音様代わりの母性的役割も担わされる。一方，本作の三蔵法師は頼りない人物として，

女性化されたイメージで戯画化されている。その声を演じた野沢那智が「女性的にしゃべるのがてれくさくて，慣れるのにたいへん」（少年画報社, 1978：63）だったと嘆いているほどである。こうした演出は，作品全体のナンセンス路線ならびに反権威主義が唱えられた当時の社会的空気ともマッチしているようにみえる。『悟空の大冒険』には火焔山の一幕はないが，「妖怪連合シリーズ」（22-28 話）に角が生えた巨大な悪魔として描かれる妖怪大王が前作『西遊記』の牛魔王の変形にあたる。彼は悟空の力では太刀打ちできないほどの強力な悪玉であり，釈迦の力で退治されなければならなかった。また，それは本作の孫悟空が神格化されたキャラクターではなく，それとは逆の反逆児でアンチヒーローであることにもかかわっている。キャラクターに限らず，作風から主題まですべてが既成の常識に反旗を翻しているともいえるその大胆な脚色は，1960 年代後半という学生運動が燃えさかった時代の風潮を色濃く反映するものであろう。

　『孫悟空シルクロードをとぶ‼』は 1982 年 6 月 17 日にフジテレビで放映された単発 TV アニメで，『悟空の大冒険』の総監督杉井ギサブローがキャラクターデザインを担当した。人気アイドル榊原郁恵が孫悟空の声を演じ，作品前半部がミュージカル仕立てになっているのが特徴である。孫悟空はあいかわらずの童顔だが，『悟空の大冒険』のハチャメチャな悟空とは打って変わって愛嬌ある無邪気な可愛らしさが印象づけられるように描かれている。ただし，本作では物語の中心は三蔵法師に据えられており，本当の意味での主役は沢田亜矢子が声を演じた三蔵である。

　作品の公開は『NHK 特集シルクロード』がブームを起こした時期であり，シルクロードの実写映像も使われている。クライマックスはやはり火焔山のエピソードだが，牛魔王は現れず羅刹女のみが登場する。ただし，獰猛に描かれる羅刹女は，オリジナルキャラの不思議童子が化けたと設定が変えられている。しかも三蔵一行を包囲する妖怪たちも三蔵の人気をねたんだ太宗皇帝が派遣した天界の将軍たちであり，三蔵と悟空が絶体絶命の危機一髪のとき助けの手を差し伸べるのは流沙河の妖怪沙悟浄だった。つまり，本作では孫悟空を超人的ヒーローに造形する意図はなく，最後まで未熟な子供として描いており，一難去り沙悟浄も一行に加わってつづけられる天竺への旅は，三蔵の自分探しと悟空の成長に必要な試練として意味づけられるのである。

第1部

第2部

# 4 平成の幕開けに追憶された『鉄扇公主』

　年号が昭和から平成へ改元される前後の2年間に作られた西遊記アニメには，『鉄扇公主』へのオマージュが込められた作品が現れる。

　1988年7月2日に公開されたハイビジョン・SFX映画『西遊記』はセル・アニメではなく，人形劇を映像化した人形アニメである。本作を監督した内田建太郎は幼年時代に『鉄扇公主』を見て『西遊記』のファンになったと語っており（藤田，1988），フイルムとハイビジョンの併用で撮影された本作品の物語構成は『鉄扇公主』にきわめて近い。そして，セル・アニメの西遊記ものの系統を受け継いでいないためか，本章で語ってきたキャラクター変容の多くがみられず，孫悟空は成人のサルで，名状しがたい悲壮感が漂う人物として描かれている。しかし，女優此島愛子が声を演じる三蔵法師はやはり女性化したイメージで作られている。また，生身の人間（河津左衛子）が演じる観世音菩薩が登場し，必ず母性的な役柄が現れるという，日本の西遊記アニメにおける暗黙の決まりごとが守られている。

　ラストシーンで牛魔王が降伏し，牛の正体が暴かれるだけで殺されずに済むのも『鉄扇公主』の設定に近く，他の作に比べれば異例である。しかし，牛魔王の代わりに羅刹女が夫の仇を討つために孫悟空と空中戦を繰り広げ，自分の吐き出した炎により爆発するのは，日本のアニメーション独自の脚色であり，自爆に近い死に方をした羅刹女が悲劇のヒロインに仕立てられているのである。

　『手塚治虫物語 ぼくは孫悟空』は，日本テレビの『24時間テレビ「愛は地球を救う」』で恒例だった手塚治虫TVスペシャルアニメの一作として手塚プロが制作し，1989年8月27日に放映された。作品の前半は，少年時代の手塚が『鉄扇公主』を見て感銘を受け，やがて自分の孫悟空を描き出すなど，手塚治虫の戦時下の体験をアニメ化した部分である。そして後半は，手塚治虫が構想した宇宙を舞台とするSF西遊記の物語である。手塚治虫が病床で書いたプロットにもとづいて波多正美が監督したSF編に，手塚の急逝でりんたろう監督によって手塚治虫の自伝的な内容が追加された。

　物語の前半では，手塚少年が映画館で『鉄扇公主』を見るシーンが再現されている。ただし，作中のスクリーンに映し出される，孫悟空が牛魔王を炎のなかで叩き殺す白黒映像の場面は，『鉄扇公主』の該当部分の忠実な再現ではない。前述したように，『鉄扇公主』では激闘の末に捕われた牛魔王は降伏して命を助けられるのであり，しかもそれは地元の村民たちも共に大勢の人びとが一丸となって戦ったおか

げであった。繰り返しになるが，孫悟空が牛魔王を炎に突き落とすのは，東映動画の『西遊記』における演出であり，それが牛魔王を屠るべき極悪人に仕立てるという西遊記アニメの類型を作りあげたのである。

　ところで，尊敬する万籟鳴と面会した手塚が自ら作ろうとする物語として語り出す劇中劇の SF 西遊記は，西暦 3010 年の銀河系サファイヤ星を舞台にしている。物語は完全にオリジナルだが，キャラクター設定に関しては本文で指摘する四つの趣向がすべて踏襲されている。孫悟空はマンガ『ぼくの孫悟空』の悟空に近い，犬のような丸い鼻をもつ乱暴者の少年サル，ゴクウ。三蔵ことサンゾーは星から星へと旅する宇宙商人であり，心優しき彼は両親を失った少女サルのルーラを引き取り育てているというまさに母性愛の体現者である。

　この物語は生態系の危機を救うファンタジーになっており，悪役の牛魔王は火山から噴出する毒ガスで宇宙を満たそうとする。火を噴き出す火山にはゴクウも手を焼き，代わりにサンゾーが火山を爆発させて牛魔王を吹き飛ばすが，自身も死ぬのである。この SF 編においては，自己犠牲によって惑星の危機を救うサンゾーがヒーローであり，本当の主役である。エンディングでは，ゴクウとルーラが名もなき星に残り，サンゾーの遺志を継いで緑いっぱいの世界を作る決意を語る。平成元年の『24 時間テレビ「愛は地球を救う」』にふさわしい，危機に陥った地球を母性的な優しさで救うという主題を打ち出している。

　『ぽこぽんのゆかいな西遊記』は，サンリオのオリジナル・キャラクターで西遊記を再現したもので，劇場用中編アニメとして 1990 年 7 月 21 日に公開された。タヌキのぽこぽんが孫悟空に扮し，ハンギョドンが沙悟浄，牛兵衛が猪八戒，ウメ屋雑貨店のお梅ばあちゃんが三蔵をそれぞれ演じるという異色作で，萌え系西遊記アニメの極致をなしている。悟空は岩から生まれた石ダヌキだが，その幼なじみは孫娘でやはりメスザルである。猪八戒が牛にされたためか，妖怪の親分は牛魔王ではなく竜魔王に描き変えられているが，クライマックスはやはり悟空が如意棒の威力で竜魔王を打ち砕き爆発させるという，紋切型の勧善懲悪の物語である。

　本節で取りあげた 3 作品では，妖魔退治の必殺技やキャラクターの死はいずれも爆発によるものであり，この時期から爆発シーンが多くみられるようになった。

## 5　自爆する孫悟空

　フルデジタル CG アニメーション『モンキー・マジック』は全 13 話の TV シリー

ズで，1999 年 12 月 31 日から 2000 年 3 月 11 日までテレビ東京で放映されたほか，アメリカでの放映も実現した。この作品は，熱き闘いを繰り広げるバトルアニメとして作られ，従来の作品に比べて孫悟空の力が大きくパワーアップしている。声の出演は，声優で歌手の森久保祥太郎が担当している。孫悟空は世界一強いサルになるという野望に燃え，次々に強敵を倒し天界まで支配しようとする。これまでのセル・アニメとは違って孫悟空の幼児性は押し出さず，その負けん気の強い好戦的な一面を強調している。そのため設定年齢は，これまでの作品群では最も年長に見えるが，それでもやはり成人前の年少サルの風貌である。

　孫悟空の幼なじみのメスザル，モッテは第 1 話から登場するが，三蔵は第 11 話から登場し，珍しく威風堂々とした男（声の出演も男性の田野恵）の姿で描かれている。本作品は石ザルが誕生して三蔵法師に弟子入りしたあと，天竺への旅立ちを描いた 13 話で未完のまま打ち切られた。物語の結末は不明だが，強さを求め続ける悟空のヒロイズムと拘束されない武力行使に対しては，批判的なまなざしを内包している。

　さらに，本作ではより大きな物語世界を築こうとしており，善悪正邪の二つのパラレルワールドのなかで，裏世界を支配するウラブッダが釈迦如来の支配する表世界を覆すために孫悟空を利用するという筋立てを設定している。そのウラブッダは，孫悟空が最後に打ち倒さなければならない究極の悪であると予感され，従来の牛魔王役が究極の進化をとげた役柄と理解して差し支えない。

　『ぼくの孫悟空』は手塚プロダクションが制作した劇場用アニメで，2003 年 7 月 12 日に公開された。『モンキー・マジック』と制作年代が近いこともあって，似通った物語の設定が多くみられる。孫悟空は常に力を求める強欲な石ザルとして造形されるが，風貌はやはり幼児のサルであり，人気タレントの優香が声を担当している。ただし，孫悟空は外見こそ「チビザル」だが，その体には生まれつきの「混沌の力」があふれている。アシュラ族の生き残りの崑崙仙人が彼を道具として使い，釈迦を倒して世界征服を目論む。孫悟空は崑崙仙人に意識を支配され，強くなりたいという強迫観念に縛られている。そして，須菩提仙人からキント雲と金箍棒を盗みだし我が物として使う。本作の孫悟空は珍しく赤い瞳をしており，常に野心を燃やす人物の内面を暗示している。

　ヒロインのメスザル愛鈴は従来のヒロインよりも際立って母性的な性格が与えられており，頭に花をつけたイメージは『西遊記』のリンリン，『ぼくは孫悟空』のルーラ，『ぽこぽんのゆかいな西遊記』のマゴムスメ，『モンキー・マジック』のモッ

テの系譜に連なるものである。捕われた三蔵を救うために，悟空は牛魔王の巨体に変身した崑崙仙人との最終決戦で，自らの最終兵器「混沌の力」を使い，想像を絶する力で自爆し相手とともに滅びる。それは相手を打ち倒すとともに，「力さえあれば」と信じていた自分との訣別を意味するものである。このように，『ぼくは孫悟空』は珍しく孫悟空の自爆死を描いている。

　映画の最後で三蔵法師（声は男性声優の森田順平だが，顔立ちはやはり女性化した美形である）の掌に落ちた胡桃から小さなサルが生まれる。それは強くなる夢を捨て，新しく生まれ変わった孫悟空である。このように孫悟空の死と再生をめぐる物語に変化を遂げた『ぼくの孫悟空』は膨張主義，覇権主義的なイデオロギーを批判し，21 世紀に向けた小国主義，平和主義の理念を西遊記の物語を借りて表現している。

## 6　結びにかえて

　以上，8 作品を振り返ってみたが，西遊記アニメは半世紀の間，先行する作品と対話しながら 1 作ごとに新しい解釈を加えつつ，それぞれの時代にふさわしい悟空像を作りあげてきた。それは，またそれぞれの時代の理想的な自我像を投影するものでもあるだろう。

　アニメーションにおける『西遊記』物語のアダプテーションが，同じ題材によるマンガ・絵本・TV ドラマ・映画との間にも複雑な間テクスト的響き合いをもつのはいうまでもない。そうした相関性を考慮するうえで，本章が検証してきた改編の傾向にもとづきアニメーションという表現形式の特性をあぶりだすことも可能であるに違いない。

**【引用・参考文献】**
大川　博（1960）．「製作者のことば」東映動画株式会社［編］『西遊記』（劇場用プログラム）
大塚康生（2013）．『作画汗まみれ　改訂最新版』文藝春秋
佐々木睦（2007）．「『西遊記』東遊録——サブカルチャーにおける中国古典小説の二次創作に関して」『アジア遊学』*105*: 186–197.
松竹株式会社事業部［編］（1988）．『ハイビジョン・SFX　西遊記』（劇場用プログラム）
少年画報社［編］（1978）．週刊少年キング増刊『手塚治虫アニメ選集第 4 巻　悟空の大

冒険』

秦　剛（2015）.「『鉄扇公主』と戦時下の孤島上海──戦争が生んだ東アジア初の長編アニメーション」『TOBIO Critiques ＃1 東アジアまんがアニメーション研究』太田出版，pp.92–107.

秦　剛（2020）.「なぜ孫悟空は子供になったのか──東映動画と手塚治虫が共作した長編アニメ『西遊記』」前川　修・奥村　弘［編］『マンガ／漫画／MANGA──人文学の視点から』神戸大学出版会，pp.156–181.

陳曦子（2012）.「日中における西遊記の再創作概況──マンガ分野を中心に」『メディア学：文化とコミュニケーション』27: 71–96.

手塚治虫（1954）.『漫画王』第3巻第五号付録『そんごくう珍道中　火焔山のたたかい』秋田書店

手塚治虫（1960）.『長編冒険漫画　西遊記 1–3』光文社

手塚治虫（1979）.『ぼくの孫悟空 1–7』講談社

手塚治虫（1992）.「ヌーヴェル・ヴァーグ西遊記」『手塚治虫大全 1』マガジンハウス，pp.89–92.

手塚プロダクション［編］（1991）.『手塚治虫劇場　手塚治虫のアニメーションフィルモグラフィー』手塚プロダクション

東映動画［編］（1978）.『東映動画 長編アニメ大全集 上巻』徳間書店

藤田真男［取材・構成］（1988）.「特集「西遊記」　西遊記は昔から好きで，とにかくめちゃくちゃなところが面白い！！　監督インタビュー」『キネマ旬報』1988 年7月上旬号

水尾綾子（2002）.「テレビドラマ・アニメ・漫画による「西遊記」の受容と変化──三蔵法師と沙悟浄を中心として」『玉藻』38: 90–99.

四方田犬彦（1994）.「偉大なる旅行家の猿──『西遊記』はどう描かれてきたか」『漫画原論』筑摩書房，pp.240–272.

## コラム：「浙江省日本語演劇大会」の概要 ─────────

呉 玲／訳・久保 輝幸

　浙江省日本語演劇大会は，浙江省人民対外友好協会が主催し，浙江工商大学東方語言与哲学学院において実施された，中国日語教学研究会浙皖贛（浙江・安徽・江西）分会などが共催する省レベルの日本語学科コンクールである。その主旨は，浙江省における大学生の日本語学習への関心を高め，日本語の話し言葉や芸術的教養のレベルを高め，浙江省の日本文化を愛好する大学生の交流を促し，プラットフォームを提供することである。

　このコンクールの前身は，浙江工商大学が主催した「杭州市日本語演劇大会」（2006–2011 年，全 6 回）であり，これを 2012 年に拡張して「浙江省日本語演劇大会」とし，これまで 9 回にわたり実施されてきた。浙江省人材開発協会，日本国際交流基金中日交流センター「心，ふれあいの場」事業，カシオ（中国）貿易有限公司，杭州新世界進修学校，杭州翻翻動漫有限公司などの強力な支援も得てきた。

　出場選手は浙江省内の大学生で，1 チーム 2–8 人で構成され，演劇の制限時間は 8 分となっている。各大学はまず学内予選を行い，各大学が 1–3 チームを選出して決勝戦に臨む。台本はオリジナルであるが，アニメや小説，映画，テレビドラマ，寸劇などの改編もある。ただし，原稿を見ずに演劇を行うことが要求される。審査委員会はおもに浙江省対外部門，企業，大学教員によって構成されている。

　日本語スピーチコンテストなど他の日本語学科のコンクールと比べ，このコンクールはパフォーマンス性が強いという特徴があり，それによって学生が積極的に参加し，その対象も広くなっている。2012 年から 2020 年までの間，参加大学・参加者数は年々増加し，第 1 回決勝大会では 11 大学 12 チームだったコンクールが，第 9 回決勝大会では 24 大学 47 チームとなった。

　近年，このコンクールは浙江省内の各大学における日本語専攻からますます注目され，カリキュラムに組み入れて専門科目の単位と連動させているところもある。たとえば浙江工商大学では 2014 年に「日本語会話実習」のコースに日本語劇の演技内容を追加し，学生がチームごとに台本を書き，

教師の指導のもと，学期の終盤でグループごとに演技をさせ，中国人教師と日本人教師で構成された審査員が採点している。これは，「日本語会話実習」の科目の成績の 50%を占めている。2019 年には「日本語劇リハーサル実習」という科目も設置されている。各大学の教員が重視し，学生が積極的に参加することから，浙江省日本語演劇大会の応募作品は年々レベルが上がっており，毎年，期待を集める祭典となりつつある。

# 03 中国市場における「日本動漫」
## 「中国動漫」の発展状況と比較しながら

沈 浩

## 1 はじめに

　「日本動漫（日本のアニメと漫画）」は 1980 年代から大きな発展を遂げ，その後すぐに中国市場を席巻するようになった。現在ではそれから 40 年が経過したわけであるが，日本動漫は中国の人びとにどのように受容されたのだろうか。あるいはそれは，日本動漫の影響を受けて発展してきた中国動漫とどのような関係性を有しているのだろうか。

　筆者はもともと中国の大学で日本語を勉強したのち，日本の大学院を修了した。そして 2003 年からこんにちに至るまでずっと，日中間の動漫事業に携わってきた。本章は筆者の，まさに日中動漫事業の「当事者」としての経験に立脚しつつ，これを「文化」と「産業」という二つの視点から考察していきたい。

　このテーマに関する先行研究では，中国の動漫市場の紹介や分析，もしくは日本の動漫市場の紹介および日中両市場の比較などは多いが，しかしその一方で，中国に輸入された日本動漫の発展状況という視点からなされた日中動漫市場の比較研究は多くはない。本章はそのような状況に対して，一石を投じることを狙ったものである。

## 2 日本と中国の動漫文化

### ■ 2-1 日本の動漫産業の展開（戦後から全盛期まで）

　まず，中国語における「動漫」という言葉であるが，それは一般的には字面そのままであって，アニメ（中国語：動画）と漫画（中国語：漫画）の総称である[1]。日本語には「動漫」に対応する言葉が存在しないため（とはいえ，それは最近では日本で

も業界内で少しずつ使われるようになっている），一般的には「漫画とアニメ」，もしくは「コンテンツ」などとして表現される。したがって中国語でいう「動漫産業」に関しても，日本語では「漫画産業」や「コンテンツ産業」として言い分けられることになる。本章ではあえて「動漫」という言葉をそのまま使い，「漫画産業」や「コンテンツ産業」などを念頭におきつつ，それを「動漫産業」という呼称で一括する。

　日本動漫といえば，まず漫画がある。日本漫画は一般的に，戦後まもない 1940 年代後半から 1950 年代前半にかけて，手塚治虫によってもたらされた「ストーリーマンガ」がその端緒であるとされ，彼の『地底国の怪人』（不二書房，1948 年）が日本漫画の第 1 号だといわれている（中野，2004：46）。

　その後 1960 年代の前半に入ると，アニメ（TV アニメ）が登場することになる。日本初の国産長編 TV アニメである『鉄腕アトム』は 1963 年に誕生した[2]。この TV アニメは最高 40.7％，平均でも 30％の高視聴率を獲得したとされる。ともあれ TV アニメの登場によって，「漫画→アニメ→マーチャンダイジング（キャラクターグッズ）」という流れが形成され，この時期を日本動漫産業の揺籃期と位置づけることができる。

　1960 年代の後半に入ると，日本の漫画文化はさらに発展を遂げる。1966 年に『週刊少年マガジン』が 100 万部を突破し，1970 年に『週刊少年ジャンプ』も 100 万部の大台を突破したことを契機として，少年週刊誌を中心とした漫画ブームがあらわれたのである。1960 年代は，仮にその前半を日本動漫産業の「揺籃期」というなら，後半はそれにつづく「助走期」ともいえ（中野，2004：102），漫画とアニメが相互作用しながらさらなる発展を遂げた時期である。

　1970 年代に入ると，漫画業界最大のイベントともいわれる「コミケ」が 1975 年にはじまり，それ以降，膨大な数の漫画家予備軍を送り出すことになる。また，1977 年にはアニメ映画『宇宙戦艦ヤマト』が約 2 ヶ月の上映期間で 270 万人を動員し，

---

1）「動漫」という言葉の出典について，二つの説がある――一つは，1998 年 11 月，中国で創刊された，日本の漫画やアニメの情報を紹介する雑誌『動漫時代』に由来するというもの。もう一つは，中国の漫画家である金城による漫画雑誌『漫友』において，1999 年の段階で「動漫」という言葉がもちいられたというものである。「広州動漫緊跟時代　始終走在産業前言」（金羊網 2018 年 12 月 17 日），および「動漫」，「金城」の百度百科を参照。

2）国産 TV アニメに関しては，1962 年 NET（現・テレビ朝日）系で放映された『ヒストリー・カレンダー』が先駆的な事例だが，こちらは 5 分の帯番組だった（中野，2004：71）。

興行収入 21 億円という記録的なヒットを飛ばした。『宇宙戦艦ヤマト』の成功によって，マンガやアニメも子供向けではなく，若者や大人も楽しむものである，と認知されるようになった（中野，2004：122）。

　商業的な視点からいうと，業界では「ヤマト以前／ヤマト以後」という言い方があるようだ。『鉄腕アトム』以降，マンガをテレビ（アニメ）化，マーチャンダイジング化して，マンガ市場を拡大させるという「シンプルなメディアミックス」の概念は存在したが，せいぜいマンガをいかにしてテレビに売り込むか，という程度だったのである。しかし「ヤマト以後」，マンガとテレビ（アニメ）やマーチャンダイジング，さらに映画（アニメ），ゲームとの関係性がより複雑になり，それらを一つの戦略のもとに接合する，いわば「本格的なメディアミックス」があらわれてきた。それにより，これまで以上のスピードと規模で市場の拡大を促進させることができたのである（中野，2004：122-123）。そのことは，今の中国での言い方であらわすなら，まさに「動漫産業（もしくは IP 産業）」が本格的に形成されてきた，ということになる。

　ともあれ 1970 年代をつうじて，日本の動漫産業は本格的にテイクオフしたとされ，その時期から 1990 年代までは動漫産業の隆盛期と位置づけられる。そのなかでも，1990 年に『週刊少年ジャンプ』の年末最終号が 600 万部の大台を突破したことは，代表的な出来事であった（中野，2004：117）。

　この動漫産業の隆盛期で，数多くのマンガやアニメが誕生した――たとえば『ONE PIECE』（以下『ワンピース』），『NARUTO‐ナルト‐』（以下『ナルト』），『ドラゴンボール』，『聖闘士星矢』，『キャプテン翼』，『テニスの王子様』，『SLAM DUNK』（以下『スラムダンク』），『頭文字 D』，『名探偵コナン』，『クレヨンしんちゃん』など。これらの人気作品は日本国内だけではなく，中国も含めた海外にも多大な影響を及ぼした。

### ■ 2-2　中国における動漫文化のはじまり

　中国のアニメに関して，それは以前であれば「動画片」，「卡通片」，もしくは「美術片」と呼ばれていた。中国における最初期の「動画片」は万氏兄弟が 1926 年に作成した『大鬧画室』である。そしてその後，1935 年に有声動画片として『駱駝献舞』が作成され，さらに 1941 年に長編動画片として『鉄扇公主』が放映されている。ちなみに，この作品は当時のアジアでもきわめて影響力があったといわれている[3]。

　中国における漫画の起源に関しては，20 世紀のはじめ頃に遡ることができる。新

聞や雑誌に掲載されたもので，人びとの生活を描写したり，時勢を風刺したりする作品が多く，呼称としては「諷刺漫画」，「漫画」，「滑稽画」，「小人書」，「公仔書」などと呼ばれていた。1920年代，上海世界書局が『西遊記』，『三国演義』，『封神榜』などを出版し，「連環図画」と名付けた。その後，「連環画」との呼称が流行りはじめ，1980年代初頭に全盛期を迎える[4]。しかし1980年代後半になるとそれは急激に減少し，1990年代に入ると次第に姿を消した[5]。

　むろんこれは伝統的な中国の漫画のことだが，これに対して，近年の中国における若者に人気の「動漫」とは，伝統的な「美術片」や「連環画」とは出自が異なっている。それは本来的には，1980年代から1990年代にかけて日本から伝来した日本のアニメと漫画のことを指す概念であったが，その後，範囲が拡大されていく。つまり1990年代，および2000年代を経て，「国漫」といわれた中国のアニメと漫画もそれに含まれるようになったのである。

## 3　中国における「日本動漫」流行の三段階

　中国で1980年の年末にはじめて放映された日本のTVアニメは，手塚治虫の名作『鉄腕アトム』であった[6]。「文革」など娯楽が乏しかった時期を経て，現代の娯楽文化にあまり接したことのなかった中国の若者にとって，その作品の魅力的なキャラクター，奇想天外なストーリーは熱中の対象となった。その後，日本のアニメが，そして漫画が続々と中国へと渡り，中国では「動漫」という言葉も定着していった。先述のとおり，それは最初はもっぱら日本のアニメと漫画を指す言葉であったが，ともあれ日本の多彩なアニメや漫画作品は多大な人気を博し，中国の大衆文化の地位も獲得していた。

---

3) 1922年，広告としては動画短片『舒振東華文打字機』が作られたが，一般的には『大鬧画室』が中国初の動画片であるといわれている。「動画片」と「中国動画片」の百度百科を参照。
4) 黄士英の「中国漫画発展史」，「連環画」の百度百科を参照。
5) 1980年に1年間で1000種，4億冊，1981年には7億冊，1982年には2000種，8.6億冊がを発行された。その後，発行部数が急速に減少し，1985年に出版された8.1億冊の多くは書店に滞って，1986年には1.3億冊，1987年には7千万冊，1991年には数百万冊にまで激減した（遠藤，2008：269）。
6) はじめて中国に輸入された映画アニメは，1979年の年末に中国の中央テレビ局で放送された『龍の子太郎』で，その後，各地の映画館でも繰り返し放映された。

　日本の動漫が中国に輸入されてから現在に至るまで，その流行の形式や状況は時期によって異なっている。以下ではそれを三つの段階に大別して考察してみよう。

### ■3-1　第1期：日本動漫によって忠実な「日漫（日本動漫）ファン」が形成された時期

　筆者の分類によると，この段階は 1980 年代半ばから 2005 年前後までだと考えられる。上述したとおり，「鉄腕アトム」などの日本のアニメが 1980 年代の初頭から中国市場に登場し，その後，日中関係の「蜜月期」の影響もあって，大量のアニメが中国へと輸入されていた。当時は中央テレビ局でも，地方のテレビ局でも，多種多様な日本アニメを放送していたのである。だが，その時代はまだ「字幕付き」ではなく，テレビで放送されたアニメのほとんどが中国語による吹き替え版であった。そしてそのなかには，中国大陸の「配音演員」[7] が作成した吹替え版もあれば，台湾での吹替え版をそのまま放送している作品もあった。なお，1980 年代から 2000 年代前半まで，中国の各テレビ局で放送されていた日本アニメのリストは，表 3-1 のとおりである[8]。

　1990 年代後半以降，インターネットやテクノロジーの進化にともない，テレビでの日本正規版アニメ以外に，ネットでの（「電驢」などの方法をつうじた）ダウンロードや，VCD，DVD などで多数の海賊版アニメが持ち込まれることになった。当初そのなかには台湾版の中国語吹替が多かったが，その後，中国大陸の「字幕組」によって作成された中国語字幕付きのアニメが徐々に増加した[9]。こうして日本のアニメは，当時の中国で大きな流行をみたのである。

　日本アニメの大流行にともない，「アニメの原作」となる漫画も 1980 年代末あたりから中国市場に流入しはじめる。そして 1990 年代に入ってからさらに，多数の日本漫画が次々と中国市場に上陸し，大きな人気を獲得していく。とはいえ，これらの漫画のほとんどが無許諾で，台湾版（一部，香港版もしくは自社翻訳版もあった）を「修正」して出版されるものであった。日本漫画出版の「4 大出版社」といわ

---

7) 当時「声優」という言葉は存在しなかった。「配音演員」とは，外国映画やドラマの中国語吹き替えを作成する人たちのことを指す。
8) これは日本アニメに詳しい筆者の同僚に調べてもらったリストであり，まだ完全とは言い難いが，それでも当時の日本アニメ流行の一端をうかがうことができる。
9) 自分の趣味で日本のアニメを中国語に翻訳し，中国語の字幕をつける「専門」の動漫ファンたちは「字幕組」と呼ばれる。

表 3-1　1980 年代から 2000 年代前半まで中国の各テレビ局で放送していた日本アニメ（一部）

| 番号 | 日本語タイトル | 中国語訳名 | 中国での放送年 |
|---|---|---|---|
| 1 | 一休さん | 聡明的一休 | 1983 年 |
| 2 | 花の子ルンルン | 花仙子 | 1986 年 |
| 3 | 恐竜戦隊コセイドン | 恐龙特级克塞号 | 1988 年 |
| 4 | クレヨンしんちゃん | 蜡笔小新 | 1998 年 |
| 5 | 爆走兄弟レッツ & ゴー!! | 四驱兄弟 | 1997 年 |
| 6 | キャプテン翼 | 足球小将 | 1993 年 |
| 7 | 北斗の拳 | 北斗神拳 | 1993 年 |
| 8 | 魔神英雄伝ワタル | 魔神英雄传 | 1994 年 |
| 9 | 恐竜戦隊ジュウレンジャー | 恐龙战队 | 1996 年（アメリカ版） |
| 10 | 超特急ヒカリアン | 铁胆火车侠 | 2000 年 |
| 11 | 忍たま乱太郎 | 忍者乱太郎 | 1993 年 |
| 12 | 中華一番！ | 中华小当家 | 1998 年 |
| 13 | Dr. スランプ | 阿拉蕾 | 1990 年 |
| 14 | 天地無用！ | 天地无用 | 1997 年 |
| 15 | 頭文字 D | 头文字 D | 2002 年 |
| 16 | ふしぎの海のナディア | 蓝宝石之谜 | 1992 年 |
| 17 | キテレツ大百科 | 奇天烈大百科 | 1992 年 |
| 18 | ウルトラマン | 奥特曼 | 1993 年 |
| 19 | セーラームーン | 美少女战士 | 1995 年 |
| 20 | ドラえもん | 哆啦 A 梦（机器猫） | 1991 年 |
| 21 | デジタルモンスター | 数码宝贝 | 2001 年 |
| 22 | ポケットモンスター | 宠物小精灵 | 2002 年 |
| 23 | キャッツ・アイ | 猫眼三姐妹 | 2003 年 |
| 24 | カードキャプターさくら | 魔卡少女樱 | 2002 年 |
| 25 | ちびまる子ちゃん | 樱桃小丸子 | 1999 年前後 |
| 26 | 犬夜叉 | 犬夜叉 | 2005 年 |
| 27 | はれときどきぶた | 晴天小猪 | 1997 年前後 |
| 28 | テニスの王子様 | 网球王子 | 2003 年 |
| 29 | 怪盗 セイント・テール | 圣少女 | 2000 年 |
| 30 | スラムダンク | 灌篮高手 | 1996 年 |
| 31 | 聖闘士星矢 | 圣斗士星矢 | 1992 年 |
| 32 | 名探偵コナン | 名侦探柯南 | 1998 年前後 |

表 3-1　1980 年代から 2000 年代前半まで中国の各テレビ局で放送していた日本アニメ（一部）
（つづき）

| 番号 | 日本語タイトル | 中国語訳名 | 中国での放送年 |
|---|---|---|---|
| 33 | 逮捕しちゃうぞ | 逮捕令 | 1998 年 |
| 34 | 魔法の天使クリィミーマミ | 我是小甜甜 | 1997 年 |
| 35 | 忍たま乱太郎 | 忍者乱太郎 | 1995 年 |
| 36 | 機動警察パトレイバー | 机动警察 | 1992 年 |
| 37 | 戦国魔神ゴーショーグン | 麦克伦一号（战国魔神豪将军） | 1988 年 |
| 38 | 超時空要塞マクロス | 超时空要塞 | 1991 年 |
| 39 | 超時空騎団サザンクロス | 超时空骑团 | 1991 年 |
| 40 | 機甲創世記モスピーダ | 机甲创世纪 | 1991 年 |
| 41 | 百獣王ゴライオン | 百兽王 | 1995 年 |
| 42 | 機甲艦隊ダイラガー XV | 机甲战队 | 1995 年 |
| 43 | 新世紀エヴァンゲリオン | 天鹰战士（新世纪福音战士） | 2001 年 |
| 44 | 宇宙の騎士テッカマンブレード | 宇宙骑士 | 1993 年 |
| 45 | 蒼き流星 SPT レイズナー | 沧海战士 | 90 年代 |
| 46 | ハクション大魔王 | 喷嚏大魔王 | 1996 年 |
| 47 | ビート・エックス | 钢铁神兵 | 1999 年前後 |
| 48 | ドラゴンボール | 龙珠（七龙珠） | 1998 年<br>（1995 年説もあり） |
| 49 | 十二戦支 爆烈エトレンジャー | 十二生肖守护神 | 1997 年 |
| 50 | 魔動王グランゾート | 光能使者 | 1998 年 |
| 51 | カラオケ戦士マイク次郎 | 魔法小歌王 | 1997 年 |
| 52 | 海のトリトン | 小飞龙 | 1988 年前後 |
| 53 | 剣勇伝説 YAIBA | 风雷剑传奇 | 1998 年 |
| 54 | サイボーグクロちゃん | 酷乐猫 | 2003 年 |
| 55 | 新世紀 GPX サイバーフォーミュラ | 高智能方程式赛车 | 1997 年 |
| 56 | What's Michael? | 怪猫麦克 | 1996 年 |
| 57 | はじめ人間ゴン | 山林小猎人 | 1999 年 |
| 58 | タッチ | 棒球英豪 | 1996 年 |
| 59 | 鎧伝サムライトルーパー | 魔神坛斗士（魔神英雄坛） | 1992 年 |
| 60 | スレイヤーズ | 秀逗魔道士 | 2001 年 |

第1部

第2部

れる海南撮影美術出版社，青海人民出版社，内蒙古出版社，遠方出版社がその代表的な海賊版日本漫画の出版社で，そのなかでも海南撮影美術出版社が 1992 年に出版した海賊版『聖闘士星矢』が販売を大幅に伸ばしたことにともない，日本漫画がすさまじい勢いで中国市場を席巻することになった。海賊版のサイズと厚さについて付け加えておくならば，それは海南撮影美術出版社が「発明」した日本単行本を分解して出版する形式と，1998 年頃に遠方出版社が「発明」した四拼一の形式（1面に 4 ページの絵が入る）がほとんどであった。

　1990 年代から 2000 年前半にかけて，『オバケの Q 太郎（中国語名：怪物太郎)』，『一休さん（聡明的一休)』，『聖闘士星矢（女神的聖闘士)』，『ドラゴンボール（七龍珠)』，『北斗の拳（北斗神拳)』，『らんま 1/2（乱馬 1/2)』，『Dr. スランプ アラレちゃん（阿拉蕾)』，『スラムダンク（灌藍高手)』，『ワンピース（海賊王)』，『ナルト（火影忍者)』，『テニスの王子様（網球王子)』などの人気作品が続々と登場したが，それらのほとんどが海賊版であったといっても過言ではない。

　日本漫画の海賊版が中国市場であふれるなかで，中国の大手出版社も正規版の日本漫画を出版しようとしていた。ただし，当時の中国出版業界は統制が厳しく，人びとの思想が保守的だったこともあり，中国における最初の正規版日本漫画として出版されたのは，人民美術出版社による 1988 年の漫画『ドラえもん』（小学館）であった[10]。その後 1990 年代に入っても，正規ルートで出版されたのは『美少女戦士セーラームーン（美少女戦士)』（1995 年)，『ゴン（小恐竜阿貢)』（1994 年)，『忍者ハットリくん（小忍者)』（1997 年）など数作しかなかった。2000 年代にはいり，中国の大手出版社が市場のニーズをみてより積極的になり（これらの出版社の背後には，実際の出版作業を取り扱う「書商」という存在が大きい[11])，日本の大手出版社の姿勢も次第に変わっていき，この時期に『名探偵コナン』（2002 年)，『テニ

---

10) 1991 年に出版されたという説もある。当時の中国語名は『機器猫』だったが，2004 年以降『哆啦 A 梦』に変更されている。

11) 当時，日本漫画の巨大なニーズを敏感に察知した民間の出版業者は，国営出版社の「書号（ISBN)」を借りて，日本漫画を正規で輸入していた。形式上は，日本の出版社と中国の国営出版社間で契約が締結されるが（近年では，日本の出版社が民間出版業者と契約することもある)，実際の編集や販売は民間出版業者が行うことになる（もしくは，国営出版社と共同で行う)。これらの民間出版業者のことを「書商」と呼ぶ。当時，中国の国営出版社のほとんどは，日本漫画の知識をもっていなかったため，このような書商との提携を歓迎している。たとえば集英社の作品に多く関わっている「杭州培之雨図書有限公司」「北京中少図書有限公司」などは，とくに有名な書商である。

スの王子様』（2004年）など10数作の正規版が出版された。この数は1990年代よりは多いが，新聞出版総署（中国の出版管理部署）の審査と日本出版社の許諾が厳しかったため，正規版の発行部数は海賊版漫画と比べると，ずいぶん少なかった。1980年代から2004年まで，中国で正規出版された日本漫画に関しては，表3-2のリストを参考にしてほしい[12]。

　ともあれ1980年代から日本のアニメが中国市場へと流入し，1990年代に入ってから，より多くの日本アニメと日本漫画が中国市場で流行することになった。なかでもとくに1996年から放送が開始された『スラムダンク』は，数多くの若者たちの人気を集めた。そしてその頃から，中国ほぼ全土を席巻するほどの激しい日本動漫ブームが到来し，2000年代半ば頃までピークを迎えることになる。その時期は，まさに中国における日本動漫ブームの全盛期ともいえるだろう[13]。

表3-2　1980年代から2004年まで中国で正規出版された日本漫画

| 番号 | 日本語タイトル | 中国語訳名 | 出版年 | 中国の出版社 |
|---|---|---|---|---|
| 1 | ドラえもん | 《机器猫》 | 1988年 | 人民美術出版社 |
| | | 《机器猫哆啦A梦》 | 1999年 | 吉林美術出版社 |
| 2 | ゴン | 《刚烈小恐龙阿贡》 | 1994年 | 中国対外翻訳出版公司 |
| 3 | 美少女戦士セーラームーン | 《美少女战士》 | 1995年 | 中国対外翻訳出版公司 |
| 4 | 忍者ハットリくん | 《小忍者》 | 1997年 | 吉林美術出版社 |
| 5 | 名探偵コナン | 《名侦探柯南》 | 2002年 | 長春出版社 |
| 6 | 犬夜叉 | 《犬夜叉》 | 2002年 | 天津人民美術出版社 |
| 7 | タッチ | 《棒球英豪》 | 2002年 | 天津人民美術出版社 |
| 8 | X（エックス） | 《X战记》 | 2003年 | 安徽少年児童出版社 |
| 9 | カードキャプターさくら | 《百变小樱魔法卡》 | 2003年 | 接力出版社 |
| 10 | ヒカルの碁 | 《棋魂》 | 2004年 | 天津人民美術出版社 |
| 11 | 探偵学園Q | 《侦探学园Q》 | 2004年 | 接力出版社 |
| 12 | GetBackers——奪還屋 | 《闪灵二人组》 | 2004年 | 江蘇美術出版社 |
| 13 | テニスの王子様 | 《网球王子》 | 2004年 | 連環画出版社 |
| 14 | まじっく快斗 | 《魔术快斗》 | 2004年 | 長春出版社 |

12) これは筆者の会社がまとめた集英社，講談社，小学館，スクウェア・エニックス，KADOKAWA，白泉社など六つの日本出版社の作品である。中国の紙市場では，これらの6社の作品がほとんどであった。

　その時期の中国の若者——小学生から大学生まで——にとって，日本の動漫をみることは当たり前のことだった。2007年のある調査によると，その頃は「どの中学校も，概ねクラスの40％ほどが，いわゆる日本動漫ファンである」，「どの中学校においても，日本動漫に一度も接触してない人は，一人もいない。すなわち，クラスの100％の者が多かれ少なかれ，何らかの形で日本動漫を見ている」というほどであった（遠藤，2008：56-57）。

　テレビ番組などをつうじて文化的な要素が深く印象に残る時期は，小学校の高学年ぐらいだといわれる。むろんそれは個人差もあるが，単純に10歳ほどの年齢を想定すると，この時期に日本アニメの影響を深く受けていた世代はちょうど「80後（1980年代生まれ）」と「90後（1990年代生まれ）」前半の人たちであることが理解される。当時は今と比べて娯楽が少なかったことも影響しているのだろう。この世代の人びとは「忠実な日漫ファン」とも呼ばれている。それではなぜ，日本の動漫がそこまで中国の若者たちを惹きつけたのだろうか。その背景には，以下の要因をあげることができるだろう。

### 1）日中間の文化的な共通基盤

　日本と中国の両国は，同じ東アジア，同じ儒教文化圏にあり，国民の価値観や美的感覚が類似している。たとえば『少年ジャンプ』系の少年漫画が提唱している「友情，努力，勝利」などは，まさに中国の若者にとっても共感の対象となる。また，キャラクターの「可愛さ」に対する感覚も，日中の若者同士で共通のものがあるのではないだろうか。また，繊細な少年少女の心情も，日中の若者同士のほうが他の文化圏の若者同士よりも類似していると考えられる。

### 2）娯楽の乏しさ

　当時の中国はそれ以前の政治最優先の時代から「改革開放」の時代になったばかりで，若者の遊びや娯楽がまだ乏しかった。しかも当時の社会や学校で発行された教養のための映像や読み物など——国産アニメや漫画本を含め——は説教じみたものが多く，娯楽の対象にはなりにくかった。一方，日本の動漫はストーリーも面白く，キャラクターも魅力的で，気軽に楽しめるので，思わずハマってしまう，とい

---

13）この時期の中国国漫はまだ弱小であったが，最も評価が高いとされたのは王庸声が編
　　集長となった漫画雑誌『画王』（『画書大王』ともいう）であった。

うことになりやすい。

### 3）安価な海賊版の存在

　ネットの海賊版はほぼ無料で，VCD などの海賊版アニメも 1 枚 1–3 元（約 16–48 円）であった。また，漫画の海賊版は 1 冊 1 元（約 16 円）前後で，当時は数が限られていた正規版価格の約 1/8 程度であった。「四拼一」バージョンは 1 冊 18–20 元（約 290–320 円）と高値であるが，しかし分量的には 1 冊で単行本の十冊から数十冊の情報が収められているので，計算すると決して割高ではない。しかも，漫画の貸本屋が数多く存在しているので，そこから借りると，さらに海賊版の購入価格よりもはるかに安く済む（1/8 から 1/5 ぐらいの価格となっている）。まだ経済的な自由のない当時の子供たちにとって，これらの安価な海賊版は人気の的となった。むろん筆者も海賊版に賛同しているわけではないが，当時としては海賊版が日本動漫の普及に大きく「貢献」していたことは否定できないだろう。

### ■ 3-2　第 2 期：子供たちから離れていった日本動漫

　第 2 期は，2005 年前後から 2013 年前後までだと考えられる。前述のとおり，1980 年代初頭からは日本のアニメが，後半からは日本の漫画が中国に流入してきた（日本ではまず漫画があり，その後アニメが作られたが，中国ではちょうど逆で，まずアニメが持ち込まれ，その後に漫画が入ってきた）。これら日本の「動漫」がだんだんと中国の若者を惹きつけ，1990 年代に入ってから海賊版のアニメと漫画が急速に増え，それが正規版と併存するかたちで，2000 年代前半まで日本動漫のブームが継続してきた。

　しかし日本動漫の「繁栄」にともない，中国政府の管理部署が動くことになる。日本の動漫，すなわちアニメでも漫画でも，子供向けの作品もあれば，大人向けの作品もあったが，しかし当時の中国においては，政府管理者にも一般の人びとにも，「動漫は子供向けのものだ」という認識が根強く，「外国のコンテンツが中国の子供たちの思想に深く影響することは危険なことである」と，とくに当時の政府管理部署の指導者たちが危機感を抱き，それを背景に，様々な方針や政策が定められた。同時に，日本のアニメや漫画のなかには中国社会にマイナスの影響をもたらすものもあり，「日本の動漫作品を規制してほしい」との世論も形成されていった。そのうち，とくに象徴的であったのは 2007 年 5 月の『デスノート』摘発事件であった（遠藤，2008：210）[14]。

　そのような背景があるなかで，2004年2月26日，中共中央と国務院（日本の内閣に相当する）の名義で「未成年の思想道徳建設をさらに強化改善することに関する若干の意見」（关于进一步加强和改进未成年人思想道德建设的若干意见）という通達（政府公文書）が発出され，その後，2006年1月13日に同名義で「文化体制改革深化に関する若干の意見」（关于深化文化体制改革的若干意见）という通達が発出された。さらにこれら二つの通達にしたがって，国務院は2006年4月25日，中国政府の中央行政省庁である財政部や教育部など10の省庁による共同で，「我が国の動漫産業発展推進に関する若干の意見」（关于推动我国动漫产业发展的若干意见）という通達を各地方政府に出している。これに関して遠藤誉はつぎのように指摘している――「第1回目の通達は〈未成年の思想道徳建設〉と，かなりマクロな視点から思想教育の方向性を示し，2回目の通達は〈文化体制〉という言葉を使って「精神文化」に接近し，かつ「動漫」と具体的に明示しており，3回目は，通達そのものがストレートに〈動漫産業発展〉と明示したのである」（遠藤，2008：201）。

　これら一連の動きは，テレビでのアニメ放送にも多大な影響を与えることになる。はやくも2000年の時点で，広電総局（テレビ局や映像製品などを管理する国の専門部署）の通知によって，海外アニメを輸入する際，いままで必要なかった総局による特別許認可が必要となった。その後，広電総局は2004年に，各テレビ局で放送されているアニメについて，国産アニメと海外アニメの比率を6：4とするようルールを設定し，さらに2006年9月に，各テレビ局のゴールデンタイム（午後5時−8時）における海外アニメの放送を全国一律に禁止している。さらに2008年2月14日からは「テレビアニメの放送管理を強化する通知」（广电总局关于加强电视动画片播出管理的通知）が広電総局から発出され，5月1日から各テレビ局における海外アニメの放送禁止時間を午後5時から午後9時までに延長した。このような一連の政策により，日本アニメをめぐる状況は日に日に厳しさを増した。実際のところ，中国における各テレビ局においては2002年以降，海外アニメが新規に輸入されることはなかった（例外は次の2例のみ，すなわち2006年に上海のアニメチャンネル「炫動卡通」で52話のTVアニメ『テニスの王子様』が放送されたことと，2011年に中央テレビ局の「映画チャンネル」でアメリカの作品とともに，『ナルト』および『ワンピース』の劇場版が放送されたことのみである）。

---

14）あるいは，つぎのURLを参照。http://www.shdf.gov.cn/shdf/contents/769/49266.html（最終閲覧日：2021年3月7日）

　その一方で，当時の中国政府による基本方針としては，海外のアニメを規制して，国産アニメを大々的に奨励するというものだったので，これを背景として，数多くのアニメ製作会社が中国国内に出現することになった。2010 年における TV アニメの生産は合計で約 22 万分間で，ピークの 2011 年には約 26 万分間の分量がある。それはアメリカや日本による生産を超え，世界一のアニメ生産量だったといわれている[15]。また，放送の場として，2004 年 7 月，上海「炫動卡通」が開通，2004 年 9 月，北京「卡酷少児チャンネル」が開通，2004 年 10 月，湖南「金鷹卡通」が開通，2004 年 10 月，江蘇省「優漫卡通」が開通，2007 年 3 月，広東省「嘉佳卡通」が開通するなど，これをもって，いわゆる中国「5 大アニメ専用チャンネル」が続々と開通したことになる。しかも 2006 年以降，すべてのテレビ局は，ほぼ国産アニメしか放送できなかったわけである。しかも，アニメとは「子供向け」のものであるという認識が介在したことにより，その時期のテレビ局は『喜羊羊』，『虹猫蓝兔』，『果宝特攻』，『猪猪侠』，『雷鋒的故事』，『熊出没』など，ほぼすべて，子供向けの国産アニメを放送していたのである。2007 年のデータによると，その時期，中国国内における 447 の大学で，動漫もしくは動画の学部が設置され，1230 の大学（短大や専門学校も含め）が動漫関連の専攻を作っている。2010 年前後でいうと，動漫専攻の卒業生の数は約 10 万人に達したとのことである[16]。

　それでは，漫画業界の状況をみてみよう。2000 年代の後半になると，『ワンピース』（2007 年），『ナルト』（2009 年），『ブリーチ』（2010 年）という，中国で「三大民工漫」[17]といわれた日本トップレベルの漫画作品の出版にともない，正規版日本漫画が徐々に増えていった（表 3-3 を参照）[18]。ただし，その時期にはインターネットの急速な普及にともなって，若者が紙よりデジタルでコンテンツに触れるのが一般的になり，紙媒体の影響力が次第に弱くなっていった。そのため，海賊版の漫画本も少しずつ減少し，その代わりに，新しいネット海賊版の漫画サイトが出現

---

15）http://www.citure.net/info/20131218/20131218141735.shtml （最終閲覧日：2021 年 3 月 20 日）

16）http://edu.gansudaily.com.cn/system/2007/02/25/010269776.shtml （最 終 閲 覧 日：2021 年 3 月 7 日）

17）「民工」という中国語は，地方から都会に来る出稼ぎの労働者のことを指す。これに対して「民工漫」というのは，ネット用語で，毎日ハードな仕事に携わり，暇な時間がまったくない出稼ぎの労働者たちでさえ知っている漫画，つまり「誰でも知っている」，あるいは「とても流行っている」漫画作品のことである。「民工漫」の百度百科を参照。

18）同注 11）

することになった——たとえば「動漫無限」,「動漫之家」,「動漫天地」,「漫画新幹線」など，海賊版漫画サイトは数多くの作品を無料配信している。

　他方，その時期には国産漫画も国産アニメと同様に，中国国内で大々的に奨励されていたため，国産漫画を掲載している「国漫雑誌」が 2000 年代後半に数多く創刊されている。2002 年 6 月にリニューアル創刊された『漫友』（前身は 1997 年創刊），2006 年 1 月に創刊された『知音漫客』（編集長業界有名人の「老猪」），2006 年 4 月に創刊された『漫画 party』などはその代表的なものであり，『知音漫客』は創刊当時こそ月刊紙だったが，2009 年の段階で週刊誌へと移行し，ピーク時の 2013 年には毎週発行部数が 150 万部まで増加している（これは中国最大の漫画雑誌だといえる）[19]。これらの漫画雑誌のメイン読者は，小学生と一部の中学生であった。国産漫画のサイトも数多く立ちあげられたが，なかでも，とくに代表的なのは 2006 年設立された「有妖気」であった。

　上述したように 2005 年前後の段階では，海賊版の日本アニメや漫画はいまだに流通していたが，しかしその一方で，テレビでの日本アニメの放送は難しくなっている。それと同時に，中国政府が「国産動漫」を大々的に宣伝し奨励しているため，それに呼応するかたちで数多くの国産アニメや国産漫画（雑誌も単行本も）が制作され，世論的にも「動漫が面白い」,「動漫が超人気」,「動漫産業が朝日産業（すなわち，成長産業）」という見方が流通することになる。そのような状況があって，中国における「動漫」ブームは衰えることなく，その勢いは 2010 年代まで継続している。また，「動漫」という概念は以前であればもっぱら「日本動漫」を指していたが，現在では中国で国産されたものも指すようになっている。

　この時期の中学生や高校生，あるいは大学生の動漫ファンは，ネットや紙で流通する海賊版をつうじて，日本のアニメと漫画を楽しむことができていた。しかし当時，それよりもさらに低年齢の小学生などは，いまだインターネットを使いこなせていないため，テレビが主要な娯楽手段とならざるをえない。当時，テレビでは日本のアニメは放送されておらず，代わりに，子供向けの国産アニメが放送されていた。また，近隣の「書報亭（新聞スタンド）」や売店では，子供向けの国産漫画が販売されていた。したがって，この時期に子供時代を過ごした人びと——すなわち「90 後」後半と「00 後」前半の世代——にとっては，「動漫」といえばまずそれは「国産動漫」のことであり，「日本動漫」のイメージはもはや存在しないのである。この世代の人びとは，「日漫の断層」とも呼ばれている[20]。

表 3-3　2005 年代から 2012 年まで中国で正規出版された日本漫画

| 番号 | 日本語タイトル | 中国語訳名 | 出版年 | 中国の出版社 |
|---|---|---|---|---|
| 1 | ポケットモンスター | 《精灵宝可梦》 | 2005 年 | 吉林美術出版社 |
| 2 | らんま 1/2 | 《乱马 1/2》 | 2005 年 | 吉林美術出版社 |
| 3 | SLAM DUNK | 《灌篮高手》 | 2005 年 | 長春出版社 |
| 4 | ドラゴンボール | 《龙珠》 | 2005 年 | 中国少年児童出版社 |
| 5 | 金田一少年の事件簿 | 《金田一少年之事件簿》 | 2005 年 | 南方出版社 |
| 6 | 頭文字 D | 《头文字 D》 | 2006 年 | 接力出版社 |
| 7 | フルーツバスケット | 《水果篮子》 | 2006 年 | 中国少年児童出版社 |
| 8 | ONE PIECE | 《航海王》 | 2007 年 | 浙江人民美術出版社 |
| 9 | 聖闘士星矢 | 《圣斗士星矢》 | 2007 年 | 中国少年児童出版社 |
| 10 | Dr. スランプ | 《阿拉蕾》 | 2008 年 | 中国少年児童出版社 |
| 11 | 鋼の錬金術師 | 钢之炼金术师 | 2008 年 | 中国少年児童出版社 |
| 12 | NARUTO－ナルト－ | 《火影忍者》 | 2009 年 | 連環画出版社 |
| 13 | FAIRY TAIL | 《妖精的尾巴》 | 2010 年 | 湖北少年儿童出版社 |
| 14 | のだめカンタービレ | 《交响情人梦》 | 2010 年 | 人民文学出版社 |
| 15 | BLEACH | 《境・界》 | 2010 年 | 連環画出版社 |
| 16 | チーズスイートホーム | 《甜甜私房猫》 | 2010 年 | 世界图书出版公司 |
| 17 | 神の雫 | 《神之水滴》 | 2010 年 | 陕西师范大学出版社 |
| 18 | ちびまる子ちゃん | 《樱桃小丸子》经典漫画版 | 2011 年 | 上海少年儿童出版社 |
| 19 | バクマン。 | 《爆漫王。》 | 2011 年 | 安徽少年儿童出版社 |
| 20 | 黒執事 | 《黑执事》 | 2011 年 | 安徽少年儿童出版社 |
| 21 | 遊☆戯☆王 | 《游戏王》 | 2011 年 | 浙江人民美術出版社 |
| 22 | 新世紀エヴァンゲリオン | 《新世纪福音战士》 | 2011 年 | 湖南美术出版社 |
| 23 | 家庭教師ヒットマン REBORN! | 《家庭教师》 | 2012 年 | 浙江少年児童出版社 |
| 24 | 銀魂 | 《银魂》 | 2012 年 | 連環画出版社 |
| 25 | らき☆すた | 《幸运星》 | 2012 年 | 广东教育出版社（1–4 卷）<br>湖南美术出版社（5–9 卷） |

19)『知音漫客』の形式は日本の漫画雑誌と違い，基本的にカラーで，1面に4ページとい
　う形式である。

## ■ 3-3　第3期：日本動漫の再受容

　第3期は，2013年頃から現在までだと考えられる。2000年代の後半に入り，インターネットが中国で急速に普及することになる。そして，それにともなって若者の娯楽もネットへと移りつつある。「土豆」（2005年設立），「捜狐」（1998年設立），「優酷」（2006年設立），「愛奇芸」（2010設立），「bilibili」（2009年設立），「テンセント視頻」（2011年設立）など，当時は「視頻サイト（動画サイト）」が急速に成長しており，若者たちによる注目が最も集まる場所となっていた。

　2011年12月，テレビ東京が中国の大手「土豆」サイトと提携して，『ナルト』など60作ほどのアニメを「土豆」で配信を開始した。国際的なビジネス経験が豊富な川崎由紀夫（当時，テレビ東京のアニメ局長）が主張した，いままでない日本アニメの「即日配信で，コピーしたものでない本物で，かつ作品の数量を揃える」ことが実現されたことで，中国の動漫ファンがインターネットをつうじて，日本とほぼ同時に正規版のアニメを視聴できるようになったのである（山田，2012）。これは画期的な出来事であり，当時の日中それぞれの業界で大きな反響を呼んだ（配信開始は2011年の年末であったが，市場への影響が大きくなったのは2012年になってからである）。これにつづくかたちで，2013年には日本の「東映アニメ」も類似した方法で，当時の中国におけるもう一つの大手「捜狐」サイトと提携し，『ワンピース』などの数十作を「捜狐」をつうじて正規配信しはじめた。

　これら二つの出来事をきっかけに，日本のアニメは転機を迎えることになる。すなわち中国市場での「テレビ局が購入できない」，あるいは「海賊版が氾濫する」という窮境から脱出し，若者の関心が最も集まるところへコンテンツを届けられるようになった。その後より多くの日本アニメが「bilibili」，「愛奇芸」，「テンセント視頻」，「優酷」などの中国のプラットフォームをつうじて配信されるようになった。これらにおいては海賊版対策がなされており，したがって昨今の中国市場では，日本アニメの海賊版をめぐる状況は大幅に改善されている。

　なお，劇場版アニメ（中国では「動画電影」と呼ぶ）に関しては，1980年から2014年までの34年間で輸入された作品数は約14本と少なかったが[21]，それも2015年以降，状況が変化している。同年に輸入された「STAND BY ME ドラえもん」の

---

20）中国の広東省では，1980年代頃から香港のテレビ番組も一般家庭で手軽にみられるようになった。子供たちにとっては香港のテレビ局をつうじて，日本アニメをいつでも視聴できるようになったので，「断層」現象はなかった。福建省の一部でも，これと同じような状況だった。

興行収入が5.3億元（約86億円）に達し，これをきっかけに，2015年から2020年まで，36本ほどの日本産劇場版アニメが上映され，そのなかでも『君の名は。』は5.75億元（約93億円）の興行収入を獲得し，1位となっている[22]。

日本漫画の場合，当時の集英社中国事業担当の関谷博が拓いた新しいビジネスモデルとして，2013年1月，『ワンピース』や『ナルト』など集英社の人気作品11作が「テンセント動漫」で正規配信された[23]。これは日本漫画の中国における初の正規配信で，その後，数多くの日本漫画が「テンセント動漫」，「bilibili」，「快看漫画」，「愛奇芸」などのプラットフォームで正規配信されるようになった。

デジタル漫画の海賊版はアニメよりも摘発しにくいため，それがプラットフォームや版元の頭痛の種でありつづけてきた。しかし，2015年に四川省成都市公安当局が摘発した「愛漫画」サイトの事件（判決が下されたのは2016年）[24]と，2019年に上海市の公安当局が摘発した「鼠絵漢化組」の事件（判決が下されたのは2020年）[25]を経て，デジタル漫画の海賊版をめぐる状況もかなり改善されている。

日本漫画の紙出版市場では，2010年代半ばからの急激な規模縮小と，審査制度の厳しさという二重の原因により，2016年から2019年までは2015年以前よりも少なかったが，2019年の年末になされた審査制度の規制緩和により，2020年の1年間だけでも10作品以上が日本の出版社と契約済み，もしくは出版されていた（表3-4を参照）[26]。

また，中国では2015年あたりからモバイル・インターネットが普及したことによって，パソコンの時代から急速にタブレット端末やスマートフォンの時代にかわり，しかも都市部では，中学生はもちろんのこと，それ以下の子供もモバイルメディアを使うようになっている。

21）https://www.douban.com/doulist/45447314/?start=25&sort=seq&playable=0&sub_type=（最終閲覧日：2021年3月20日）

22）https://www.douban.com/note/759697698/（最終閲覧日：2021年3月20日）

23）集英社は中国市場で正規漫画配信を開拓する同時に，2007年から毎年中国の「新星杯」という新人漫画賞に協賛，グローバル的な新人発掘事業と日中文化交流にも大きく貢献している。

24）https://m.sohu.com/a/128308782_473656（最終閲覧日：2021年3月20日）

25）https://www.sohu.com/a/392152081_120086493（最終閲覧日：2021年3月20日）

26）ただし，2020年後半になると，各地方（省）の審査方針が異なってきたので，2021年の状況は2020年の「飛躍」からは落ち着いていくだろう。表3-4は同注11（2020年作品のなかには一部，契約済み，未出版の作品もあったが，公開は控える）。

表 3-4　2013 年代から 2021 年 3 月まで中国で正規出版された日本漫画

| 番号 | 日本語タイトル | 中国語訳名 | 出版年 | 中国の出版社 |
|---|---|---|---|---|
| 1 | 深夜食堂 | 《深夜食堂》 | 2013 年 | 湖南文艺出版社 |
| 2 | しゅごキャラ! | 《守护甜心》 | 2013 年 | 浙江人民美术出版社 |
| 3 | 君に届け | 《好想告诉你》 | 2013 年 | 世界图书出版公司 |
| 4 | 青の祓魔師 | 《青之驱魔师》 | 2013 年 | 安徽少年儿童出版社 |
| 5 | 新テニスの王子様 | 《新网球王子》 | 2013 年 | 連環画出版社 |
| 6 | マギ | 《天方魔谭 MAGI》 | 2014 年 | 吉林美术出版社 |
| 7 | 夏目友人帳 | 《夏目友人帐》 | 2014 年 | 安徽少年儿童出版社 |
| 8 | 黒子のバスケ | 《黑子的篮球》 | 2014 年 | 人民邮电出版社<br>(2020 年から西泠印社出版社) |
| 9 | HUNTER × HUNTER | 《猎人》 | 2014 年 | 連環画出版社 |
| 10 | べるぜバブ | 《魔王奶爸》 | 2014 年 | 浙江人民美术出版社 |
| 11 | 宇宙兄弟 | 《宇宙兄弟》 | 2015 年 | 上海文芸出版社 |
| 12 | しろくまカフェ | 《北极熊 Café》 | 2015 年 | 世界图书出版公司 |
| 13 | ニセコイ | 《伪恋》 | 2015 年 | 連環画出版社 |
| 14 | 東京ラブストーリー | 《东京爱情故事》 | 2015 年 | 訳林出版社 |
| 15 | トリコ | 《美食的俘虏》 | 2015 年 | 安徽少年儿童出版社 |
| 16 | 神様はじめました | 《元气少女缘结神》 | 2015 年 | 世界图书出版公司 |
| 17 | 月刊少女野崎くん | 《月刊少女野崎君》 | 2016 年 | 世界图书出版公司 |
| 18 | 恋するシロクマ | 《恋爱的白熊》 | 2017 年 | 云南美术出版社 |
| 19 | よつばと! | 《四叶妹妹!》 | 2017 年 | 浙江人民美术出版社 |
| 20 | ハイキュー!! | 《排球少年!!》 | 2017 年 | 浙江人民美术出版社 |
| 21 | キングダム | 《王者天下》 | 2020 年 | 浙江人民美术出版社 |
| 22 | 鬼滅の刃 | 《鬼灭之刃》 | 2020 年 | 浙江人民美术出版社 |
| 23 | ジョジョの奇妙な冒険 | 《乔乔的奇妙冒险》 | 2020 年 | 新星出版社 |
| 24 | ダンジョン飯 | 《迷宫饭》 | 2020 年 | 新星出版社 |
| 25 | 文豪ストレイドッグス | 《文豪野犬》 | 2020 年 | 新星出版社 |
| 26 | SPY × FAMILY | 《间谍过家家》 | 2021 年 | 北京紅閲科技有限公司 |

　さて，「国漫」の状況をみてみよう。国漫は海外アニメ漫画の規制を背景としな
がら発展してきた。その時期の国産動漫は，政策上「過保護」であったことの逆効
果や，産業としての未成熟などの原因により，「動漫」をめぐる話題は熱くて作品
の「数」も多いが，しかし「質」という点では，良い作品が多かったとは言い難い。

しかし，2015 年あたりからテンセントなどの IT 系大手が「IP」[27] という表現を使用しはじめて以来，相互につながりがなくそれぞれ独自に動いてきた国産のコンテンツは，「漫画，アニメ，ゲーム，ネット小説，実写映画ドラマ，グッズなど IP 産業チェーン」の一環として組み込まれ，中国では従来なかった「漫画からアニメ化」，「漫画もしくはアニメからゲーム化，商品化」などが実践されるようになった。日本では 1970 年代末期から「メディアミックス」が存在したが，中国でもそれに似た「IP 産業」のチェーンが形成されるようになったのである。

　さらに 2015 年後半から 2018 年までの期間に，中国ではいわゆる「IP ブーム」が出現した。その時期，ネット小説や漫画，アニメなど，いわゆる上流にある IP の実写映像化（映画，テレビドラマ，ネットドラマ，ネット映画など）やゲーム化の許諾が盛んに行われ，人気ネット小説の許諾料が 3 千万元（約 5 億円），ひいては 5 千万元（約 8 億円）のケースもあり，人気漫画の許諾金が 1 千万元（約 1.6 億円）を超えたケースもあった[28]。日本市場でも考えられないほどの許諾金の金額から，当時の IP ブームの一端をうかがうことができるだろう。その時期が「動漫熱」のピークだったといっても過言ではない。

　第 3 期の国漫に関して，アニメ業界では「bilibili 国創」[29] や「テンセント視頻」，「愛奇芸」などのプラットフォーム（動画サイト），劇場版アニメ業界では「彩条屋」，「追光動画」などの製作会社，漫画業界では「bilibili 漫画」，「テンセント動漫」，「快看漫画」などのプラットフォームによる主導で，『鎮魂街』（アニメ），『魔道祖師』（アニメ），『天官賜福』（アニメ），『哪吒』（劇場アニメ），『大聖帰来』（劇場アニメ），『一人之下』（漫画，アニメ），『鏢人』（漫画），『隠世華族』（漫画），『快把我哥帯走』（漫画，実写映画），『拾又之国』（漫画），『昨日青空』（漫画，劇場アニメ）など，以前より質の高い国漫作品が少しずつ出回るようになった[30]。

　全般的にいうと，この時期の中国には，日漫もあれば，国漫もある。しかも若者の娯楽も多様になっている。この時期の若い動漫ファンは，もちろんいろいろな方

---

27）英語 Intellectual Property の略称，元々は「知的財産権」の意味だったが，中国では 2 次開発できるネット小説や，漫画，アニメ，ゲーム，映画ドラマなどのコンテンツのことを指している〈https://www.sohu.com/a/115378206_464036（最終閲覧日：2021 年 3 月 20 日）〉。

28）これは筆者の会社が扱った，ある漫画 IP の金額で，当時業界の最高記録でもあった。

29）最近，bilibili が国産のアニメを「国創」と表現するようになっている。bilibili はいま中国最大の「二次元コミュニティ」ともいわれている。

法で日本動漫を楽しめるが，重要なのは，当時の子供が第2期とは異なりモバイル端末上で，再び第1期のように手軽に日本のコンテンツに触れることができるようになった点である。彼らは新たなコンテンツ受容の形態を特徴とする，「05後」の世代なのである[31]。

# 4 今後の展望

## ■ 4-1 「日漫」と「国漫」併存の時代

すでに述べたように，日本の動漫は第1期の大流行，そして第2期の厳しい規制を経て，現在では第3期に突入している。そして日本動漫はインターネットをつうじて，海賊版ではなく正規のかたちで中国市場に流入している。とくに2015年頃を境としてそれ以降，モバイル・インターネットの急速な発達や，各種動画サイトなどのプラットフォームの普及，そして海賊版の摘発など様々な要因が後押しするかたちで，日本のコンテンツは迅速に中国の若者，そして子供たちに届くようになってきている。

その一方で1990年代を起点とする中国の国産動漫は，2000年頃からなされた海外動漫への規制を経て発展してきた。2010年代の初頭，テンセントの副総裁である程武が「汎娯楽」を提唱し[32]，とくに2015年頃から業界内で「IP」という概念が使われ出した頃から，国産アニメも漫画もIPの一環として，ほかのゲームや映像，グッズなどとともに，一つの産業的なネットワークを形成するに至っている（「IP産業」，もしくは「動漫産業」という言葉が盛んに使われるようになった）。そしてその新たな状況のなかで，若者に人気が高い良質な作品も徐々に産出されるように

---

30) 中国動漫の表現様式やコマ割りなどは，もともと日本動漫と似ているところが多かったが，漫画分野で2014年あたりに韓国から発祥してきた携帯端末に相応しいカラーの「縦スクロール漫画（中国語：条漫）」が流行しはじめ，その2，3年後には中国漫画の主流方式となっている。しかし日本ではまだモノクロの「ページ漫画」が主流方式である。ただ，近年，日本でもカラーの縦スクロール漫画が少しずつ増加してきた。

31) この段階の日漫ファンを第1期のそれと比べると，第1期の日漫ファンがメジャータイトルにのみ熱中する傾向があるのに対して，第3期の日漫ファンは動漫情報を以前よりもっと多く，リアルタイムに参照できるので，メジャーではない作品にも詳しい場合が多い。

32) https://www.zhihu.com/question/56664305 （最終閲覧日：2021年3月7日），およびhttps://games.qq.com/a/20170420/073858.htm （最終閲覧日：2021年3月7日）

なってきている。

　総じていえば，いまの中国動漫市場では，日本の優れた動漫作品が長年にわたり流行しており，それによって大規模な「日漫」市場と数多くの「日漫」ファンが育っている。他方，中国国産の動漫も，良質な作品も増えつつあるし，また，「国漫を応援しよう」との国民感情も背景にあるため，この20年の間，とりわけ最近10年ほどの市場育成を経て，「国漫」市場と「国漫」ファンも数多く形成されている。この「日漫」と「国漫」の二つのグループが併存する状況はしばらく継続すると予想される[33]。

### ■ 4-2　その時代の市場特徴

「日漫」と「国漫」が併存する時代の中国市場では，下記のような特徴がみられる。

### 1）日本動漫ファンは依然として多い

　上記の3段階をつうじて形成された動漫ファンの状況をみてみよう。第1期の場合，まだ中国動漫がとても少なかったため，受容者はほとんどが日本動漫の忠実なファンであり，彼らはいまだに大きい影響力をもっている。しかも彼らはその子供の世代にまで，日本動漫の影響を与えている。第2期の場合，幼少期に国漫を受容している人が多かったが，しかし，その時期の国漫のほとんどが低年齢層子供向けの作品で，質も低かったため，中高生になると海賊版で日本動漫を受容し，それにより日本動漫ファンになったという人も少なくなかった。第3期になると，再び日本動漫を手軽に受容することできるようになったので，日本動漫のファンが数多く形成されるようになったといえる。

　実際のところ，現在では bilibili の「日漫」のコーナーで活動しているファンは非常に数が多く，筆者の会社が注力している日本IPグッズの市場規模が年々大きくなっているのもそのことを裏付ける[34]。

### 2）海賊版の状況が大きく改善している

　既述のとおり，中国国内における海賊版の状況は大きく改善している。主要のア

---

33）中国市場では，韓漫（韓国動漫），美漫（米国動漫），欧漫（欧州動漫）なども存在しているが，市場規模や影響力からいうと，日漫と国漫よりはかなり低いと考えられる。
34）正確な統計データは存在しないが，日漫ファンの数が国漫ファンの数より大きいとの見方が多い。

ニメと漫画の媒体となっているプラットフォームのほとんどは上場企業であり，そこでは正規版しか扱われていない。また，前述した 2015 年の「愛漫画」サイト摘発事件，および 2019 年の「鼠絵漢化組」摘発事件は双方とも民事訴訟ではなく刑事訴訟であったので，人びとに対する見せしめの効果は大きかった。さらに，いまの資本ファンドは海賊版のサイトに出資しなくなっているので，大規模な海賊版サイトもほとんど見られなくなった [35]。海賊版はいまだに存在しているが，若者の意識がすでに変わっており，「正規版しか買わない」と考える人の割合が十分増えている。

### 3）市場が巨大で，しかも以前より成熟している

2000 年前後に国レベルでなされた動漫に対する宣伝によって，いま動漫を受け入れる人たち，いわゆる「汎二次元ファン」[36] がすでに 10 代から 40 代の前半にまで及び，2020 年には 4.1 億人ほどいると測定されている（図 3-1）。いまとなっては，無数に存在する汎二次元ファンは動漫消費の基盤だと考えられる。

また，2019 年ごろから，主要プラットフォームで採用されたアニメと漫画の有料化は次第に定着しつつある。「80 後」と「90 後」の人びとにとっては，海賊版や IT 企業初期の「無料戦略」の影響で，コンテンツを「ただで楽しめる」という意識が強かったものの，「00 後」ひいては「05 後」のいわゆる「インターネットネイティブ」たちはネットをつうじた課金意識が強くなっているので，正規版コンテンツ課金市場はこれからより期待できると考えられる。

劇場アニメの興行収入もみてみよう。2015 年前は「日漫」でも「国漫」でも興行収入が 2，3 千万元（3–5 億円）前後がほとんどであった [37]。しかし 2015 年に日本から輸入された『STAND BY ME ドラえもん』の興行収入が 5.3 億元（約 86 億）

---

35) 2015 年以前は，一部のファンドが集客力がある海賊版サイトにも出資していた。そのため当時は海賊版の流通量が多かったといえる。

36)「二次元」は本来日本語であり，アニメ，コミック，ゲーム（ACG）など「平面」の世界を指すものであるが，中国では「動漫」のことを「二次元」と称する場合も多い。それを拡大解釈することにより，二次元関連のもの（漫画，アニメ，ゲーム，キャラクターグッズ，ネット小説，舞台劇など）を「汎二次元」と呼ぶようになっている。中国では「二次元コアファン（中国語：二次元核心用戸）」という表現があるが，それはACG のディープなファンのことで，「汎二次元ファン（中国語：汎二次元用戸）」というのはつまり，「汎二次元」のことが好きだが，ディープなレベルまでは行かない人びとのことを指している。二次元，汎二次元の百度百科，および https://www.sohu.com/a/151395321_811387（最終閲覧日：2021 年 3 月 7 日）などを参照。

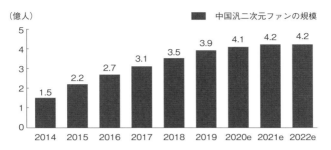

**図 3-1　2014-2022 年中国汎二次元ファンの規模と成長率予測**
（艾瑞咨詢より，e は予測値）

に達し，また，同じ年に国漫である『大聖帰来』の興行収入が 9.6 億元（約 155 億円）に達したことを契機として，それ以降も興行収入が 1 億元（約 16 億円）を超える人気タイトルが数多く流行していった[38]。いまの中国では，若者や大人が映画館へアニメを観にいくことは普通になっているが，もし 10 年前なら大人がアニメの映画を見に行くことは周りからも笑われる行為だろう。

---

37) 2014 年より以前の国漫劇場アニメは本数も多くないし，良質といわれた『魁抜』シリーズの興行収入も高くて 2500 万元（約 4 億円）ほどであった（2013 年）〈https://zhidao.baidu.com/question/2121108694751285307.html（最終閲覧日：2021 年 3 月 7 日）〉。他方，日漫劇場版アニメの最も高い興行収入は 2011 年の『名探偵コナン 沈黙の15 分』であり，2800 万元（約 4.5 億円）ほどとなっている〈https://haokan.baidu.com/v?pd=wisenatural&vid=13815158100381525451（最終閲覧日：2021 年 3 月 7 日）〉。
38) 日漫劇場アニメの興行収入が 1 億元（約 16 億円）を超えた作品はすべて，2015 年以降の事例であった〈https://haokan.baidu.com/v?pd=wisenatural&vid=13815158100381525451（最終閲覧日：2021 年 3 月 7 日）〉。

　アニメと漫画の課金市場や興行収入だけではなく，いわゆる IP 実写映像化，ゲーム化，商品化などの動漫関連ビジネスモデルも形成されつつある。とくに商品化の範疇にあるフィギュア，ブラインドボックスなどの市場が近年では急速に発展しつつあり，「新小売（中国語：新零售）」ブームとうまく相互作用し，巨大な成長力をみせつつある。

　1970 年代末から本格的に発展してきた日本の動漫産業は，1990 年代の全盛期を経てそれ以降，とくに 21 世紀に入り，人気作品は引き続き産み出されている。しかし他方で，日本社会が抱える少子化などの要因により，市場規模などの面で不安を抱える状態に陥っている。

　これに対して隣国の中国における動漫市場は，近年において目覚ましい成長を遂げている。このような時代の流れを勘案しつつ，この「日漫」と「国漫」が併存する時代において，中国の動漫市場とどうやって向き合っていくのか，これは日本の動漫産業業界ひいては文化業界にとっても重要な研究課題となるであろう。

**【謝　　辞】**

本章では資料収集や状況分析などに関して，梁於さん，王珏さん，何娜莎さん，楊揚さん，張楽依さん，洪淏さん，王崢さん，範依萍さんにご協力いただいた。この場を借りて感謝を申し上げたい。

**【引用・参考文献】**

遠藤　誉（2008）．『中国動漫新人類──日本のアニメと漫画が中国を動かす』日経BP 社

中野晴行（2004）．『マンガ産業論──マンガ産業の基本構造／マンガ産業の三十年／マンガ産業のあしたはどっちだ』筑摩書房

山田賢一（2012）．「日中アニメ産業の市場争奪──国産アニメ振興を図る中国とどう向き合うのか」『放送研究と調査』*62*(4): 58-69.

# 04 日中両国のコロナ禍における映画の劇場配給

## ネット配信への移行とその原因の探求

劉 心迪

## 1 はじめに

2020 年の初頭，武漢での新型コロナウイルス感染爆発にともない，中国の春節期間に公開予定であった 7 本の映画，『唐人街探案 3（Detective Chinatown 3）』，『囧妈（Lost in Russia）』，『奪冠（Leap）』，『緊急救援（The Rescue）』，『姜子牙（Legend of Deification）』，『熊出没・狂野大陸（Bonnie Bears: The Wild Life）』，『急先鋒（Vanguard）』は，直前になってすべて公開延期が決定し，1 月 23 日から事前販売分のチケットについて，払い戻しの措置がとられた。

2020 年は中国に限らず，大多数の国の映画業界が大きな挫折を経験した。アメリカのディズニー映画会社が 3 月 27 日に公開する予定だった映画「ムーラン」は，コロナ禍で上映時期を調整した。最終的には，中国本土では 2020 年 9 月 11 日に上映され，他国ではウェブのディズニープラスで有料配信された。コロナ禍は日本の映画業界にも同様の影響を与えている。日本では，4 月 16 日に安倍首相による緊急事態宣言発令によって，学校や飲食店だけでなく，映画館も休業要請の対象となり，多くの映画が公開延期となった。

コロナ禍において中国や日本および世界各国の映画業界では，映画の劇場公開延期への対応として，二つの対処方針がみられた。一つは新たな日程で劇場上映をすること，もう一つはネット配信へ移行することである。多くの業者は，映画は映画館で上映すべきだと考えているが，他方で，中国では新型コロナウイルスの感染状況が落ちついた後も，たとえばファンタジーアクション映画『冷血狂宴（Legend of Ravaging Dynasties）』などの作品は劇場ではなくネット配信方式で公開されている。このことを鑑みると，今後，映画は映画館での独占公開ではなくなり，ネット配信が次第に配給チャネルの主流になっていく可能性がある。

## 2 日中両国のネット配信移行の映画比較

　中国では，2020年春節期間に公開予定だった7本の映画が上映時期の延期を決定した翌日，『囧妈（Lost in Russia）』の配給業者が声明を発表した。その内容とは，2020年1月25日の0時以降，「抖音（TikTok 中国版）」，「西瓜視頻（SmartNews App）」，「今日頭条（TouTiao）」，「TikTok 火山版」および「観喜首映（芒果 TV App の専用エリア）」のアプリケーション，または STB 経由の放送サービス（ケーブルテレビなど）において『囧妈（Lost in Russia）』を無料で視聴可能とする，というものであった。これは中国における映画史上はじめての試みであった。つまり春節期間に公開予定だった映画がオンライン配信によって公開されるものであり，これにより 2020 年，中国における映画のオンライン配信公開の幕が開けたといえる。

　『囧妈（Lost in Russia）』につづいて，バレンタインデーにあわせて上映が予定されていた『肥龍過江（Enter The Fat Dragon）』が愛奇芸（iQIY），および騰訊（テンセント）のアプリをつうじて，2月1日に公開配信された。無料で配信された『囧妈（Lost in Russia）』とは異なり，『肥龍過江（Enter The Fat Dragon）』は中国公開前に，すでに香港，シンガポール，マレーシアなどの映画館で公開上映されたほか，中国の愛奇芸（iQIY），騰訊（テンセント）の二つの動画配信プラットフォームにおいて有料で公開配信されている。VIP 会員は6元（約99円），会員ではない場合は 12 元（約197円）という価格で，視聴期限は支払後の 48 時間以内と設定された。劇場配給からネット配信へ移行した映画は，他にも，陳喬恩と呉磊主演の映画『源・虹（Into the Rainbow）』，周顕楊監督の『我們永不言棄（Knockout）』，大鵬，柳岩主演のコメディ映画『大贏家（Winner）』，さらには郭敬明監督の『冷血狂宴（Legend of Ravaging Dynasties）』などがある。

　その一方で日本では緊急事態宣言後，『名探偵コナン 緋色の弾丸』，『クレヨンしんちゃん 激突！ラクガキングダムとほぼ四人の勇者』，『コンフィデンスマン JP プリンセス編』，『前田建設ファンタジー営業部』，『糸』，『ぐらんぶる』，『太陽は動かない』，『葛飾北斎』などの映画も相次いで公開延期となり，なかにはネット配信をした映画がいくつかみられた。もともと 2020 年6月5日に劇場公開の予定だったアニメーション映画『泣きたい私は猫をかぶる』は Netflix で公開配信され，日本での劇場配給からネット配信へ移行した映画の一つとなった。この映画は抖音（TikTok 中国版），西瓜視頻（SmartNews App）の中国動画配信プラットフォームにおいて同時に無料配信されたこともあり，中国国内において，海外と国内におけ

る同時配信となったはじめての海外アニメーション映画といえる[1]。

　数の面からいえば，2020年に劇場配給からネット配信へ移行した映画は，日本では上記の作品に加えて，ミニシアター公開とアマゾンプライムビデオでの配信を同時に行なった『劇場』などわずかであったが，これに対して中国での作品は10本以上にのぼる。筆者はそれらの映画の配給モデルは，三つのタイプに大別することができると考えている。第1のタイプは，たとえば『囧妈（Lost in Russia）』，『大赢家（The Winners）』の映画にみられるように，大手の動画配信プラットフォームが映画製作の投資家となり，完成した映画を自身の動画サイトを通して配信することで，視聴者数の拡大につなげるものである。第2のタイプは『肥龍過江（Enter The Fat Dragon）』にみられるように，動画配信プラットフォームがオンライン配信権を購入し，オンデマンドの有料配信サービスを視聴者に提供するものである。第3のタイプは『春潮』（Spring Tide）にみられるように，まず，ごく一部の動画配信プラットフォームで先行ネット配信を行い，その後，劇場公開するものである。なお，このような映画の多くはテレビでのストリーミング再生に制限を設けており，この措置によって，画面の大きさの違いによる視聴体験の差異がより際立つものとなる。

　2020年6月18日からNetflixで世界配信された日本のアニメ映画『泣きたい私は猫をかぶる』は，上記のモデルでは二つ目に相当すると考えられる。この作品はNetflixおよび中国の字節跳動（ByteDance）傘下の抖音（TikTok中国版），西瓜視頻（SmartNews App），今日頭条（TouTiao）のプラットフォームにて会員が無料鑑賞することができた。これまで字節跳動社（ByteDance社）は短時間の動画コンテンツが中心であったが，長時間の動画コンテンツを充実させることは，ユーザー数のさらなる増加を目指す重要な措置であるといえる。

　映画のジャンルに関しては，中国にて劇場配給からネット配信へ移行した映画の多くはコメディである。春節期間に公開予定だった『囧妈（Lost in Russia）』はファミリー向け映画である一方，『肥龍過江（Enter The Fat Dragon）』，『大赢家（The Winners）』はアクションコメディである。コメディ映画は，軽快でユーモアがあり，面白いという特徴から，一人で楽しむだけでなく，家族がそろって鑑賞するのにも適している。

　『我們永不言棄（Knockout）』は，36歳の拳王周が白血病を患った娘を励ますために，娘の期待に応えてボクシングに復帰するストーリーを描いている。一般的に

---

1）https://toyokeizai.net/articles/-/363544（最終閲覧日：2021年1月13日）

は，映画館の大きなスクリーンは登場人物の生き生きとした姿やリアルなアクションシーン，ハラハラドキドキのスリルシーンを表現することに適しているが，『我們永不言棄（Knockout）』はアクションよりも人物背景や感情表現により重きを置いたことで，ネット配信にも適した視聴体験が得られたようだ。

コメディ映画とアクション映画のほかに，子供向けファンタジー映画『源・虹（Into the Rainbow）』，あるいは「爵迹」を原作とした『冷血狂宴（Legend of Ravaging Dynasties）』など，一部のファンタジー映画も劇場配給からネット配信へと移行した。さらに『春潮（Spring Tide）』や『尋狗啓事（Looking for Lucky）』のようなアート映画，犯罪映画『灰燼重生（Ash）』もネット配信公開に移行した。しかしながら，日本の『泣きたい私は猫をかぶる』のようなアニメーション映画においては，中国ではネット配信公開への移行の事例はみられなかった。これは，幅広い年齢層をターゲットとした日本のアニメーション映画と異なり，中国のアニメーション映画はおもに低年齢の子供向けに作られているため，動画配信プラットフォームのターゲット層とは異なる点が背景にあると考えられる。

## 3 劇場配給からネット配信への移行の背景に存在する内外の推進力

ネット配信映画のために，独立した専用配信サイトを設立するべきかや，劇場公開からネット配信を開始するまでにどれぐらいの期間をあけるべきかといった議論が盛んになってきていることや，Netflix 出品の映画『ローマ』が第 91 回アカデミー賞において，外国語映画賞・監督賞・撮影賞の 3 部門を受賞したことから，近年，劇場映画とインターネットの関係はますます緊密になってきているといえる。すなわち映画のネット配信は，単にコロナ禍において苦しむ各国の映画業界が生き残りをかけて急遽模索した解決策ではなく，これまで数年間にわたる劇場映画と動画配信プラットフォームのつながりや，映画産業の生産方法の変遷が背景にあると考えられる。

### ■3-1　外部要因：長引くコロナ禍と，いまだ先行きが見通せない劇場映画

2020 年は，コロナ禍で中国の映画産業は惨憺たるものとなり，春節期間だけで 70 億元の損失に達した。コロナが収束しないなかで倒産した映画会社は数知れず，映画館も次々と閉館し，横店影視城，象山影視城など多くの映画撮影地が撮影停止を発表した。このため，『親愛的自己（To Dear Myself）』，『大江大川 2（Like a Flowing River 2)』，『有翡（The Legend of Fei）』，『謝謝你醫生（Thank you Doctor）』など多くの撮影中だった映画の撮影が無期限延期となった。

　この状況下，テレビ業界では新たな形態の番組が生まれ，たとえば，湖南衛視チャンネル『天天向上』番組や東方衛視チャンネル『中国新相親』を代表とするバラエティ番組が続々とリモート収録を開始し，「リモートバラエティ現象」なるものが誕生した。そして本章で考察する，劇場で公開予定であった映画がネット配信形式を選択するような事象がみられた。

　日本では次のような報道があった。

> 緊急事態宣言の解除後，6月に入って全国で順次オープンした映画館。それから1カ月ほどが経つが，「感染防止対策のための収容定員数の削減」と「観客のコロナウイルスへの拭えない不安感」という2つの大きなマイナス要因から，映画界は厳しい状況を強いられている。
> 特に劇場を運営する興行サイドは壊滅的な状況だ。東宝によると，約700スクリーンあるTOHOシネマズの6月の興行収入（売上高に相当）は前年比13.5％の9.7億円。5月の5.9億円（前年比0.9％）から増加しているものの，回復にはほど遠い状況だ。[2]

　コロナ禍の長期化にともない，中国や日本のみならず，世界各国では，映画の巨額の製作費を回収するため，また映画会社の生き残りのために，ネット配信に活路を見出だす企業判断に理解を示す声も少なくない。たとえば『囧妈（Lost in Russia）』は歓喜伝媒集団有限会社（Huanxi Media Group Limited）と24億元（約385億円）の興行収入保証契約を事前に締結していたが，春節期間中に公開予定であった『唐人街探案3（Detective Chinatown 3）』，『奪冠（Leap）』，『緊急救援（The Rescue）』などのライバル作を前に，『囧妈（Lost in Russia）』の前売りは予想していたほどのものではなく，コロナがなくとも目標とした24億元の興行収入の達成は難しかった。この映画は，最終的に契約に示したとおりの最低興行収入保証を履行したものの，字節跳動（ByteDance）が歓喜伝媒集団有限会社（Huanxi Media Group Limited）に6.3億元（約104億円）支払い，映画のネット配信権を獲得した。この金額は，19億元の劇場上映における興行収入に相当するものであり，映画

---

1）前掲注1に同じ。

のネット配信への移行の選択によって，製作会社の損失が大きくならずに済んだのである。このように，コロナ禍のような特殊な環境において劇場公開が難しい場合，ネット配信は別の収益機会を与えるものであるといえる。

### ■3-2　内部要因：中国映画の製作・配給プロセスの変化

昨今の劇場映画のネット配信への移行の現象は，新型コロナウイルス発生による生活様式の変化によるものだけでなく，映画業界の内部での変化も大きく関連している。中国の映画産業にとっては，ネット配信の収益モデルの確立は動画配信プラットフォームだけでなく，映画会社にとっても収益チャネルの増加という点では有利なものであり，とくに，製作費をあまりかけられない中小の映画会社が製作した作品の収益獲得の機会を創出した。また，視聴者がいつでもどこからでも手軽にアクセスできる動画配信プラットフォームによる配信サービスは，劇場上映を終了した映画にとっては，引き続き注目を集め，継続した収益獲得の機会を与える。他方で，動画配信プラットフォームは，大量に映画のネット配信権を購入することで，プラットフォーム上のコンテンツを増やし，ユーザー数のさらなる増加につなげているが，この流れが，中国における映画の製作・配給プロセスの変化を加速させているといえる。

以下では，筆者は中国の映画産業に対して，「インターネットプラス映画」からみられる表層要因，ネット配信の技術進歩が推し進める深層要因，および映画産業のサプライチェーンの変化のコア要因の三つの側面から考え，中国における劇場配給からネット配信への映画の移行の背景を分析する。

### ■3-3　表層要因：「互聯網＋映画（インターネットプラス映画)」の出現と発展

劇場映画がネット配信されることは，「互聯網＋映画（インターネットプラス映画)」の発展のなかでの一つの現象といえる。2015年3月，全国人民代表大会で，李克強首相が政府活動報告において，「互聯網＋（インターネットプラス)」の行動計画を打ち出し，インターネットやクラウドコンピューティング，ビッグデータ，IoTなどのデジタルテクノロジーを現代製造業と結合することを提唱した。以来，中国の映画業界は「互聯網＋」による一連の産業変革の波にのまれ，インターネット業界の技術革新が業界のあらゆるプロセスに影響を及ぼすようになった。

近年における劇場配給からネット配信への移行は，各大手動画配信プラットフォームが「互聯網＋映画」戦略をこの数年，継続的に模索してきた結果だといえ

る。目下，中国では百度（Baidu），アリババ，騰訊（テンセント）の3大IT会社が，愛奇芸（iQIY），優酷（Youku），騰訊（テンセント）視頻という動画配信プラットフォームをそれぞれに保有している。アリババ・グループは，2014年に文化中国伝播集団（旧社名）の株式60％の買収を完了し，社名をアリババ・ピクチャーズ・グループに変更，映画産業へ進出しはじめた。『我不是薬神（Dying to Survive)』，『戦狼2（Wolf Warriors II)』，『唐人街探案2（Detective Chinatown 2)』などの質が高い映画の裏には，アリババ・ピクチャーズ・グループの姿が垣間みえる。同じく2014年，中国の大手動画配信サイト，優酷土豆（Youku Tudou）集団は，グループ名を「合一集団」(Youku Tudou Inc.)へと改名し，2017年にアリババ・ピクチャーズ・グループに加入したことで，アリババ・ピクチャーズ・グループの映画事業がさらに発展した。アリババは，騰訊（テンセント）とともに，映画配給会社「華誼兄弟伝媒」(Huayi Brothers Media)にも出資し，華誼兄弟伝媒の大株主の一つにもなっている。

　他方，百度（Baidu）は，チケットのオンライン販売システムから，宣伝チャネルの拡張，コンテンツ投資ファンドの設立，複数の動画配信プラットフォームとの提携に至るまで，様々な事業を展開した。三大IT巨頭の動き以外にも，芒果TVApp（マンゴーTV）やbilibiliなどの長時間コンテンツを扱う動画配信プラットフォームはもちろんのこと，抖音（TikTok中国版），西瓜視頻，今日頭条などの短時間動画を扱うプラットフォームも近年では映画の領域に積極的に進出している。

　各動画配信プラットフォームが映画産業へ参入するとともに，課金方式や配信方式についても模索された。2011年3月17日，七つのインターネット会社が共同で中国国内初の「電影網絡院線発行連盟（映画ネット配信連盟）」を立ち上げたが，これは当時，海賊版がはびこっており，映画やドラマのネット著作権保護を推進し，映画のネット配信のためのルール作りをするためであった。張一白監督の『将愛情進行到底（Eternal Moment)』ははじめてのTVOD（都度課金型）配信映画となったが，高額な版権費用とわずかな配信興収からみれば，この連盟の初期の試みは成功とはいえないものであった。その後も，愛奇芸（iQIY），優酷（Youku），騰訊（テンセント）をはじめとする，TVOD配信映画の分野で試行錯誤をつづけ，TVODの形式でハリウッドやディズニーなどの商業映画を配信したり，劇場公開終了後の映画をネット配信するかたちを整えていった。その結果，2019年では，騰訊（テンセント），愛奇芸（iQIY），優酷（Youku）の三つの大手動画配信プラットフォームはそれぞれ734本，619本，568本の劇場映画を配信した。

第1部

第2部

しかしながら，過去 9 年間において，愛奇芸（iQIY），優酷（Youku），騰訊（テンセント）の大手動画配信プラットフォームは，TVOD 配信映画のなかで，巨額の収益を獲得するには至らなかった。一部の映画のクリック率は高かったものの，口コミおよび有料鑑賞へのユーザー転換率は依然として予想を下回った。最近では，2020 年 12 月 4 日に TVOD 配信された郭敬明監督の『冷血狂宴（Legend of Ravaging Dynasties）』は，公開配信後の 24 時間のクリック数は 4 千万回を超えたが，口コミサイトの豆瓣（Douban）での採点は 3.9 点にとどまり，クリックによる収益はわずか数百万元にとどまった。それでも，動画配信プラットフォームは，映画の配信で十分な利益を得られなくとも，いわゆる「アテンション・エコノミー」を意識した展開をしている。bilibili が発表した 2020 年の第 3 四半期の決算報告によると，売上高は 32.3 億元と，前年同期比 74％増，月間平均の会員ユーザー数は前年同期比 89％増となり，コロナ禍でオフラインのエンターテインメント産業が大きな打撃を受けるなか，オンラインエンターテインメント産業が持続的に発展していることを如実に示した。

　現在，中国における動画配信プラットフォームのコンテンツエコシステムが充実していく過程において，映画については，劇場での独占配給から劇場上映終了後のネット配信開始までの期間短縮，そしてネット公開配信への移行と，映画配給のやり方にも徐々に変化が生じている。今後は，膨大なオンライン会員数を抱える動画配信プラットフォームの巨大市場において，いまだに大きな収益を生み出せていない映画のネット配信のビジネスモデルをいかに確立させていくかが課題であるといえる。

### ■3-4　深層要因：ネット配信技術の進歩

「インターネットプラス映画」初期の発展を経て，インターネットと映画は単に各自の従来の領域にとどまっているのではなく，互いに影響しながら，さらに融合しあう兆しがみえはじめている。

　映画の配信技術からみると，フィルムからデジタルに主流が移っており，配給会社はモバイルハードディスクをつうじて映画館のデジタル映写機で上映する。しかし，このプロセスは依然として，時間とコストを要するものであり，問題も発生しやすい。現在，この方法にかわるものとして期待されているのは，光ファイバーネットワークを介して伝送される方式である。ただし，映画向けの撮影素材のフレームレートは一般的に高いため，現在まだ主流の 4G ネットワーク下では伝送スピードが十分に速いものではなく，数百ギガバイトの映画をダウンロードすること

に数時間を要することもある。また，電力消費や伝送設備の損耗などの問題もあり，現状の高いコストでは，この方式の普及は難しい。

しかし，ネットワーク環境が 5G（第 5 世代移動通信技術）に変われば，状況も変化するといえる。現在，中国および世界各国は 5G ネットワークを整備しているところであり，単位時間のデータ転送量が 10Gbps と，従来の 4G ネットワークの 100 倍近くの速度になる 5G ネットワークの環境下では，光ファイバーネットワークを使用した映画の配信が徐々に主流になっていくと予想される。

5G ネットワーク以外にも，IPv6，AI（人工知能），ビッグデータ，クラウドコンピューティング，VR などのインターネット業界の最新技術が映画の配信とますます緊密な関係になっていくであろう。ビッグデータは，一般的にはソースが広い膨大なデータ群を指し，その特徴は四つの「V」にまとめられる。すなわち，数量（Volume），多様性（Variety），価値（Value），速度（Velocity）である。これに対してクラウドコンピューティングとは，膨大なコンピュータ資源をインターネット（"クラウド"）経由で配信して，ユーザーがネットを介してこれらの資源を獲得するというものである。

現在の映画業界では，たとえば，企画から製作段階にかけての役者の選出，題材の策定，コアチームの組成や配給段階における興行収入の推定，PR，コアターゲット層のマネジメントなど，様々な方面でこの二つの技術は広く応用されている。これらの技術の発展にともない，中国では，興行収入統計システムがほぼすべての映画館をカバーしており，ほぼリアルタイムで業績に合わせた配給戦略を立てることが可能になった。そして，動画配信プラットフォームにおいては，これらの技術による効果がより顕著になるといえる。プラットフォーム上では，ユーザーの行動データが記録されており，AI 技術が加わることで，過去の行動から，ユーザーの嗜好が把握され，よりカスタマイズされたユーザーエクスペリエンスが提供されるのである。したがって，5G，ビッグデータ，クラウドコンピューティング，AI などのインターネット技術の進歩によって，今後，映画がネット配信されるハードウェア上の条件がクリアできるだけでなく，配信時のコストや時間の削減やオンラインでのユーザーエクスペリエンス向上の効果も生み出すと考えられる。

技術の進歩は，映画のネット配信が推進される前提条件が満たされることを意味するが，ネット配信は依然として数々の問題を抱えている。2020 年にネット公開配信された映画は，『囧妈（Lost in Russia）』以外は，クリック数および有料鑑賞数の両方において成績は芳しくなかった。『囧妈（Lost in Russia）』でさえ，その成功

は有名監督がメガホンをとったこと，および無料配信したことが大きく関係しているといえる。過去数年にかけて，中国では，動画配信プラットフォームの各社はコンテンツの有料化に様々なアプローチを試みてきたものの，TVOD 有料配信を含め，本格的な普及には至っていない。映画という娯楽が中国に流入し，根付いた過去百年近くの間で，劇場に足を運んで映画を鑑賞することは人びとの習慣となっており，映画の配給方式のイノベーションをつうじてある種の慣性といえるようなこの習慣を，急に変えることは困難である。したがって，映画が劇場配給からネット配信への移行が加速度的に進展していくかには，ネットにおける配給モデルや配給チャネルなどの更なる模索が必要である。

### ■ 3-5　コア原因：映画産業のサプライチェーンの変化 [3]

　「互聯網＋映画」の最終ステージは，インターネットと映画が各々に役割を果たしているのではなく，インターネットの各種機能が映画産業のサプライチェーン全体に組み込まれている状態といえる。したがって，中国の映画産業の今後において，劇場配給映画，ネット配信専用の映画，劇場配給からネット配信へ移行する映画を議論する際，それぞれの差異ではなく，映画という媒体自身の共通性について議論する必要があると考える。オンラインとオフラインの競合は，映画産業の進化の過程で必ず経る段階であり，未来の映画産業の最終形態ではない。今後は，映画の配給目標は，映画の興行収入とオンラインのクリック数だけではなく，「インターネットプラス映画」のエコシステムを形成，発展させることである。

　もっとも，映画産業の進化の途上では，多くの問題がともなう。たとえば，『囧妈（Lost in Russia）』がネットで無料配信されたことで，浙江省の映画業界は，自身の利益のために業界内の原則を破ったとの声明を出し，当該作品の製作・配給会社の他の作品をボイコットしようと呼びかけた。しかしながら，今回の『囧妈（Lost in Russia）』のネット公開配信は，すでに膨大な数のユーザーを抱える中国の動画プラットフォームにおいて，いわゆるアテンション・エコノミーから収益を見出そうとする新たな試みであることには変わりはなく，中国の映画産業の進化に一石を投じたのは間違いない。この動きによって，今後は，映画作品の収益は興行収入のみに依存するのではなく，サプライチェーンの各分野および映画とインターネットの

---

3）https://baijiahao.baidu.com/s?id=1655986484569302549&wfr=spider&for=pc（最終閲覧日：2021 年 3 月 20 日）

エコシステムのなかで捉えられ，映画産業全体の価値が最大化する上でのアプローチがとられていくと考えられる。

# 4　結びにかえて

　『囧妈（Lost in Russia）』の事例からみると，新たな配給モデルを形成するには，まず映画単体や会社，産業チェーンなど特定の構成要素にだけ目を奪われるべきではない。そして，映画業界からも抜け出て，文化・娯楽産業全体のシステムの観点から，劇場公開映画のネット配信への移行の現象を見つめるべきであり，映画がインターネットリソースを利用して当該産業のサプライチェーンを広げ，異なる媒体をつなげることで，自身の定義を更新していると理解すべきである。中国情報経済学会の楊培芳前理事長の言葉を借りれば，「インターネットプラス」の概念は物理的な反応だけでなく，きわめて影響が甚大な化学反応である。中国や日本をはじめ，世界各国の映画産業は，インターネットがもたらす様々な化学反応の途上にあり，コロナ禍によって今後，当該産業は，文化・娯楽産業の大きなエコシステムのなかで他の媒介とさらなる融合を遂げると考えられる。

【謝　　辞】
本章の執筆にあたっては，二松学舎大学の松本健太郎教授にアドバイスと日本語などの面で多大なご尽力を頂戴した。この場をお借りして感謝を申し上げたい。

【引用・参考文献】
安暁芬・趙海城・尹鴻・丁涵・陳晨（2014）.「互聯網時代的電影生産與傳播」『當代電影』*2014*(05): 4-8.
張智華（2020）.『中国网络影视发展报告2019』中国电影出版社
辻　泰明（2019）.『インターネット動画メディア論──映像コミュニケーション革命の現状分析』大学教育出版
武建勋／侯光明［編］（2018）.『中国电影产业与互联网融合发展研究』
湯浅正敏（2020）.『メディア産業論──デジタル変革期のイノベーションとどう向き合うか（MINERVA TEXT LIBRARY 70）』ミネルヴァ書房
蘭岳雲（2018）.「大資料与電影的交互性研究」『当代電影』*2018*(06): 121.
陆军（2006）.『中国传媒的注意力经济与影响力经济』求索，*2006*(10): 184-186.
劉達（2016）.「雲計算技術在数位電影中的应用」『現代電影技術』*2016*(02): 13.

# 05 中国における日本のギャグマンガの受容と拡散[1]

## メディア環境の変化という視点から

楊 駿驍

## 1 はじめに

　1980 年代以降，中国は持続的に日本のマンガやアニメを輸入し，中国国内の文化的空白を埋めてきたという歴史がある。実際，日本のマンガやアニメは中国で大人気になっただけではなく，1980 年代以降に生まれた中国の若者たち（「80 後（バーリンホオ）」）にとっては，最も身近な文化の一つになっている（遠藤, 2008）。

　その普及の経緯には様々な理由があるが，社会との関連でいうと，日本のマンガやアニメにおける価値観が，資本主義化していく中国に適合していたという点があげられるだろう。とくに漫画雑誌『少年ジャンプ』の「友情・努力・勝利」という資本主義的な価値観（三ツ谷, 2009）は，1990 年代以降の，経済成長を目指す中国にとってぴったりなものだった。すなわち日本のマンガやアニメが中国で大規模に受容されていった背景には，ある種の普遍的な基盤が介在していたのである。

　しかし，マンガやアニメをジャンル別にみたときに，マイナーな位置にとどまったジャンルが存在していることも確かである。そのジャンルとは，ギャグマンガ（およびアニメ）である。日本のマンガ・アニメが中国で大々的に受け入れられているときに，なぜ，ギャグマンガだけが受け入れられなかったのだろうか。そしてより重要なのは，なぜ，それまでギャグマンガやアニメが受け入れられなかったのに，2010 年代になって日本のギャグマンガが中国で大人気を博したのか，という点である。そこには，いわゆる受容のための基盤の変化があったのではないか──本章ではそのような問いを起点として設定してみたい。

---

1) 本章は『エクリヲ』第 7 号（2017 年 11 月）に掲載された「サイキックなオペレーターたち」を大幅に改稿したものである。

　本章では中国におけるギャグマンガの受容とその変遷に対する分析をとおして，2010 年代の中国で起きた大きな文化的変容，受容に際しての普遍的な基盤の変容の輪郭を描き出したい。

## 2 ギャグマンガとアニメ受容の原理的な難しさ

　最初に，なぜ日本のギャグマンガは中国で受け入れられなかったか，という問題を考えてみたい。ギャグとは，いわゆる読者または観客に「笑い」を引き起こすための仕掛けだと理解することができる。そして，笑いを引き起こすには重要な条件がある。

> 笑いにはある集団の境界を確認し，ほかの集団から区別する意味があるのだ。多くの集団にはその内部だけで流通している知識や情報があって，それらを相互確認することは，爆笑を招き，あるいはくすくす笑いを誘う（太田, 2013：175）。

　すなわち，笑いは特定の集団の排外的な閉鎖性を前提している。その集団のなかでしか通用しない知識や情報をもちいて，集団の境界を確認しながら，笑いを喚起するのである。そしてその笑いは，集団の成員の間で「望ましい」コミュニケーションのかたちと関係性を支えるものとして機能する。いわゆる「内輪ネタ」は，笑いの特殊な形式だというより，その基本的な条件の一つだというわけだ。そのため，同じ習慣や知識を有さない集団間での笑いの伝播は難しく，コミュニケーションや関係性も成立しにくい。なぜなら集団が異なれば，有する知識や情報，そしてコミュニケーションの作法もまったく異なってくるからだ。

　たとえば，パロディという手法は，そもそも「元ネタ」を知らなければまったく面白さが感じられないのである。ギャグマンガやギャグアニメもまた，パロディや風刺などの手法を使って，特定の集団において流通する知識を対象とする。それに対して，手塚治虫を起源とする戦後日本のストーリーマンガは物語をとおして作品世界を作り上げていくため，そのような知識の限定は生じにくい。すなわち，一般のストーリーマンガと比べて，ギャグマンガはその内容の性質において集団や国を超えた受容を難しくしているのである[2]。

## 3 2010年以降の急速なギャグマンガやアニメの受容

しかしながら，そのようなギャグマンガの受容における原理的な難しさにもかかわらず，2010年以降，中国では日本のギャグマンガやアニメが急速に存在感を高めており，大人気ジャンルの一つにさえなっている。『ギャグマンガ日和』（2005–2010）を起爆剤として，『日常』（2011），『男子高校生の日常』（2012），『おそ松さん』（2015），『坂本ですが？』（2016），『斉木楠雄のΨ難』（2017）など，いずれも中国で大きな人気を誇り，作品によっては社会現象にさえなった。とくに『ギャグマンガ日和』（以下，『日和』と略記）は，後に詳しく論じるように，単なる作品の鑑賞にとどまらない文化的な広がりをみせた。

『日和』もまた既知性に依存したパロディ的な表現に満ちており，聖徳太子や新選組など，日本にのみ流通する文化的知識を対象とした笑いを多く含んでいる。にもかかわらず，この作品は日本のギャグマンガやアニメの中国における受容の起爆剤となったのである。これはとても奇妙な事態だといわざるをえない。というのも，こういった特定の集団における既知性に依存した内容こそ，中国における日本のギャグマンガとアニメの受容を阻んでいたものだったからだ。したがって，そのような事態の背後に，何らかの大きな変化があったと想定すべきである。

まず考えられる理由の一つは，いわゆる「既知」だとされる日本の文化知識が，中国にとってもはや「未知」なものではなく，一般的に共有されるようになったことである。中国にとって2000年代とは，日本のサブカルチャー受容の成熟期であり，大衆化する時期だった。すなわち，日本のマンガやアニメをとおして日本文化に特有な知識が中国においても広く共有され，一般的な文化知識として認識される時期でもあった。日本にとっての「内輪ネタ」も，日本のサブカルチャーに慣れ親しんだ中国の若者たちにとっては理解できるものとなったというわけである。

しかしながら，この説明だけでは不十分である。『日和』の受容過程において，マンガ・アニメの内容に対する理解にとどまらない広がりをみせたからだ。もし上記の説明において，「内容」のレベルにおける変化が注目されているといえるなら，こ

---

2) 漫才という笑いの形式の日本国内における影響の大きさと，その海外における人気のなさという非対称性もまた，笑いの閉鎖性によるものだと考えられる。ただし例外をあげると，『クレヨンしんちゃん』は中国で最も成功したギャグアニメだが，それはこの作品が日常生活という一定の普遍性をもつ知識領域を対象としているからだと考えられる。

れからみていくように，「形式」のレベルにおいても大きな，より根本的な変化が生じていたのである。

『日和』の中国における受容過程をみてみよう。2010年，同じ宿舎に住む中国伝媒大学南広学院の4人の卒業生が，自らの卒業を記念するために「CUCN201」という同人グループを結成し，『日和』のアニメ版の中国語吹き替えを行い，同人動画として動画共有サイトに公開した。彼らの吹き替えは単に原作のセリフを翻訳し，忠実に再現したものではなく，原作の内容と最低限の一致を保ちながら，独特なかたちでセリフを自由に改変し，二次創作を行なったものである。たとえば，中国語にはなかった，ツッコミのための新しい造語，中国の方言の流用，そして日本語と韓国語の利用など，オリジナリティに満ちたものとなっている。

彼らが吹き替えたアニメを動画共有サイトで公開すると，たちまち若者の間で爆発的な人気を獲得することになった。動画のなかのセリフや造語もその年の最大の流行語になり，一種の文化現象にまでなった。重要なのは，単にアニメが人気になったということではなく，彼らが編み出した造語の方法とツッコミの形式などが今では若者たちによるコミュニケーションのある種の基本的なフォーマットになっている，という点である。

さらに，それにとどまらず，中国のウェブマンガとして，最初にして最大のヒットを誇った『十万個冷笑話』のアニメ版の製作にCUCN201のメンバーが関わっていたし，「微電影」と呼ばれるネット・ドラマにおける2010年代最大のヒット作の一つである『万万没想到』シリーズの脚本や主演などにもCUCN201のメンバーが関わっている。いってみれば，2010年代以降の中国における若者の笑いの文化，ないし若者文化全体の中心に常に彼らの姿があったのである。そして，そのすべての源泉が『ギャグマンガ日和』にあったといえる。

## 4 『ギャグマンガ日和』の特徴

それではなぜ，他の作品ではなく，『日和』がブームの起爆剤となったのか。この作品のどのような特徴がそのような結果をもたらしたのか。作品の分析をとおして，これらの問いについて考えていきたい。

『日和』は形式として典型的なパロディマンガ，つまり，よく知られた既存の作品や出来事を借用または引用して，風刺などの効果を作り出すマンガ作品だが，『日和』の図像と物語の設定が一般的なパロディマンガよりはるかに過剰であり，一種

の「畸形さ」ともいうべきものを目指している。

　わかりやすくするために，作品内の要素の組み合わせをいくつか列挙しよう。卑弥呼とうんこ星人，曹操と火星人，聖徳太子とその友人の後頭部が魚の「フィッシュ竹中さん」，煬帝とタコ，一休とパーマヘアの神，伊能忠敬による日本測量の旅のお供に口からムカデがはみ出ている犬と農婦と宇宙人，三蔵法師や孫悟空にとっての食料としての猪八戒……。

　以上は作品のほんの一部の断片だが，作品の特徴がよく現れている。それは日常に根ざした共感の笑いではないし，物語世界の強度に支えられた笑いでもない。風刺などのメッセージを込めているわけではないし，スラップスティックなドタバタ喜劇を目指しているわけでもない。

　このように，『日和』における記号とイメージの変形や組み合わせは，ある集団に共通の知識を前提としていながらも，従来のパロディマンガとは根本的に異なる論理で動いている。これまでのパロディマンガは単に「内容」の次元において「元ネタ」の解体とずらしを行なっているのに対して，『ギャグマンガ日和』はその解体を「形式」の次元にまで拡張しているのだ。

　たとえば煬帝をネタとするパロディは，煬帝の人格という内容についていろいろと諷刺を加えることが一般的なやり方だと思えるのに対して，『ギャグマンガ日和』では煬帝はそもそも人間ではなくなり，特殊な生理システムで成り立つ「タコ型異星人」という特殊な「形式」に変更されている。言い換えれば，煬帝を人間として認識する共通の「認知的枠組み」の解体が行われているのだ。その結果，残ったのは純粋かつ自由な記号的な操作性のみである。そして，それはまさにマンガという表現形式の最大の特徴でもあるのだ。

> 言葉が，物に名付けるという操作をすることによって，取り扱い可能な物件にしてしまうように，マンガはすべてを，そう言葉すらも絵–記号としてのそれにすることで物語る為の材料にしてしまうということだ。［中略］どこまでも自由なマンガの方法論は，読者に意味，いや，名として提示してしまえば，あとは自在に操作可能なすべてを操っていくのである（米沢，2009：95）。

　まず，マンガは言葉や図像といった記号の集まりである。そして，それらの記号を自由に組み合わせ，操作できる。どこまで操作するかは個々の作者に委ねられるが，マンガにおける記号操作は原理的に「どこまでも自由」である。

　さらに，記号というものに対して，それが①何を指示しているか，②何と組み合わせるかという二つの側面から考えることができる。たとえば，煬帝や聖徳太子が歴史人物であるため，その指示対象は自明なものであり，そして何と組み合わせるか，つまりどのような場所でどのような人びととともにあるかといったこともまた自明なものである。『日和』が解体しようとしているのは，まさにこの記号の自明性である。

　②の何と組み合わせるかということは，言い換えれば，どのような文脈のなかにあるかということでもある。その意味で，『日和』で行われているのは記号の「脱文脈化」である。それは「煬帝＋人間＋中国＋皇帝＋男性＋強権……」といった記号の文脈から，「煬帝」という名だけを取り出して，ほかの要素との自明な組み合わせから引き離し，何とでも（それこそ「タコ」や「異星人」とも）組み合わせることができるようにする。そして組み合わせごとに「再文脈化」され，新しい意味を獲得する。このような特定な文脈から自由になり，独立した機能を保持したまま，他のものと組み合わせることができる記号を「モジュール」と呼ぶことができる[3]。

　したがって，『日和』はマンガの方法論を極端に推し進めることで，記号の「モジュール化」に至ったといえる。そのため，CUCN201による「忠実ではない」吹き替えもまた，作品を脱文脈化と再文脈化させているという意味で，逆に『日和』の方法論に忠実だったといえるのだ。そして，このような方法論の継承こそ，この作品が中国でかつてない人気を獲得し，文化現象として大きな影響を発揮した原因である。

## 5 「中国版『ギャグマンガ日和』」とその広がり

　本節では，『日和』の方法論が中国でどのように継承されたのかを具体的にみていきたい。この点については，中国のウェブマンガ『十万個冷笑話』（2010-）という作品が象徴的である。マンガという物語形式はアニメと比べて常にマイナーな位置にとどまっていたが，ウェブマンガというプラットフォームの一般化によってメジャーな形式となったという経緯がある。そして，ウェブマンガの存在をさらに大

---

3）モジュールとは，独立性や機能を保ったままほかのモジュールと自由に結合できたり，分離したりできるオブジェクト（マンガやアニメでは図像や言葉などの記号）の単位のことであり，一つのモジュールが多くのより小さなモジュールからなっている場合もありうる（マノヴィッチ，2013：73）。

きく中国社会に知らしめたのが『十万個冷笑話』という作品のアニメ化（2012–）である。さらに，この作品のアニメ化にはCUCN201のメンバーが関わっており，『日和』という文化現象と地続きのものだと考えられるのだ。

　『十万個冷笑話』は「中国版『ギャグマンガ日和』」と呼ばれるほど，共通の認識的枠組みの解体と自由な記号の操作という『日和』の方法論を忠実に受け継いでいる。たとえば，アニメ版におけるメインエピソードの一つである「哪吒編」では，一般的な「哪吒」のイメージにおける中性的な「童子」顔に，マッチョな身体とタイトな水着を組み合わせている。そしてそれを組み合わせているのは作品内の登場人物であり，彼はオンラインゲームでキャラクターのメイキングをするかたちで，個々の衣装や身体のパーツを，独立したモジュールとして組み合わせ，「哪吒」というキャラクターを作りあげているのだ。

　こういった，よく知られているキャラクターや物語に対する過剰な記号的解体と再構成，すなわち脱文脈化と再文脈化は『十万個冷笑話』の中心的な形式である。

　また，『日和』の方法論の影響はマンガやアニメの領域を離れて，より広い領域にも及んでいる。『十万個冷笑話』と同じく文化現象になるほど大きな人気を獲得したウェブドラマの『万万没想到』シリーズ（2013–）がその代表的な例である。実際，CUCN201のメンバーである白客と劉浩がドラマの主演を務めると同時に，脚本の執筆にも中心的なメンバーとして参加している。

　『万万没想到』シリーズは全編をとおして同じ主人公をもっているが，『日和』と同じく，まったく関連のないシチュエーション（武侠世界，就職活動，神話世界など）で個々のエピソードが構成されているため，そこには統一的な世界観が存在しておらず，短い単発ネタのオムニバス形式をとっている。また，万人に馴染みのおとぎ話や共通の日常，そしてフィクションなどを解体（パロディ化）し，様々な要素をそこに付け加え，組み合わせたりすることで，日常経験や作品の脱文脈化と再文脈化を行なっている。また，『日和』の中国語吹き替え版と同様，造語，方言の流用，そして外国語の当て字などが行われ，そこに徹底的に言語を操作する姿勢が見てとれる。

　『万万没想到』シリーズの監督であり，『日和』のファンでもある監督がインタビューで答えているように，彼らの笑いは（中国において）根本的に新しいもので，従来のコメディのような「内容」による笑い，つまり個々のネタ自体が面白いのではなく，むしろ事後的な編集による要素の選択，テンポやリズムの調整，特殊効果の付与，それらの合成と組み合わせといった「形式」に関わる「編集的（＝操作

的）」な笑いなのである[4]。

したがって，『日和』，『万万没想到』，そして『十万個冷笑話』に共通しているのは，フィクションか現実の経験か，イメージか言葉かを問わず，すべての物事を記号化＝素材化し，それらの自明性を解体して，畸形的な組み合わせになるように操作し，脱文脈化と再文脈化によって笑いのコミュニケーションを生み出すという形式である。

すなわち，たとえ個々の集団の閉じた文化的な既知性に寄りかかっているとしても，それを素材化し，自由に組み合わせるという操作の形式自体が共通しており，それこそギャグマンガという特定の共通前提を必要とする作品形式そのものが，特定の文脈を超えて広く受容可能なものにしている基盤となっている。

## 6 メディア環境の大きな変化

では，この操作のフォーマットがなぜ 2010 年以降に共通のもの，普遍的なものとして「ギャグマンガ」の受容を可能にしたのだろうか。ここで視点をより広い変化に転じる必要がある。その操作のフォーマットは，まさに私たちが身を置いている情報環境における「操作＝オペレーション」と構造を同じくしているのである。

2010 年代に入り，中国のメディア環境には大きな構造的な変化が起きている。『日和』がウェブ上の動画共有サイトに投稿されたことで人気に火がついたのであり，そして『十万個冷笑話』はウェブマンガであり，『万万没想到』はウェブドラマである。すなわち，マンガ，アニメ，ドラマ，映画，小説など，あらゆるメディアがウェブというコミュニケーション環境と融合していった時代でもある。

たとえば，日本の「ニコニコ動画」発の「弾幕」機能が中国に導入されるやいなや動画だけでなく，映画館，劇場，音楽，小説，マンガ，オンデマンド授業など，考えうるすべてのメディアに拡散していったし，「中国版ニコニコ動画」こと「bilibili」はいまや中国の若者文化の中心となっている[5]。

弾幕とは，視聴者によるコメントが動画もしくはほかの形式の作品に覆い被され

---

4）http://ent.ifeng.com/a/20151217/42546341_0.shtml（最終閲覧日：2021 年 3 月 7 日）

5）「bilibili」で最も流行していたジャンルとして「鬼畜」（日本では「MAD」と呼ばれる）がある。それは様々な動画素材を組み合わせ，そのリズムやテンポを編集，操作して一つの動画に合成するという形式をとる。すでに動画共有サイトという限られたコミュニティを超え，いまや中国の SNS の隅々にまで浸透している。

るように流れていく機能である。中国ではユーザーがしばしば弾幕をとおして作品に対するツッコミを行う。それ自体が一つの完結した，独立した作品に対してツッコミをするとは，作品をばらばらに分解し，素材化すること，言い換えれば個々の独立したモジュールに分離させ，まったく別の文脈のなかに置いて，脱文脈化と再文脈化によって畸形性を生み出す視線を強く誘導する構造である（楊, 2016）。

　さらに中国では「表情包」と呼ばれる，LINE のスタンプのような図像コミュニケーションが 2010 年代以降に急速に一般化している。その「表情包」の多くは写真や画像に様々な要素（簡易な特殊効果，ステッカーやオブジェクトなど）を付け加えたり，動きを付け加えて GIF アニメ化して，まったく元の文脈と異なるセリフを付したり，さらにそのような画像を幾つかつなげてある種のストーリー性をもたせたりするなど，『日和』的な，脱文脈化と再分脈化の効果をもたらす過剰な記号的な操作とまったく同質的なものである [6]。

## 7　おわりに

　このように考えてみると，2010 年以降のギャグマンガとアニメの中国における急速な受容と多様な文化領域への広がりは，日中の間の文化的な交流だけでなく，そして単なる日本や中国内部の社会的・文化的な構造変化の反映でもなく，むしろスマートフォン，タブレット，SNS, 動画共有サイト，写真編集アプリなどの「ニューメディア」という記号化＝素材化と，その操作＝オペレーションに特化した環境の普遍化が，『日和』において最大限に発揮されたようなマンガの記号的操作性に出会ったことにある，という事実が明らかになってくる [7]。

　　それらのオペレーションは，コンピューター・データを取り扱うやり方である

---

6) 日本の LINE におけるスタンプのほとんどがプロまたはセミプロによる製作であるのに対して，中国の表情包のほとんどが一般ユーザーによるものであり，大量に流通している。そして，表情包作成のアプリケーションが多くリリースされているだけでなく，ほとんどの SNS において自分のお気に入りの「表情包」を蓄積する機能が実装されており，しばしば「闘図」と呼ばれる表情包を送り合ってその面白さを競うコミュニケーションが行われたりしている。

7) そもそもニューメディアは，文脈に依存しないデジタルな情報（機械情報）を取り扱う（西垣, 1999）という意味で，「脱文脈化」の志向を強く持つメディア形式であり，構造的にマンガの方法論とはきわめて親和性が高いといえる。

> だけでなく，コンピューター時代における全般的な作業の仕方にして，思考様
> 式でも，存在の仕方でもあるのだ（マノヴィッチ，2013：183）。

　つまり，そのような環境は単にコンピューターまたはスマートフォンなどの扱い
方だけでなく，想像力や主体性というより深い次元に影響を及ぼす。中国における
ギャグマンガ受容の背景に，実はこのようなメディア環境の変化と，それとの相互
作用のなかで生じた文化的な想像力や主体性の変化というより根本的な変化があっ
たのである。

**【付　　記】**
本論考は JSPS 科研費 18J13478 の助成を受けたものである。

**【引用・参考文献】**
遠藤　誉（2008）.『中国動漫新人類──日本のアニメと漫画が中国を動かす』日経BP 社
太田省一（2013）.『社会は笑う・増補版──ボケとツッコミの人間関係』青弓社
西垣　通（2009）.『こころの情報学』筑摩書房
マノヴィッチ, L.／堀　潤之［訳］（2013）.『ニューメディアの言語──デジタル時代の
　　アート，デザイン，映画』みすず書房
三ツ谷誠（2009）.『「少年ジャンプ」資本主義』NTT 出版
楊駿驍（2015）.「微電影とは何か？」『中国文学研究』*41*
楊駿驍（2016）.「"弾幕"论──软件结构的权力与模块化的文化」『热风学术网刊』*1*: 3-
　　21.
米沢嘉博（2009）.『戦後ギャグマンガ史』筑摩書房

# 06 中国における日本のライトノベルの受容について

張 文穎

## 1 はじめに

　ライトノベル（ラノベ，中国語で「軽小説」）とは，日本で開花した独特な文芸ジャンルである。辞書的な説明[1]によれば，語源は「英語の light（軽い）と novel（小説）を組み合わせた和製英語」とされ「SF やホラー，ミステリ，ファンタジー，恋愛などの要素を，軽い文体でわかりやすく書いた若者向けの娯楽小説」を指している。比較的安価に入手でき，「アニメのような絵が表紙や挿絵にふんだんに使われていることが多い」うえに，「アニメやコミック化，ゲームソフト化，音楽，インターネットを活用した宣伝などのメディアミックスが積極的に行われ」ている。ライトノベルという言葉がどのように定まっていったかについて 2006 年頃に新聞に掲載された下記の記事を参照してみよう[2]。

> 「ライトノベル」という和製英語は，1990 年代初め，SF やファンタジー小説ファンが集ったパソコン通信の電子会議室で生まれた。その名付け親は，同会議室のシスオペ（管理人）を務めた神北恵太（45）。彼は「70 年代に創刊されたコバルト文庫やソノラマ文庫の少年少女向け小説について，ひとくくりにできる新しい名前が必要だと考えた」と振り返る。「漫画のようにスピーディな「コミックノベル」，あるいは「ニート（Neat）ノベル」などの案も考えたが，結局「軽やかな＝ライト」に落ち着いた」

---

1) 小学館・日本大百科全書（ニッポニカ）「ライトノベル」の解説〈https://kotobank.jp/word/ライトノベル -1613327（最終閲覧日：2021 年 3 月 10 日）〉
2)「ライトノベルの定義とは／読売新聞ライトノベル進化論第 3 回」（2006 年 11 月 21 日，読売新聞掲載記事）

　この記事からもライトノベルが若者をターゲットにした小説のジャンル名として誕生したことがわかる。また，ジャンル名を議論していた人たちが物語をいかにして的確に効率よく読者に伝達し，虜にするかを意識した小説群の総称を考えていたことがわかる。

　次に東浩紀によるライトノベルの定義を参照してみよう。

> 　私たちはここで，ライトノベルあるいは「ライトノベル的な小説」の本質を，作品の内部（物語）にでも，外部（流通）にでもなく，作品と作品のあいだに拡がる想像力の環境（キャラクターのデータベース）にあると考えてみよう。いいかえれば，ライトノベルをキャラクターのデータベースを環境として書かれる小説として定義してみよう（東，2007：25）。

　たしかに東のいう「データベース消費」は，ライトノベルの創作者・読者の間で頻繁に行われているのが実情である。ポストモダン的な状況がライトノベルのなかで如実に現れていることがうかがえる。

　一方，中国では，1980年代から消費社会化が進み，また1990年代からインターネットが普及し，若者文化に大きな影響を与え，若者向けのネット小説が生まれた。朱（2018）の整理によれば，中国のネット小説は多様な題材を用いるという特徴がある。

> 　中国において80年代から経済システムの変革に伴い，各種の商品もバラエティに富み，多様な商品が生産されている。ネット小説も例外ではなく，様々な題材はどんどん生み出されている。汪樹東の「類型小説的文化発生学考察」（2013）によると，消費社会による大衆の高度専門化，複雑化，さらに趣味の個性化により，未知な領域に対する好奇心も日々増加した。そのため，「玄幻」，「穿越」，「盗墓」，「科幻」，「都市」，「校園」など多様な題材が大衆の趣味に応じて生まれてきた。（朱，2018：8）

　大きく現実が変容するなかで，荒唐無稽で幻想的な話が若者の共感を得ることができたのかもしれない。そのような時代的な背景もあって，ネットは物語を作る重要な場になりつつあった。そして2000年頃から，中国の読者は日本の漫画・アニメやゲームなどをとおして，日本のライトノベルにめぐりあった。ようするに中

国はネット小説の成長と重なるかたちで，ライトノベルという未知なるものとの出会ったわけである。

　それでは，中国はどのように日本のライトノベルを受け入れ，日本のライトノベルからどのようなものを吸収し，それをローカライズしてきたのか。これを考察することが，本章の目的である。

## 2　ライトノベルとの出会い

　中国ではネット小説の成長とともに 1990 年代あたりから，限られた趣味に特別な感情移入をするオタク層が形成されつつあった。その経緯をみるために以下の記事[3] を参照してみよう。

> 　中国にはオタク向けの日本のコンテンツに関して「ACG」（アニメ，コミック，ゲーム）という言葉がありますが，近年はライトノベル（中国語で「軽小説」）の存在感が増してきて，ゲームの代わりにライトノベルが入ってきている感もあります。
>
> 　中国でオタク層が形成される原動力になったアニメには『涼宮ハルヒの憂鬱』『灼眼のシャナ』『ゼロの使い魔』といったライトノベル原作の作品が多く，それに加えて文学青年層や日本のミステリ小説のファンがラノベ読みと重なることもあり，日本のライトノベルはある種のオタク的なブランドとして認識されているような所もあります。

　携帯ゲームの場合，『Fate/Grand Order』，『拡散性ミリオンアーサー』はもともとライトノベルから生まれたもので，中国でも絶大な人気を獲得している。それらが中国で大ヒットしたことで，ライトノベルも次々と中国へと持ち込まれ，その認知度は上昇する一方であった。

　中国の若者は日本のライトノベルに出会う前に，中国独自のネット小説を受容していた。それは 2000 年代の前半頃から急速な発展を遂げている。2000 年に最初のネット小説 BBS である「龍の天空」（《龙的天空》）が創設されている。さらにネッ

---

3)「日本のラノベのネット小説化に戸惑う中国のオタク」〈https://ddnavi.com/interview/277732/a/〉（最終閲覧日：2021 年 3 月 20 日）

ト小説という文化が誕生する以前には，中国大陸では紙媒体の中国国産武俠小説が人びとの人気を得ている。今のネット小説の発展は，その源流である 60 年前の新武俠小説[4] 時代から発展してきたものであり，その新武俠小説時代もまた，90 年前の武俠小説から誕生したものであった。もちろん，中国ネット小説は広義的にライトノベルといえなくはないが，その発展の歴史や今の文学的立ち位置からみると，国民の間に厚い支持層があり，大きく異なるものといえる。日本のライトノベルが 10 代の若者を中心的な読者層に絞ったのに対し，中国のネット小説の場合ははっきりとした年齢戦略はなく，ある意味でメジャー文化である。今でもサブカルチャーとしてみられているライトノベルとは位置づけが違うのである。

　中国ネット小説の内容はおもに武俠，玄幻[5] が中心だったが，日本から輸入されてきたライトノベルに接してから，萌えの要素が入った美少年，美少女もの，タイムスリップもの，学園ものなども加わり，多彩になってきた。広義には，中国のネット小説もライトノベルという大きなジャンルに入れることができるが，強いていうと，美少年，美少女もの，萌え系，タイムスリップもの（穿越）が日本ライトノベルの代名詞であるならば，中国ネット小説の代名詞は武俠もの，盗墓もの[6]，玄幻ものである。近年，日本のライトノベルも 20 代，30 代が読者層に加わり，内容の充実とイメージチェンジを図っている。色好みという日本文学の伝統を継承し，少女小説の恋物語と成長物語を取り入れているのが日本のライトノベルである。ようするに，男性側の目線がライトノベルのなかで大きなウエイトを占めていることがわかる[7]。

　日本色の強いライトノベルが中国で正式に誕生したのは，角川グループホールディングスの中国進出でもたらされた作品である。その代表作は，2012 年の角川華文軽小説大賞で銅賞を受賞したライトノベル『棺物語』である。この作品は，日本

---

4) Wikipedia によれば，新武俠小説とは「武術や恋愛に重点が置かれ，より視覚的かつ刺激的な内容」になっている武俠小説である。「武俠小説の三大家」として金庸，梁羽生，古龍の 3 人が挙げられる〈https://ja.wikipedia.org/wiki/武俠小説（最終閲覧日：2021 年 3 月 20 日〉。

5) 近代以前の中国や空想世界を舞台に，ヒーローが武術をもって様々な門派と戦ったり協力したりして正義を行うというジャンル。「アジアでは中国伝統文化の武俠ゲームが熱い！日本にも広がる「武俠」の予備知識を得て楽しもう」〈https://www.inside-games.jp/article/2020/06/08/128706.html（最終閲覧日：2021 年 3 月 20 日）〉の記述によれば「中華の世界観に，中世ヨーロッパ作品のようなファンタジー要素を組み合わせたもの」。

6) 朱（2018）によれば，「墓荒らしを題材とするネット小説群」のこと（朱, 2018：1）。

の漫画家集団 CLAMP の作品『xxxHOLiC』と，「変なバイト」や「異世界との遭遇」などのストーリー展開において似ている部分が多い。このことからもわかるように，草創期における中国のライトノベルには，日本のものから影響を受けたものも少なくない[8]。

　中国におけるライトノベルの正式出版が開始される前，2007 年から 2010 年にかけて，すべてのライトノベルはネット BBS で提供された。中国オリジナルライトノベルが掲載されるインターネットプラットフォーム「SF 軽小説」が設立されたのは 2007 年のことである。同じ年，日本のライトノベルを専門的に翻訳して紹介するプラットフォーム「軽之国度」が設立され，こちらに関しても瞬く間に人気が集まった。しかしそれは無許諾でなされたため，無断転載によって広州天聞角川動漫有限公司[9] から訴えられた[10]。それでも当時，中国に日本のライトノベルの存在を伝えたという意味で，このサイトが果たした役割は小さくない[11]。

　2010 年に設立された広州天聞角川動漫有限公司は，日本の出版社が手掛ける月

---

7) 大橋崇行は『ライトノベルから見た少女／少年小説史』（大橋, 2014）のなかで，「「ライトノベル」という用語の「誕生」にせよ，あるいは二〇〇〇年代の「ライトノベル」という用語の普及にせよ，そこに関与したのが圧倒的に男性読者であり，少女向けレーベルの読書量が少なかった上，少女文化を少年文化と「ひとくくり」にできるという日本の男性中心文化を無意識に発揮していたからである。少女文化の側からのまなざしが，圧倒的に欠如しているのだ」と述べている。

8) 『棺物語』のあらすじは，ブログ「トリフィドの日が来ても二人だけは読み抜く」の記事〈http://yominuku.blog.shinobi.jp/ 中国ライトノベル／棺物語（最終閲覧日：2021 年 3 月 20 日）〉に，『xxxHOLiC』のあらすじは，Wikipedia の記事〈https://ja.wikipedia.org/wiki/XXXHOLiC（最終閲覧日：2021 年 3 月 20 日）〉に詳しい。両作品の類似点については，ブログ「文學少年的房間」の記事で指摘されている〈http://altiahk.blogspot.com/2012/07/blog-post_31.html（最終閲覧日：2021 年 3 月 20 日）〉。

9) 株式会社角川グループホールディングスと中国国営出版社グループ・湖南中南出版伝媒集団が設立した企業。

10) 10 年間にわたり日本のラノベなど 3000 作品以上無断転載していたため四川省の裁判所が著作権侵害と判断し，そのサイトの管理人に判決を下した〈http://www.xinhuanet.com/legal/2018-04/24/c_1122734128.htm（最終閲覧日：2021 年 3 月 21 日）〉。

11) 2016 年に大手ポータルサイト騰訊（テンセント）が角川と連携し，日本のライトノベルの版権を購入し，ライトノベルチャンネルを立ち上げることになった。「軽之国度」も一時は営業停止状態だったが，改めて復活し，正式に日本のエージェントをとおして，日本のライトノベルを翻訳，紹介するようになった。

刊コミック雑誌としては中国初となる「天漫」を創刊した。天聞角川は日系企業としてはじめて，中国における出版販売ライセンスを取得したのである。また角川グループからは，日本と台湾で培ったノウハウを伝授するため，日本と台湾から編集者をも派遣したりしていた[12]。

　創刊当初，「天漫」には中国の有名な漫画スタジオ「北京顔開文化発展（顔開スタジオ）」や「夏天島（サマー・ズー）」の所属作家などが連載を担当した。また，機動戦士ガンダムの最新作『機動戦士ガンダム UC（ユニコーン）』や『涼宮ハルヒの憂鬱』の中国コミカライズ版に加え，中国で売上1位となったオンラインゲーム『仙剣奇侠伝5』のコミック版や，中国の有名漫画家・Buddy と著名漫画原作者・風息神泪による『初・未 ONCE AGAIN』など，中国国産のオリジナル作品も多数掲載された。さらに日本でも社会現象を巻き起こした『新世紀エヴァンゲリオン』の翻訳版コミックスが天聞角川よりオリジナル版として掲載されている。なお，角川書店が毎年開催している「角川漫画新人大賞」に，2011年の段階で中華圏に在住する未来のクリエーターを対象とした「天聞角川特別賞」が新設され，『棺物語』などの天角系のヒット作を生み出すなど，初期段階において中国ライトノベルは上々の滑り出しをみせた[13]。

## 3 挫折と試練

　中国において，ライトノベルという新しいコンテンツが伝統のあるネット小説に匹敵するものになれるかどうか，相当に大きな期待が寄せられていた。しかし読者層がほとんど経済力のもたない学生であり，マーケティング的には限界があったともいえる。それに天聞角川の中国市場への投資意欲もさほど強くはなく，一流の人材の確保もできなかった点が大きな失敗へとつながってしまう。そうした原因により，「天聞角川特別賞」は新設されてから2年後には廃止になってしまう。そして，天聞角川ライトノベルの最も重要なプラットフォームであった『天漫・軽小説』と

---

12) 角川グループホールディングス NEWS RELEASE「角川グループが中国初となる日系の月刊コミック誌「天漫」を本日創刊」2011年9月5日〈https://group.kadokawa.co.jp/documents/topics/20110905.pdf（最終閲覧日：2021年3月20日）〉。
13) 角川グループホールディングス「角川通信」2011秋号 VOL.27〈https://group.kadokawa.co.jp/documents/ir/library/pdf_k/report/582.pdf（最終閲覧日：2021年3月20日）〉。

いう紙媒体の雑誌も停刊を余儀なくされ，いまでは電子雑誌しか残っていない。

　日本生まれのライトノベルが中国へ紹介される際，その受け皿が完璧だったわけではなく，限られたプラットフォームによって中国のライトノベルは生き延びなければならなかった。しかし当時，メディアミックスの戦略も打ち立てられず，漫画，アニメ，ゲームとの間のパイプも構築されず，細々と進まざるをえなかった。比較するならば，日本のライトノベル業界には，長期的発展に必要な複数の要素がそなわっていた。以下，それを列挙する。

①イラストレーターと小説家の密接な協力関係
②紙書籍の出版とマンガ，アニメ，ゲーム制作という四位一体制
③関連グッズ開拓の市場空間

　残念なことに，当時の中国国内のライトノベル業界においては，上記の要素が不十分であった。国内のイラストレーターとライトノベルの原作者は，実力こそそなえているものの，彼らの間に強固な協力関係が商業的に構築されるには至っていない。

　これに加えて，業界における人材の育成と確保も急務であった。ライトノベルの書き手のほとんどが若者で，文学的な素養がなく，金になるという短絡的な考えでライトノベルを書くようになった者が多いがゆえに，上質な作品が多いとは言い難い状況であった。

　それでも中国のライトノベルは，強い生命力でもって発展をつづけてきた。日本のライトノベル読者層に匹敵する読者層の存在が中国ネット小説の生存と発展に深く関わっている。伝統ある武侠小説とネット小説が培ってきた読者層と，新しく生まれたライトノベル読者層が融合し，ライトノベルの発展にとって不可欠な土壌が形成されていったのである。

　Wikipedia[14] の説明を借りると，日本でも人気のある中国武侠小説は一種の「冒険小説であり，スピーディな展開と武術によるアクション描写が数多い娯楽小説である」。冒険的な娯楽性がライトノベルとの大きな共通点であり，中国発のエンターテイメントとして世界中で人気を集めている。「武侠小説はその娯楽性から，

---

14）Wikipedia「武侠小説」〈https://ja.wikipedia.org/wiki/ 武侠小説（最終閲覧日：2021 年 3 月 20 日）〉。

映画やドラマなどへの映像化が盛ん」であり，メディアミックスの観点からみると，金庸の武俠小説をはじめとする作品が好事例であるといえよう。他方では，「武俠小説の影響を受けた漫画やゲームも多数登場している。そのため，香港や台湾，中国などの漢字文化圏の大衆娯楽文化において，武俠小説ならびにそれに関連した作品の占める位置は非常に大きなものとなっている」。

　一方で中華圏の作家による武俠小説の日本語訳は，近年において数多く出版されている。

> 1996 年には，徳間書店から金庸全集の第一弾として『書剣恩仇録』の日本語版が初めて出版された。90 年代武俠映画ブーム時の映画作品や，それに影響を受けた 94 年の日本アニメ「機動武闘伝 G ガンダム」と 98 年の日本アニメ「星方武俠アウトロースター」によって，武俠物というジャンルの認知度が高まっていたこともあってか，徳間書店の 96 年の金庸全集発刊以降，いくつかの会社から古龍や梁羽生の作品も一部出版された。またそれに続く形で，衛星チャンネルや DVD などで武俠ドラマが放映され，しだいにファンが増えつつある。[15]

　アメリカのファンタジー映画，日本のライトノベルなどに接したことにより，それらの構造的な要素，語り，物語データベースから様々なものを吸収し，武俠ものの中身が充実していった。とくに玄幻もの，盗墓ものが人気を集め，武俠ものをベースとしながら，日本ライトノベルにないものを開拓したのである。玄幻ものとは「剣と魔法，仙人，武俠（武術に長け義理を重んじる主人公もの），異世界転生などが入り混じったジャンル」[16] で，中国の若者たちの間で人気を集めるようになってきた。作者たちは 1980 年代生まれ，もしくは 1990 年代生まれがほとんどである。

> 彼らは，幼少時から海外の映画やドラマ，『ドラゴンボール』や『美少女戦士セーラームーン』などの日本の漫画やアニメ，RPG の「ファイナルファンタ

---

15) 前掲注 14) に同じ。

16) 津田彷徨「10 億円稼ぐ作家も！中国で「小説投稿サイト」ビジネスが爆成長中」現代ビジネス，講談社，2019 年 5 月 13 日〈https://gendai.ismedia.jp/articles/-/64547（最終閲覧日：2021 年 3 月 20 日)〉。

ジー」シリーズのようなテレビゲームに親しんだ世代で，気や経絡（けいらく），
神仙などといった中国的世界観に，『指輪物語』のような異世界ファンタジー
を融合させ，独特の東洋ファンタジー“玄幻”というジャンルを創造した。い
まや，ドラマや映画，ゲームへと，メディアミックスの展開を見せている作品
も多い。[17]

朱（2018）によれば，盗墓小説は架空の世界についての小説ではない。

> 「盗墓小説」は完全な架空世界ではなく，中国の実在場所に基づいて作られた
> 作品である。この題材が誕生した原因は中国で独特な「墓葬」（埋葬）文化と
> 盗掘が古代から存在しているからだ。中国では古代から先祖が冥界でも日常
> 品が使えるように沢山の副葬品を遺体と一緒に埋葬する「厚葬」という習慣が
> あった。[……] さらに歴史上で盗掘に関する記録や小説，伝説が数多く残さ
> れている。（朱, 2018：5-6）

これらが「盗墓小説」にインスピレーションを与えつづけているのである。
　盗墓ものの代表作はなんといっても『盗墓筆記』であるが，そのあらすじは以下
のとおりである。

> 代々，古墓と関わってきた家柄——「老九門」に生まれた呉邪。考古学者で
> あった両親はある時，国家の重要文化財保護活動に参加した際に海外の盗掘団
> に殺害されてしまった。呉家では呉邪の身の安全を守るため，彼をドイツに留
> 学させる。呉邪はもともと考古学に興味をもっていたうえに，文化財保護活動
> の最中に偶然，古墓の秘密が書かれた戦国時代の帛書を手に入れたことがきっ
> かけとなり，帛書の謎解きをはじめる。正体の知れない勢力集団よりはやく帛
> 書の秘密を解き明かし，古墓のなかの文化財を敵の手から守るために，呉邪は
> 帛書の指図にしたがって叔父の呉三省，潘子それに謎の青年・張起霊とともに
> 魯殤王墓へ七星魯王宮の秘密を探りにやってきた。古墓のなか，呉邪は先にき

---

17) excite ニュース「ネット世代の若手作家が躍進！　中国エンタメ界をリードする新時
　　代の“武侠”作品とは？」2019 年 9 月 3 日〈https://www.excite.co.jp/news/article/
　　Crankin_6841002/（最終閲覧日：2021 年 3 月 20 日）〉。

> ていた王胖子と知り合い，身元の分からない阿寧を救出する。思いもよらぬス
> リリングな一連の出来事の後，一行は，より多くの謎を発見し，正体不明の勢
> 力と戦うと同時に，新たな謎を探求する旅へと足を踏み入れていく。[18]

　ここでは，ライトノベルでお馴染みの異世界冒険物語が中国風にアレンジされ，中国の若者の間で人気を獲得したのである。

　もう一つ中国色の強いジャンルとして，宮廷ものをあげることができるだろう。それは日本のライトノベル的な要素を取りいれつつ，中国において人気急上昇のジャンルとなっている。日本の後宮ものライトノベルも，中国の歴史ものからヒントをえて現代風にアレンジされたものだといわれるほど，中国の宮廷小説の影響力は非常に大きい。ともあれ以上みてきたように，日本色の強いライトノベル創作は，中国では急速な発展がみられない。その代わりに，洋の東西を問わず様々なものを吸収しながら，中国色を打ち出してきた点が，中国ネット小説の特徴だといえる。

## ４　中国ライトノベルの全盛時代

　2013年以降，テンセントやアリババ，百度（バイドゥ）といった中国のインターネット大手による文学サイトが相次いで開設され，ネット小説における主導権を奪い合うようになった[19]。

　2015年に出版された『十万個冷たい笑い話（十万個冷笑話）』は一見すると簡素な絵であるが，それは瞬く間に若者たちの心を掴んだ。そしてその映画版の大ヒットをきっかけとして，「IP（intellectual property：知的財産）」という言葉が脚光を浴びるようになる。

　2000年以降の日本のライトノベルのメディアミックス，アニメ化などは，まさに中国における2015年頃のIPブームと重なっている。資本がライトノベルの商機に目をつけ，大量の資金がライトノベル業界へ雪崩れ込むようになったのである。資本の流入によりライトノベルは活性化され，わずか数年の間に，ライトノベルと関

---

18）『盗墓筆記』DVD内容紹介〈http://www.dantoset.com/TheLostTombSeason1-1362. html（最終閲覧日：2021年3月20日）〉。

19）クーリエ・ジャポン「年間印税収入20億円の「神」に続け！　中国「電子書籍」から億万長者がガンガン輩出中」2018年1月17日〈https://courrier.jp/news/ archives/109282/（最終閲覧日：2021年3月20日）〉。

係のあるネットプラットフォームが次々と立ちあげられた。以前であれば、ライトノベルを発表する場所がないと焦り、嘆いていた作者たちは、現在では引っ張りだこになっている。

　ここから読者層が大きく二分されるようになる——すなわち、日本風ライトノベルのファンと、中国風ライトノベルファンに分裂していくのである。それはある意味で、ライトノベルの中国化を加速させる結果になっている。

　中国に入ってからわずか十数年の間に、ライトノベルは注目に値する発展を遂げてきた。プロの作者たちを集め、百万単位の読者群を育て、『カンニング芸術（作弊艺术）』、『龍族（龙族)』[20] などのような、中国色の強い作品を世に送り出した。そして現在では、IP ブームに乗じて、ライトノベルの IP 開発潜在力に大きな期待が寄せられている。まさに中国では「ライトノベルの黄金時代」が到来しつつあるのである。

　黄金時代を印象づける典型的な作品として、『マスターオブスキル——全職高手』をあげることができるだろう。日本での刊行当時、次のように紹介されている。

> 中国国内で 10 代の若者を中心に人気を博すライトノベル『マスターオブスキル 〜全職高手〜』。1 日のアクセス数が 3 億を超える、中国最大のオンライン小説レーベル「起点中文網」の大人気タイトルである同作の日本語翻訳版小説（1 & 2 巻）が、2015 年 12 月 24 日（木）に刊行された。
> 日本のアニメやゲームは中国でも人気を誇るが、中国のコンテンツが日本に紹介されるケースは極めて稀。ライトノベルが日本語に翻訳＆発行されるのは、『マスターオブスキル 〜全職高手〜』が初となる。[21]

　中国ではネット小説のメディアミックス化も進み、映画やドラマ、ゲームの原作としても重宝されているし、また、オタク層向けの国産アニメの原作としても活用

---

20）近未来ファンタジー小説で、あらすじは以下の HP にくわしい（PR Times「『コード：ドラゴンブラッド』ストーリー PV 初解禁！ドラブラの世界で近未来ファンタジー物語を体験」2020 年 3 月 5 日〈https://prtimes.jp/main/html/rd/p/000000024.000047942.html（最終閲覧日：2021 年 3 月 20 日)〉）。

21）ダ・ヴィンチニュース「中国最強のラノベが日本初上陸！ 天才ゲーマーの活躍を描く『マスターオブスキル 〜 全職高手〜』」2016 年 1 月 28 日〈https://ddnavi.com/news/282808/a/（最終閲覧日：2021 年 3 月 20 日)〉。

されるようになってきた。実際に 2017 年末の時点で，数多くのネット小説作品の映像化権が販売されている。そのうち，1232 作品がドラマ化，1195 作品が映画化されている。ドラマ 1 話あたりの製作コストは最高で 500 万元（約 9500 万円）に達している [22]。

その他，以下のように報じられている。

> 2014 年のネット作家長者番付で首位になったのは唐家三少氏。1 年間の印税収入は 5000 万人民元（約 9 億 5000 万円）に達した。過去 3 年の合算では，1 億人民元（19 億円）を超えたとみられる。ネット小説からの課金収入そのものより，ゲーム，漫画，アニメ，映画などからも著作権収入が大きいとされる。[23]

> 2017 年 11 月，中国インターネットの巨頭，テンセント傘下のインターネット文学プラットフォーム「閲文集団（チャイナ・リテラチャー）」が香港市場に上場した。ただちに市場は沸騰。40 万人以上が株式を求めて殺到した。
> 集まった資金は 5200 億香港ドル（約 7 兆 5600 億円）に到達。インターネットと文学がタッグを組んだことで「ワンクリックで億万長者」の奇跡が起こった。［……］
> 近年，中国で大ヒットしたドラマや映画『花千骨～舞い散る運命，永遠の近い～』，『三生三世十里桃花』，『歓楽頌』，『宮廷の諍い女』などはすべてネット小説が原作だ。それゆえ，資本家がネット文学市場に注ぐまなざしも熱気を帯びてきている。[24]

中国のネット小説がここまで大きく発展した原動力とされているのが，人気と閲覧数がそのまま収入に直結する，文字数課金ベースのプラットフォームである。

---

22）中国网络文学产业发展报告（2017）〈http://book.sina.com.cn/news/whxw/2018-09-17/doc-ihkahyhy0575437.shtml（最終閲覧日：2021 年 3 月 20 日）〉

23）「中国：ネット小説で億万長者誕生，しかし全体 9 割は「収入なし」」『財経新聞』2015年 10 月 21 日〈https://www.zaikei.co.jp/article/20151021/275037.html（最終閲覧日：2021 年 3 月 20 日）〉

24）前掲注 19）に同じ。

> 2003 年ネット小説連載用サイトの「起点中文網」は初めて VIP 制度を実施した[25]。これは書き手が運営サイトと契約する制度で、これにより作者はプロに転換するチャンスを得た。2004 年になると「起点中文網」は盛大網絡会社に買収された後、大陸における一番大きなネット小説連載用サイトとなり、翌 2005 年「起点職業（プロ）作家体系」を設立し、基本年収制度を実施し始めた。（朱，2018：6）

　このように、ネット小説の出発点においては、商業的な理念がベースになっていることがわかる。

　日本のライトノベルの書き手たちが収入を得るには、まだ伝統的な書籍化に頼らざるをえず、人気と閲覧数がそのまま収入に直結する文字数課金ベースのプラットフォームは稀な存在である。その意味で、中国のほうが商業化の面においては、日本よりも一歩先んじているといえるかもしれない。日本にも『小説家になろう』というプラットフォームがあるが、しかし、書き手たちが執筆したものはファンを獲得することはできるものの、直接収入にはつながっていない。粘り強く執筆を続けなければ、ファン層を安定的に維持することはできない。

## 5　おわりに

　本章では、中国におけるライトノベルの成長過程を概観してきた。「導入→模倣→脱日本化」というプロセスを経て、ライトノベルは著しい成長を遂げてきた。近年、ラノベ関連の IP が大量に誕生し、業界は大いに盛りあがりつつある。一部の日本メディアでも、中国のラノベは日本を追い越したという声があるが、これに関しては冷静にみる必要がある。

　書籍離れと徹底したインターネットプラットフォームへの依存という面におい

---

25) 閲読料金：ネットで「起点幣（起点ポイント）」を購入し、それを小説や雑誌の閲覧に使用する。1 人民元 =100 起点幣（ポイント）。自分の ID にポイントをチャージするためには、各銀行や、携帯電話料金からの引き落としが可能となっている。基本料金は「一般ユーザー：5 起点幣 /1000 字」、「起点初級 VIP 会員：3 起点 /1000 字」、「起点高級 VIP 会員：2 起点 /1000 字」となっていた。日本貿易振興機構（ジェトロ）「中国コンテンツ市場調査（6 分野）」2012 年 1 月，p.176 参照〈https://www.jetro.go.jp/ext_images/jfile/report/07001145/report.pdf（最終閲覧日：2021 年 3 月 20 日）〉。

ては，中国のほうが今の若者の習慣には合致しているかもしれないが，中国のライトノベルはまだまだ，日本のライトノベルの経験を参考にする必要があると思われる。まず，出版業の従事者が自らのプロ意識を高める必要がある。日本では，編集者が読者による趣味の動向をつぶさに観察し，優秀でポテンシャルのある作者を探し出し，自分の発掘した作者および作品と一対一で向き合い，商品化するまで粘り強くつきあう。中国のライトノベルの編集者が日本の同業者のレベルに追いつくには，商業化のキャリアをもつ編集チームが不可欠であると思われる。

　販売戦略として，日本には新しい動きがあった。株式会社 KADOKAWA が，ライトノベルをユーザー別にレコメンドするウェブサイト「キミラノ」を 2019 年 3 月 19 日に立ちあげた。これは，サイト内での行動履歴や読書記録などからユーザーの好みを AI で解析し，おすすめのライトノベルを紹介するスマートフォン向けのウェブサービスである。ビッグデータや AI による客層分析などが可能になったことが，今後のライトノベル創作および販売にとって重要な戦略的意義をもっている。

　また，ライトノベルがアニメ産業との緊密な関係をどう維持するか，という点も重要である。アニメ産業との融合，相互利益的な関係になるには，国家レベルでアニメ産業をサポートし，政策規制を緩和させなければならない。日本は近年，政府レベルで文化立国，コンテンツ大国を目指す政策づくりに取り組み，一定の成果を上げてきた。中国側も政策面における努力が必要である。

　中国ライトノベルはすでに独自の道を歩みはじめている。いっそう巨大化していくマーケットを前に，創意工夫に満ちた作品が次々と生み出されていくことだろう。しかしライトノベルの書き手の育成，プラットフォームの構築，メディアミックス関連会社との連携などを念頭に置きながら地道な努力をし，健全化の道を歩まなければならないと筆者は考えている。

**【引用・参考文献】**
東　浩紀（2001）．『動物化するポストモダン──オタクから見た日本社会』講談社
東　浩紀（2007）．『ゲーム的リアリズムの誕生──動物化するポストモダン 2』講談社
一柳廣孝・久米依子（2013）．『ライトノベル・スタディーズ』青弓社
榎本　秋（2008）．『ライトノベル文学論』NTT 出版
汪樹東（2013）．「類型小説的文化発生学考察」『創作与評論』第 14 期
欧陽友権［主編］（2008）．『網絡文学発展史──漢語網絡文学調査紀実』中国広播電視出版社

大塚英志（2001）．『定本 物語消費論』角川書店

大塚英志（2013）．『キャラクター小説の作り方』講談社

何学威・藍愛国（2004）．『網絡文学的民間視野』中国文連出版社

康橋（2012）．「論網絡小説中的穿越，重生，架空問題」『中国現代文学研究丛刊』*10*

朱沁雪（2018）．「中国における「盗墓小説」の流行と増殖について——『鬼吹灯』の物
　　語構造分析を中心に」首都大学東京人文科学研究科修士論文

新城カズマ（2006）．『ライトノベル「超」入門』ソフトバンククリエイティブ

張麗（2008）．「網絡小説叙事結構初探——試析網絡小説中的叙事空間」『江西社会科学』

日経キャラクターズ（2004）．『ライトノベル完全読本』日経 BP ムック

第1部

第2部

## コラム：ライトノベル的想像力の越境 ─────

李 原榛

　日本では青少年を中心に愛読されているライトノベルは，その中国語訳，またはアニメ化されたものが中国に輸入されることによって，中国の若者たちの精神的生活に入り込んだ。そして，日本のライトノベルに魅了された中国の人びとが，中国語で「軽小説（中国版ライトノベル）」の執筆をはじめたのである。しかしながら，ライトノベルというものは，創作様式の一種にとどまるのではなく，創作言語を日本語から中国語に転換するなかで，もう一つの大きな影響を「軽小説」に与えた。それはライトノベルに登場する特徴的な日本語表現を中国語に「直訳」した言葉がそのまま「軽小説」に残り，中国の読者に「ライトノベル」的感覚を与え，それと同時に，中国の読者もこれらの言葉をつうじて「ライトノベル」的世界を想像するようになったからである。

　たとえばライトノベルでよく出ている「なんて」という言葉は，「君なんて，大嫌い！」という例が示すように発話者のマイナスの感情を表示する機能があるが，これを翻訳上そのまま，中国語の表現として反映させることは難しい。しかし中国語のライトノベルではこの訳語として「什么的」がすでに定着している。「軽小説」の作者はこのような定式化した「訳」のための言葉をもちい，中国語で綴った「軽小説」に日本語の「ライトノベル」的感覚を導入したのである（とはいえ，そのようなアプローチが中国人に違和感を与えることもよくある）。そして「軽小説」を愛読している中国の読者も，これらの「訳」言葉を「ライトノベル」，またはライトノベルで読んだ「日本文化」に固有の表現として受け入れている。むろんこれらは本来のライトノベル体験ではなく，中国において変容された「ライトノベル的」な体験であるわけだが，まさにこのような「ライトノベル的」なものをつうじてこそ，中国人が日本語そのものの論理や思考様式に対して（疑似的に）接近することができるのである。

　これに関しては，日本語を学んだ筆者にとって，いろいろと考えさせられる点がある。なぜなら，「軽小説」に使われる「訳」言葉の多くは，文法も意味も言葉の順序もすべて中国語にしては直訳的すぎて，逆に，日本語の

文法に慣れた筆者からすると，そこから日本語の原文が想起されるほどであったからである。中国語を読みながら，頭のなかでは日本語が響く。つまりこれは中国語をつうじて，日本語の「ライトノベル」を再創造する営為だともいえるだろう。これは日本語を学んだことのない読者にとっては違和感を与える一方，異なる言語に由来する新鮮な感覚をも与える。日本語を理解することができない人びとは，これらを「軽小説」に特徴的な「中国語」の言葉，または「二次元」に特徴的な「中国語」の言葉として受け入れ，結局これらの言葉に会う際，なかば自動的に「ライトノベル的」に，つまり日本の「ライトノベル」の創作者が想像していることをイメージするようになるのである。

　ともあれ「ライトノベル的」な想像力は中国語の「訳」言葉を媒介とし，中国人の頭のなかに「ライトノベル的」世界を再創造する。硬直的ともいえる直訳は，ここでは逆説的に，中国語から越境する想像力を育むのである。

第1部

第2部

# 中国ゲーム史における
# 日本産ゲームの位置

## ゲーム誌『ゲームソフト』を中心に

鄧　剣

## 1　はじめに

　1987 年頃，ファミコンは輸入品として中国で販売された。しかし中国の一般家庭にとって，ファミコンは価格が高いだけでなく，ビデオ出力が NTSC 製の高周波テレビ信号であり，中国で使用された PAL-D テレビ規格に適さなかった。したがって中国における日本産ゲーム人気に実際に貢献したのは，ファミコンではなく，ファミコンに類似した低価格の中国産複製機ファミクロン（Famiclone）であった。日本産ゲームを模造し「学習」することをつうじて，日本産ゲームは中国ゲーム史に登場し，かつ，中国ゲーム史の発展に重大な影響を与えた。そこで本章では，ゲーム雑誌である『ゲームソフト（电子游戏软件）』を手掛かりとして，中国ゲーム史における日本産ゲームに関する論述を体系的に整理し，日本産ゲームの中国ゲーム史における位置を考察してみたい。

## 2　日本産ゲームと中国産ゲーム雑誌の誕生

　周知のように，政策，市場，言語など多方面にわたる要因によって，ほとんどの日本産ゲームは中国へは導入されていなかった。たとえば日本における国民的ゲームである『ドラゴンクエスト』シリーズは言語的な問題によって，20 世紀の中国市場に「参入」することができなかった。だとすれば，なぜ日本産ゲームを楽しみにしている中国人プレイヤーがこれほどまでに多かったのか。この疑問に対する答えは，当時の歴史的文脈に立ち戻ることで得られるだろう。

　1949 年に中華人民共和国が成立して以来，社会主義的な文芸観のもとで，中国の連続絵（连环画）や美術映画 [1] などの児童向けの製品は，革命の物語を宣伝し，道徳

を教育することを目標としていた。これらの文化的なコンテンツは，青少年が好む表現形態をもちいてはいるものの，その内容は硬直的なものであり，今からみれば魅力的とは言い難いものであった。それが改革開放の後，日本のアニメーション[2]，マンガ[3]，ゲームなど，サブカルチャー的なコンテンツが公式／非公式を問わず，様々な経路を介して中国に輸入されたことで，このような硬直化した文化状況が次第に打ち破られていった。自由闊達で躍動感あふれる日本の文化的なコンテンツは，中国の若者たちにまったく異なる文化的な想像力をもたらし，それによって日本のサブカルチャーの愛好者が中国に現れはじめた。そのような社会背景下で，日本のサブカルチャーは当局が主導する主流文化と激しく衝突し，当時の中国における硬直化した文芸的な雰囲気にも大きな影響を与えていった。ひいては，それは主流社会で無視された中国の若者たちによる「思想解放」[4]の開始であるともみなされた。

　上記の文化的な文脈のなかで，日本の 8-bit ゲームソフトは中国へと導入された。20 世紀に，中国市場における 8-bit ゲームソフトはおもに 2 種類，すなわち少数の日本から輸入された正規ゲーム，および多数の中国で生産された海賊版ゲームである（したがって海賊版ゲームが主流となった）。特筆すべきは，これら双方におけるゲームの説明書の扱いである。

　ゲーム説明書はもともと正規の日本製ゲームにおいては付属品であり，中国の海賊版ゲームにおいては付属されていなかった。しかし，そもそも中国のプレイヤーの大部分は日本語を読むことができなかったので，実際には役に立たない代物だっ

---

1) 小野耕世は，上海電影製片廠の美術電影年代記を制作している。その年代記によって，中国のおもな美術映画の歴史を理解することができる。
2) 1980 年 12 月，中央テレビ局は手塚治虫の『鉄腕アトム』を放映した。これを端緒として，日本のアニメは中国で広まった。
3) 中国の科学普及出版社は著作権を取得せず，『鉄腕アトム』を無断でコピー，および販売した。手塚治虫は中国でコピーした『鉄腕アトム』を発見した後，中国の読者がマンガを楽しく読むことができるように，『ジャングル大帝』の原稿を修正し，かつ，それを中国の出版社に無料で寄贈した（『ブラック・ジャック創作秘話——手塚治虫の仕事場から』にはこのプロットがある）。人民出版社は 1988 年に，そして中国文連出版社は 1989 年に『ドラえもん』を中国市場に導入したが，日本マンガの中国での啓蒙者の役割を果たしていたのは海南撮影美術出版社である。1991 年，この企業は著作権を取得せず，中国で『風魔の小次郎』などの八つの日本マンガを無断でコピーし販売した。そしてその後，日本マンガは中国で流行していった。1993 年，中国における最初期のマンガ誌『画書大王』が創刊され，中国は日本からマンガを学ぶことを正式に開始した。
4)「思想解放」は，鄧小平が 1978 年改革開放の初期に提起した重要な標語である。

たことになる。これは『ドラゴンクエスト』シリーズなどのような，テキスト情報を前提とする複雑な日本産ゲームが 20 世紀の中国で流行しなかった最大の原因ともいえよう。

　以上のような状況があるなかで，中国では 1990 年代の初頭から，プレイヤーにゲーム内容を解説するための攻略本，および裏技本が登場することになる [5]。プレイヤーはこれらを参照することで，日本産のゲームにおけるストーリーを次第に理解するようになり，また，ゲーム内の裏技を学び，ゲーム内の様々なハードルを克服していったのである。しかしそれにもかかわらず，これらのゲーム関連の書籍は依然として，プレイヤーにゲームの「知識」を一方的に注ぎ込むタイプのものであった。つまり，それはプレイヤーがゲームをメディアとしてコミュニケーションをする希望を叶えるものにはなりえなかったのだ。

　実際，ゲームにおいては様々なものがコミュニケーションのためのメディアになりうる——たとえば日本のゲームセンターなどがその一例になるだろう。しかし

表 7-1　20 世紀の中国ゲームに関する雑誌

| | |
|---|---|
| 1982 | 『家庭電器』「娯楽器具」　「ラジオ」「PC 学習」 |
| 1991 | 『ゲーム指南』（『ゲームファン』） |
| 1992 | 『PC 新聞』「ゲーム機の窓」等 |
| 1993 | 『PC』「ゲーム楽園」　「中国 PC 新聞・普及教育版」「ゲーム大王」 |
| 1994 | 『ゲームソフト』（『Game 収容所』）　「家庭 PC とゲーム機」　「天津科技」「家庭 PC とゲーム機」『電子娯楽』（記事の一部） |
| 1995 | 『ポップソフト』　『ゲーム世界』 *　『ゲーム一族』 *　『PC ゲーム淘金』 *「上海 PC」「休閑編」「ソフト新聞」「プレーヤー」　『ディスク技術』（記事の一部）　『PC ファン』「ゲーム楽園」 |
| 1996 | 『ビデオゲームと PC ゲーム』　『PC 技術』「プレーヤー」　『GAME プレーヤー』 * |
| 1997 | 『PC 商業情報新聞』「ゲーム天地」　『マルチメディア世界』「ゲーム天地」　『ソフト』「ゲーム総動員」　「ソフト世界」「オンライン生活／ディスク世界」　「中国青年科技」「ゲーム番組」「少年電世界」「ゲーム楽園」　『PC 時代』（いくつかのコラム）　『世界 PC 週刊』（記事の一部）『中国 PC ユーザ』（記事の一部）　『毎週 PC 新聞』（記事の一部） |
| 1998 | 『ゲーム機実用技術』　『最新 PC ゲームプレイ配達』 *　『ビデオゲーム最新指南と攻略』 *『ビデオゲーム広場』 *　『PC 知識』「最新ゲーム配達」等　『PC 世界』「忙しい中にも暇を見つける」『科学時代』（記事の一部）　『ソフトとディスク』（記事の一部）　『科技潮』（記事の一部） |
| 1999 | 『ゲーム同志』『PC ゲーム攻略』『ゲーム時代』　『ゲーム新一族』 *　『PC ゲーム攻略秘技』 * |

1.『　』内は，雑誌のタイトル。「　」内は，雑誌のコラムである。
2. *は書代刊（書籍としての出版形態をとった，つまり ISSN ではなく ISBN を付与された定期刊行物）である。

5）中国のゲーム雑誌が公式に誕生した 1994 年 6 月まで，このようなものは合計で約 40 種に達した。

第1部

第2部

これに対して中国の場合には，ゲームセンターは投資が少なく，小規模事業者が多かったため，あくまでも純粋な「ゲームの場」にとどまっていた。つまり中国のゲームセンターは，コミュニケーションの場としての機能をもちえなかったのである。当時，プレイヤー間の交流が必要であると考えられたために，そして同時に，プレイヤーグループによる日本産ゲーム情報へのアクセスを実現するために，中国では1990年代の中盤から各種のゲーム雑誌が誕生している。

## 3　『ゲームソフト』のなかの日本産ゲーム

　中国におけるあらゆるゲーム雑誌のなかでも，『ゲームソフト』はとくに重要なものといえる。その重要性は，それが中国で最初のゲーム雑誌であることにとどまらず，それがそれ以後の大部分のゲーム雑誌の編集者およびプレイヤーに対して，決定的な影響を与えたことにもよる。この雑誌は，中国のゲーム史を研究するうえで最も重要な資料にもなっている。

　『ゲームソフト』は1994年5月に創刊し[6]，2012年2月に終刊している。その，あわせて18年にわたる発行期間の間に，月刊（1994–2002年）および隔週刊（2003–2012年）の二つの形式で，合計で319号が発行された。そして『ゲームソフト』はその創刊以来，日本のコンシューマーゲームを中心的な内容として，それを中国のプレイヤーに紹介し，なおかつ，ゲームのプレイに必要な日本の歴史や文化に関する知識——たとえば戦国時代や明治維新などの歴史情報——を積極的に伝える役割を担ったのである。本章ではそのような理由に依拠して，『ゲームソフト』を題材に，日本産ゲームの中国における伝播と変遷を理解していきたい。

　ゲーム専門の雑誌である『ゲームソフト』は，紙面上でプレイヤーにコミュニケーション空間を提供することがその重要な機能の一つとなっている。たとえば，この雑誌には「GAME BAR」や「遊友達クラブ」など，コミュニケーション機能を有する数多くのコラムが設定されている。プレイヤーらはこれらのコラムに投稿し，日本産ゲームに関する見解を発表していった。そして『ゲームソフト』は，ゲーム同好者の間のコミュニケーションへのニーズを満たすと同時に，「想像のゲーム共同体」を次第に形成していったのである。『ゲームソフト』において，ここでいう「想像のゲーム共同体」は「闖関族」（ゲームをクリアする人の意味）として命名さ

---

6）1993年，『ゲームソフト』は『Game収容所』というタイトルで非公式に発行された。

**図7-1　『ゲームソフト』の表紙**

れ，これにもとづいて，中国プレイヤーたちは自らのアイデンティティを構築して
いった。

　プレイヤー間のコミュニケーションプラットフォームを構築する以外でいうと，
『ゲームソフト』の役割は中国のプレイヤーに対して，日本のゲーム攻略，業界動向，
ゲーム文化などの情報を伝えることにあった。そして歴史をつうじて，『ゲームソ
フト』は日本産ゲームに関する知識の体系を構築したといえる。この知識の体系は，
おもに以下の四つの側面を含んでいる——第1に，日本産ゲーム機の基礎情報，お
よび理論的知識を紹介し，読者にゲーム機がどのようなものであるのかを理解させ
ること。第2に，ゲームの攻略および裏技を紹介することにより，日本産ゲームの
基本的な知識のネットワークを構築すること。第3に，日本のゲーム発展史を整理
し，歴史化の方式によって日本産ゲームの知識に関する文脈を構築すること。第4
に，ゲームのランキングリストを紹介する方式により，重要な日本産ゲームを中国
に紹介して評価すること，である。

　ともあれ『ゲームソフト』は19年にわたる発行期間をとおして，雑誌という形式
によって，日本産ゲームについての知識の体系を中国において構築していった。こ
の知識の体系がゲームの内容を可視化し，ゲームプログラムと一致する想像力の環
境を構築したのである。このゲームをめぐる想像力の環境は，現実の想像力の環境

に並行し，かつ対等なかたちで存在していた。

　それ以外にも，『ゲームソフト』はさらに他の日本的なサブカルチャーを中国へと紹介し，日本サブカルチャーが中国で流行することを促進させた。たとえば『ゲームソフト』は，「乱舞勢力」のコラムに日中ゲームマニアによるコスプレの写真を掲載したり，あるいは「ビッグウォールギャラリー」（大墙画廊）などの日本漫画スタイルを模倣する描画欄を設定したりした。これらのコラムは，日本の「MAGIC」[7]製品を中国の読者に紹介し，読者が日本の二次元文化コンテンツを把握したり，それについてコミュニケーションを行うことにより，ある程度，日本サブカルチャーの世界観およびそれを支える価値システムを内面化しながら，日本サブカルチャーを中国で広める役割を果たしたのである。こうして1990年代，『ゲームソフト』は中国において，日本文化を広める重要かつ先端的な役割を担ったといえる。

## 4　アイデンティティおよび文化的反抗

　以上の議論からも明らかなように，『ゲームソフト』の19年にわたる発行期間とは，日本産ゲームの中国における伝播史でもある。この雑誌を軸として，中国ゲーム史では科学技術とサブカルチャーの強大国としての日本イメージが強化された。そして日本産ゲームは，重苦しい教育体制および社会的雰囲気のなかで，中国の若者たちの文化的想像力を改めて活性化する役割も果たした。このような文脈において，日本産ゲームは学習および模倣の対象となるだけではなく，いずれは乗り越えるべき対象になっていったのである。

　ナムコ，セガ，任天堂，ソニーなどの日本企業が1980年代から1990年代にかけてゲーム分野の世界的な覇権を獲得して以降[8]，産業およびテクノロジーの分野で，東アジアでは日本標準を軸としたゲームのソフトウェアとハードウェアのシステムが構築され[9]，東アジアの各国はそのシステムを乗り越えるために，最終的には21世紀になってからインターネットを中心とするコンピュータゲームの世界へと移行することになる。他方，文化的な領域においては，グローバル化の一環とし

---

7) すなわち Model，Anime，Game，Internet，Comic の頭文字の省略である。1999年3月，ゲームソフト雑誌社は『MAGIC 地帯』を発表し，世間の注目と驚きを惹起した。現在流行している「ACG（Anime，Comic，Game）」という概念は台湾から持ち込まれたが，これに対して「MAGIC」は中国大陸ゲーム界に固有の概念である。

て（ゲームを中心とする）日本のサブカルチャーが東アジアの各国へと輸入された結果，各国に固有の文化と衝突しつつ，若者たちに多大な影響を及ぼしたのである。

　他方でこのような状況は，東アジア諸国の内部で，日本産ゲームへの民族的葛藤を呼び起こした。というのも中国のプレイヤーが日本産ゲームおよびその価値システムを「受動的に」受け入れる際に，人びとのなかに共通の警戒心が喚起されたのである。一部のプレイヤーおよび業界の人びとは，「文化侵入」という概念をつうじて，ゲームの背後にある根深い問題を改めて考えはじめたのである。

　そのような経緯があり，『ゲームソフト』は危機感を有するプレイヤーの「文化反抗」を行う紙面＝戦場となった。1995 年第 4 期の『ゲームソフト』には「烏鴉・烏鴉・叫──中国の電子ゲーム業界を」という文書が掲載されているが，そこでは国内ゲーム（機）の「メーカー」が日本のゲームを盲目的に海賊版化し，オリジナルの中国産ゲームの制作をやめることを痛烈に批判し，中国人プレイヤーに近代以後の教科書で強調される植民地記憶を呼び起こしたのである。その結果，「闖関族」たちは単純な「ゲーム共同体」という地位に満足することができなくなり，愛国主義にもとづいて政治的なプレイヤーアイデンティティを追求しはじめたのである。このような「政治的覚醒」という文脈において，この雑誌は「A'can」や「一場遊戯一場夢」などのコラムを連載することにより，中国における国産ゲーム（PC プラットフォーム）を応援していくことになる。そして最初の国産ゲームの誕生，および「中国イメージ」[10] のデザインスタイルの確立を後押しすることになった。このように「中国の国産ゲーム」は，「日本産ゲーム」と対立するものとして登場したのである。

---

8) 1983 年から 1999 年まで，日本にはゲームソフトの生産を担う企業が 296 社あり，合計で約 7600 種のゲーム作品──その数は 1980 年代には 1800 種ほど，1990 年代には 5800 種ほどであった──が制作された。企業の数の出典は《広技苑》2000 年春版であり，『ゲーム産業の経済分析』から筆者が再引用した。作品数は，筆者が株式会社メディアクリエイトにより編纂された『ゲーム産業白書』，および一般社団法人コンピューターエンターテインメント協会により編纂された例年『CESA ゲーム白書』にもとづいて推定した。

9) たとえば 1980 年代末期，韓国は日本との協力を選択した。1989 年，サムスンとセガの間の最初の販売協力ののち，現代電子はさらに任天堂と連携して，共同で 8-bit および 16-bit のゲームコンソールを開発した。

10)「中国イメージ」とは，中国産のゲームだけではなく，中国をテーマにしたゲームである。

表7-2　初陣の国産ゲーム（1994年10月–1998年6月）

| | 1994 | 1995 | 1996 | 1997 | 1998 |
|---|---|---|---|---|---|
| 金盤会社<br>（1993–1998） | 神鷹突撃隊 | 波黒戦争<br>突撃号<br><br>ウイルス大戦<br>チョコレート<br>abc チョコレート word | 歴史大上陸<br>都市大強襲<br><br>未来大核戦<br>鉄騎喋血<br>チンギス・カン # | アヘン戦争 #<br><br><br>八一戦鷹 # | 丁丁とアメリカ *<br>世界銃王 *<br><br>万里長征 *#<br>朝鮮戦争 *#<br>兵聖孫子 *# |
| Y.Y.STUDIO | FOUR MAN の赤花会密令 *# | | | | |
| 西山居<br>（1995–） | | | 中関村啓示録 #<br>中国民航 # | 剣侠情縁 # | 抗日──地雷戦<br># |
| 前導会社<br>（1995–1998） | | | 官渡 # | 赤壁 # | 水滸伝──聚義<br>編 #<br>西遊記──斉天<br>大聖 #<br>紅楼夢 *#<br><br>荊州 *#<br>ケサル王 *#<br>神剣魔刀 *# |
| 吉耐思<br>（？–1997） | | | サッカー風雲 #<br>中国球王 # | | |
| 偉地<br>（？–？） | | | 地下道戦 # | | |
| 外星科技<br>（1993–） | | | | 侠義豪情伝──<br>禁煙風雲 # | |
| 百思特<br>（？–1997） | | | | 烈火少林 # | |
| 騰図会社<br>（1994–1998） | | | | 美猴王 #<br>水滸英雄伝──<br>火之魂 #<br>火狐 | 鏡花縁──百花<br>天女 #<br>皇朝覇業 #<br>天地家 *#<br>水滸英雄伝2 *#<br>大都市 *<br>冰火祭 * |
| 万森PC<br>（？–？） | | | | 最終三国 *# | |
| 欣力量 | | | | 佳儿成竜伝 #<br>神竜少年 # | |
| 尚洋<br>（1995–2000）<br>逆火 | | | | 血獅──中国防<br>衛 #<br><br>天惑 | <br><br><br>疾風狩り |

表 7-2　初陣の国産ゲーム（1994 年 10 月 –1998 年 6 月）（つづき）

| | 1994 | 1995 | 1996 | 1997 | 1998 |
|---|---|---|---|---|---|
| 創意鷹翔<br>（1996–） | | | | 生死の間 1 | 生死の間 2 末日伝 |
| 超網<br>（？–？） | | | | 岳飛伝 *# | |
| 目標<br>（1995–） | | | | 鉄甲風暴 | |

\* は発行していないゲームを示す。それらはゲーム広告あるいは demo を展示し，又は募集代理の広告をした。
# は「中国イメージ」のゲームである。

## 5　「日本産ゲーム時代」の終了

　2012 年 2 月 27 日，『ゲームソフト』は突如として公式 Weibo（中国の簡易型ミニブログ）をつうじて終刊を発表した。しかしその終刊については，何の予兆もなかったわけではなかった。雑誌の発行者が直面した様々な問題以外でいうと，日本産ゲームの入手が中国で困難になったことが最も重要な終刊の原因である。

　中国は 2000 年 6 月に「ゲームセンターについて特別管理の意見」（《关于开展电子游戏经营场所专项治理的意见》，いわゆる「ゲーム機禁止」）という政策を実施し，ゲーム機の中国での生産や販売などを禁止した。それにより，日本産ゲームは中国市場に輸入できなくなった。他方で，インターネットゲームは 21 世紀に入って中国ゲーム史の主流になりつつあり，インターネットゲームと異なる文化システムを有する日本産ゲームは，中国ゲーム市場においては主流の地位を次第に失っていったのである。換言すれば，21 世紀になってから，もともと日本産ゲームを中心とした中国のゲーム体制は政策，市場，技術などの多方面にわたる要因によって全面的に崩壊することになったのである。こうして日本産ゲームの紹介を主とした『ゲームソフト』の存続はきわめて難しくなり，結果として終刊を余儀なくされたのである。付け加えるならば，『ゲームソフト』の終刊は，中国ゲーム史における「日本産ゲーム時代」の正式な閉幕を記すものとなったともいえよう。

**【引用・参考文献】**

小野耕世（1987）．『中国のアニメーション――中国美術電影発展史』平凡社

株式会社メディアクリエイト（2000-2018）．『ゲーム産業白書』シリーズ，株式会社メディアクリエイト

コンピューターエンターテインメント協会（2004-2018）．『CESA ゲーム白書』シリーズ，コンピュータエンターテインメント協会

新宅純二郎・田中辰雄・柳川範之（2003）．『ゲーム産業の経済分析――コンテンツ産業発展の構造と戦略』東洋経済新報社

竹内　好：《近代的超克》，孙歌编，李冬木，赵京华，孙歌译，北京：生活・读书・新知三联书店，2005 年

电子游戏软件杂志社：《电子游戏软件》系列，电子游戏软件杂志社，1994-2012 年

文化部，国家经贸委，公安部，信息产业部，外经贸部，海关总署，工商局：《关于开展电子游戏经营场所专项治理的意见》〈http://www.gov.cn/gongbao/content/2000/content_60240.htm（最終閲覧日：2021 年 3 月 20 日）〉

罗宝拉（나보라）：《韩国游戏简史：不良娱乐与被耽误的价值》，澎湃新闻〈https://www.thepaper.cn/newsDetail_forward_5081629_1（最終閲覧日：2021 年 3 月 20 日）〉

# コラム：日中間におけるコンテンツ翻訳の現状紹介
## ゲーム翻訳を中心として —————————

金子 真生

　2013 年 10 月 12 日，日本が世界に誇る『ポケットモンスター』シリーズ最新作である『ポケットモンスター X・Y』（ニンテンドー 3DS）が，シリーズ初の世界同時発売となった。このゲームソフトの予約数は約 155 万本（当時としては過去最高数）。これに際して，日本のみならず，世界各国で発売記念イベントが開催され，その人気を裏付けることとなった。

　またひるがえって，中国では 2014 年頃から LTE サービスが普及しはじめ，それにともなって電子決済，健康管理，娯楽など，日常のほとんどをスマートフォンでこなすスタイルが主流となっていく。中国におけるゲーム市場が成熟してきたのはこの後から，すなわち 2015 年以降であるといえよう。筆者は，2010 年よりゲーム翻訳者として中日翻訳に携わっており，業界をとりまく現状を現場の人間として紹介できればと考えている。本コラムではおもに，中国産ゲームの翻訳をとりあげたい。

## 1　『陰陽師』，『荒野行動』，『第五人格』〜网易（NetEase）の台頭 —————

　2017 年以降，中国産ゲームが続々と日本へ輸入されてくる。それまでも，細々とゲームは入ってきていたのだが，日中におけるスマートフォンの爆発的な普及により，その流れがいちだんと推し進められることとなった。夢枕獏の原作にインスパイアされたゲーム『陰陽師』（2017 年 2 月リリース）は，テレビ CM で若手人気女優，ゲーム本編では日本のアニメファンに人気のある声優を起用しヒットした。『荒野行動』（2017 年 11 月リリース）は，最後の 1 人になるまで生き残れば勝ち，というきわめてシンプルなゲームながら，息の長い人気を獲得している。また『第五人格』（2018 年 7 月リリース）では，プレイヤーが追う側と逃げる側を選択可能とすることで，より幅広いプレイの可能性を示した。

　これらはすべて，网易（NetEase）によってリリースされたゲームであり，中国のゲームを語るうえでは非常に重要な位置を占めている。同社は，日本の様々な企業と提携を結んでおり，今後も日本市場においてその存在感を増していくことが予想されよう。

## 2 翻訳の実際

　それでは，ゲームが輸入される際に必要となる翻訳には，どのようなものがあげられるだろうか。それは，主に以下のものである。

- ・UI（ユーザーインターフェース）
- ・登場人物のセリフ（必要に応じて声優の録音原稿も）
- ・アイテム，魔法，スキルなど

　ふつう，翻訳会社の課すトライアルに合格した翻訳者が上記の翻訳作業を担うのだが，中国語の場合，ゲーム画面で訳文がどのように動くか想像しつつ，最適な訳を作っていける翻訳者はまだ多くない。一般的な産業翻訳とはプロトコルがまったく異なり，はじめの一歩を踏み出すことが比較的困難だからなのかもしれない。また，ゲームの形態はロールプレイングゲーム，シミュレーションゲーム，パズルゲームなどがあり，その取り扱うテーマも軍事，料理，歴史などと幅広い。ふだん翻訳にもちいる翻訳支援メモリの効果的な使用法とともに，翻訳者自身のゲーム自体に対する深い理解が今後の課題だろう。

　以上，駆け足ではあるが日中間のゲーム翻訳の現状について概観してきた。ゲームに親しみのある，デジタルネイティブ世代が一刻も早くこの業界に参入することが望まれる。

# 08 ゲームのなかで，人はいかにして「曹操」になるのか [1]

## 「体験の創出装置」としてのコンピュータゲーム

松本 健太郎

## 1 コンピュータゲームによる「体験の創出」

　人はなぜゲームをするのか――むろんこの問いに対しては，プレイヤーによって様々な回答がありうる。ソーシャルゲームであれば，それを単に「気晴らし」や「暇つぶし」のためにプレイする人もいるだろうし，また，シミュレーションゲームであれば，関心のある世界を疑似体験するためにプレイする人もいるだろう。あるいはeスポーツであれば，人はそれを他者に対する自らの優位を誇示するためにプレイするだろうし，また，脳トレ系のゲームであれば，それを学習のためにプレイするだろう。つまりゲームの種類や質によって，プレイの動機や目的も様々でありうる。

　そもそもゲームとは，特有の「語りにくさ」をもったメディアだといえる。コンピュータゲームにはRPG，格闘ゲーム，音楽ゲーム，ノベルゲーム，シミュレーションゲームなどの下位ジャンルが包含されるが，それらをつらぬく共通のルールや文法が存在するかというと，必ずしもそうとは思われない。比較すると，たとえば漫画というメディアの場合，少女漫画にしてもギャグマンガにしても，「コマ割り」という要素があり，また「吹き出し」という要素がある。つまりジャンルが異なっても，それらの表現は漫画というメディアに特有の文法的な要素によって支えられているのだ。しかしゲームの場合，たとえば「SimCity」と「荒野行動」と「テトリス」の間に何か共通の文法的要素があるかと問われると，そのようなものを見

---

1) 本章は中国の澎湃新聞に2019年9月28日付で掲載された「游戏论・现实的媒介｜电脑游戏作为"创造体验的装置"」〈https://m.thepaper.cn/newsDetail_forward_4531850（最終閲覧日：2021年3月20日）〉の元となった日本語原稿を改稿して公表するものである。

出すのはなかなか難しいのではないだろうか。また，プレイに際して求められるルールの理解やコントローラの操作はジャンルによっても作品によっても差異があり，したがってプレイヤーは，反復的なトレーニングによってプレイの習熟度を高めていくしかない。そう考えてみると「ゲーム」とは，文法構造や操作方法などの面で，その名のもとにあらゆる作品を一括りにすることが困難なメディアだと位置づけられよう。

　しかしそれでもあえて，あらゆるゲーム作品をつらぬく共通項を探そうとするならば，それは「体験の創出」という点に求めることができるのではないだろうか。たとえば「SimCity」は，都市開発に従事する市長としての体験を創出する。「荒野行動」は，無人島での戦闘をつうじてサバイバルする体験を創出する。「テトリス」は，落下するブロックピース（テトリミノ）を回転させながら埋めていく体験を創出する。そのどれもが一般人の日常には存在しそうもない体験だが，しかしプレイヤーに対して「体験の創出装置」としての役割を担うからこそ，ゲームは社会的な欲望の対象になるのだろう。

## 2　「三国志」における体験のシミュレーション

　「体験の創出装置」ということでいえば，とくにシミュレーションゲームの領域において，私たちはゲームのなかで別の誰かになりきり，その行為を疑似体験することができる。たとえば上述の「SimCity」はいわゆる経営シミュレーションゲームの典型であるが，それ以外でいうと，たとえば「Microsoft Flight Simulator」や「電車でGO!」などは，ある職業人の体験——電車の運転手や航空機のパイロットのそれ——をシミュレートしてくれるものといえる。あるいは歴史シミュレーションゲームである「信長の野望」や「三国志」などは，再現された歴史的な舞台——日本の戦国時代／中国の三国時代——のなかで，歴史上の人物の英雄的な人生を追体験させてくれるものといえる。

　以下，本章で『三国志』をモチーフとする作品をとりあげておきたい。中国発のその偉大な物語は，日本社会ではもともと吉川英治の歴史小説『三国志』(1940)，横山光輝の漫画『三国志』(1971–1987)，川本喜八郎のNHK「人形劇 三国志」(1982–1984) などの作品をつうじてひろく知られ，最近でも，青土社の『ユリイカ2019年6月号』で「『三国志』の世界」特集が組まれたり，あるいは，東京国立博物館で「特別展『三国志』」が企画されたりと，人びとの耳目を集めつづけるコンテンツ

図 8-1　App Store における「三国志」の検索結果

である。その影響はゲーム領域にも浸透しており，たとえば Apple 社の App Store
で「三国志」といれて検索すると，数十にも及ぶ関連タイトルのゲームがヒットす
る状況である。このように無数に存在する三国志ゲームのなかでも日本で最も有名
なのは，コーエーテクモゲームス（旧名・光栄→コーエー）による「三國志」シリー
ズではないだろうか。

　コーエーテクモゲームスによる「三國志」シリーズは，1985 年発売の「三國志・
抄本三國志」から 2016 年発売の「三國志 13」に至るまで，30 年以上にわたって 750
万本を売り上げた人気シリーズである。まずその概略を示しておくと，作品の舞台
となるのは後漢末期から三国時代にかけての中国。プレイヤーは大陸に割拠した君
主の一人となり，中国統一を目指すことになる。プレイヤーは君主として軍勢を率
い，敵君主の領地を攻めとる必要があるが，他方では，計略や外交によって相手を
弱体化させることもできる。また戦略上，農地開発や商業投資などを実施し，税収
を増加させることも重要となる。

　たとえば最新作の「三國志 13」で「曹操」を選択すると，プレイヤーには「評
定」「内政」「軍事」「人材」「計略」「外交」「任免」「賞罰」「物資」などの選択肢が与
えられ，その枠内でコマンドを入力することにより「曹操」としての役割を遂行し，

図 8-2 「三國志 13」における曹操のイメージ

君主として中国統一を目指すことになる。その過程において，ゲームの主人公である曹操はプレイヤーの分身的存在となり，その虚構世界のなかで「プレイヤー」と「曹操」はイコールで結ばれることになる。

　むろんプレイヤーは現実世界（作品外現実）において，「私は曹操ではない」ことを知っている。しかしゲーム世界の虚構世界（作品内現実）において，私は「曹操になる」ことができる。コンピュータゲームの多くが小説や映画などのフィクション作品と大きく異なるのは，そこにプレイヤーと主人公との間の等価性，およびインタラクティヴィティが認められることだろう。ゲーム機のハードウェアは，それが再生する映像や音声によって主人公，言い換えれば「代理行為者」[2] を記号的に構成する。それをプレイヤーが自己の等価物として操作することにより，ゲーム世界への没入が可能になる。ここに成立する心理的契約，すなわち「プレイヤー＝代理行為者」という等号関係は，多くのゲーム作品がプレイされるための前提的な条件となっている。

---

2) プレイヤーが操作するキャラクターは，いわば感情移入の「受け皿」として機能するものだが，筆者はそれを「代理行為者」（agent）として概念化している。というのも，そのキャラクターはゲーム世界内におけるプレイヤーの代理物として機能すると同時に，プレイヤーが様々な疑似体験を重ねていく際の基点となるからである。付言しておくと，全てのゲームにおいて一律に虚構の代理行為者が必要とされるわけではない。たとえば（代理行為者ではなく，プレイヤーの）脳の鍛錬や活性化を目標とする「脳トレ系」のゲームのように，そこで評価される能力値が代理行為者のものではなく，むしろプレイヤー本人のものであるような作品もある。

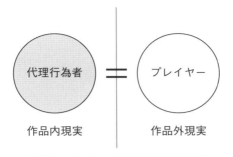

図8-3　プレイヤーと代理行為者の等価性

　他方の「インタラクティヴィティ」に関していえば，コンピュータゲームの虚構世界は，プレイヤーによる「介入」なしに顕在化することはない（たとえばゲーム版「三國志」についていえば，プレイヤーが曹操になりきって「中国統一を目指す」という一連のごっこ遊びがなければ，物語世界が具現化されることはない）。つまりプレイヤーは身体の延長物であるコントローラを介して，ゲームがシミュレートする仮想現実に没入し，そのコントローラを介した選択の積み重ねによってゲームの展開は刻々と変化するのである。

　ちなみに小説や映画の場合，個々の受容者の解釈が変動することはあっても，彼らの存在／不在によって作品の世界観や物語展開が変質することは原理上ありえない。だがコンピュータゲームの場合，あらかじめプログラムされたシナリオに含まれる無数の分岐のなかで，プレイヤーはコントローラを操作しながら自らの選択を発動し，その一連の作業によって物語や世界観を具現化していく。そしてその際の選択によっては，個々のプレイヤーが体験する世界観や物語展開が大きく変質しうる。そしてそれは，ゲーム版「三國志」においても同様である。『三国志』の小説版，あるいは漫画版では，物語は直線的かつ単線的に進展することになるが，ゲーム版では，物語やその結末はプレイヤーによる入力操作によって無限に変化しうる。

## 3　ゲームの変換回路：インプットの過少性／アウトプットの過多性

　ともあれゲーム版「三國志」の虚構世界のなかで，プレイヤーは「曹操」になることもできるし，「劉備」や「呂布」になることもできる。その限りにおいて，ゲームとは「体験の創出装置」であるし，さらにいえば，それはある人物の体験をシ

ミュレートするものである。しかし等号で結ばれる「代理行為者＝曹操」と「プレイヤー＝私」であるが，当然のことながら，それぞれの体験は相互に異質だといえる。つまり「曹操」は不世出の英雄として乱世を駆け抜けた存在であるのに対して，「私」はコントローラを握って指先を動かすだけの存在である。つまりゲームの「主人公」と「プレイヤー」の体験には，質的な「非対称性」が認められるのだ。

　多くの場合，コンピュータゲームとは本質的にプレイヤーのアイデンティティや体験を更新する一種の変換回路であり，多かれ少なかれインプットの過少性／アウトプットの過多性が反比例的に対応することになる。つまり現実世界において，私たちはコントローラを操作することだけで，じっさいにボクシングの世界王者になれるとも，魔王を倒して世界に平和をもたらせるとも，曹操として中国全土を統一できるとも信じていない。しかしゲーム内の虚構世界では，しばしば自己のイメージや行為に関する拡張が成し遂げられ，プレイヤーと主人公との間の等価性を前提とした誇大なヴィジョンが技術的／想像的に形成される[2]。それは二つの「私」，すなわちプレイヤーと代理行為者との間隙に横臥する圧倒的な非対称性（もしくは根

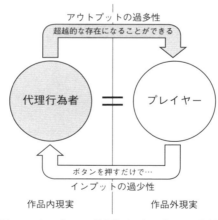

アウトプットの過多性

超越的な存在になることができる

代理行為者　＝　プレイヤー

ボタンを押すだけで…
インプットの過少性

作品内現実　　　　　　作品外現実

図8-4　インプットの過少性／アウトプットの過多性

2) ボクシングゲームでもサッカーゲームでも何でもいい。思考実験として，もしゲーム世界で世界王者になるために，現実世界で世界王者になる以上の努力が必要とされるとしたら，誰もそのゲームをプレイしようとは考えないのではないだろうか。なお，この場合には一般的なゲーム受容におけるものとは逆に，インプットの過多性／アウトプットの過少性が対応してしまっていると捉えられる。

本的な断絶）を隠蔽するプロセスであると同時に，社会化の過程で失われた万能感をプレイヤーに再供給する契機でもある，と理解することができよう。

　私を含むほとんどの人間は，英雄・曹操とは程遠く，社会的に限定された「ちっぽけ」な存在である。しかし他方で，人びとはそのような超越的な存在に憧れ，ゲームの虚構世界のなかで英雄と自らを重ね合わせようとする。だが，じっさいのところ，私たちが従事するのはコントローラの操作のみであり，その体験は曹操が歴史的に成し遂げた偉業とはあまりにも乖離している。おそらく多くのプレイヤーにとってのゲーム版「三國志」とは，制御しがたい現実世界のなかで，制御の幻想を与えてくれる「箱庭」の如きものといえる。社会的に限定された存在である私たちは，「インプットの過少性／アウトプットの過多性」という構図をそなえた変換回路をゲームへと求めるのだ。

## 4 「抵抗の機械」としてのコンピュータゲーム

　人はなぜゲームをするのか——再びこの問いと向き合うために，エルキ・フータモの言説を参照しておこう。カリフォルニア大学ロサンゼルス校で教鞭をとる彼は，19世紀後半に流行をみた娯楽用の機械に言及している（ちなみに，それらの娯楽用機械は，「生産を目的とした工場やオフィスの機械のアンチテーゼとなっていた」とも指摘される）。具体的には，街角，バー，デパート，駅の待合室，遊園地などに設置された自動販売機，ギャンブルマシン，力測定器，運勢判断マシン，電気ショックマシン，視聴覚的娯楽マシンなど多種多様な機械——それらは「スロットマシン」，「コインマシン」，「コイン式マシン」といった呼称でひろく流通したという——を事例としてとりあげ，それらは総じて，人びとがコインを投入することで，何らかの報酬（キャンディやタバコ，「治療用」電気ショック，体重や運勢が書かれた紙片，視聴覚的なパフォーマンス，愉快な冗談，心理的にもしくは社会的に励みになる経験，諸々の腕前を磨く機会など）を得ることができる仕組みになっていたと説明される。

　なお，フータモは，これらの娯楽用のマシンを「自動式」と「プロト＝インタラクティヴ」の二つのカテゴリーへと大別している。このうち前者であるが，フータモによると「一九世紀後半および二〇世紀初頭には，「自動式」ということばは，どんな種類のコイン式マシンにもたびたび使用されていた。このことばはこれらの流行のデバイスの目新しさを高らかに強調し，それらを技術の進歩と社会における機

械の繁栄と結びつけた」と指摘される（フータモ，2015：119）。さらに彼が述べるところによると，この「コイン式マシン」（コイン＝オプ）の導入は「消費資本主義が採用した代替的な戦略にすぎなかった，と提案できるかもしれない。デパートのショーウィンドウの「触ることのできない」スペクタクルに驚嘆する代わりに，増殖するコイン式のオートマトンは金銭的に余裕のなかった消費者たちに——束の間のそして大部分は幻想であった——指揮官気分を与えた」と説明されている（フータモ，2015：122）。むろんこのコイン式の娯楽用機械は，現代人の感覚からするとあまりにも初歩的で，いかにも退屈な代物のようにも感じられるが，それでも人びとに利那的な「指揮官気分」を付与するものであったのである。

「指揮官気分」を付与する娯楽用のゲームということでいうと，現代では，まさにゲーム版「三國志」もそれに該当するといえるだろう。当該ゲームのなかでプレイヤーは曹操になりきり，「指揮官気分」を味わうことができるからだ。

ちなみにフータモによると娯楽用のマシンは，工場やオフィスで日常的に機械へと接続されて労働に従事していた人びとにとって，一瞬の気晴らしをもたらしたという。彼はそれを「抵抗の機械」とも表現するが，そのような見方は，ジョン・フィスクの言説にも見出すことができる。彼によると「工場労働とテレビゲームが逆転した関係にあるとすれば，そのうちだれの目にも明らかで根本的なのは人間 - マシンの関係であろう。工場労働が社会の物的なゆたかさのために商品を生産するとしたら，テレビゲームが生産するのは社会に対する抵抗であり，マシン操作者自身の意味，つまり一種のアイデンティティである」と述べている（フィスク，1988：127）。彼がゲームを工場労働と対置していることは印象的だが，この指摘からもゲームという「変換装置」が主体と世界との間の，ある種の倒立像を提示するものであると理解することもできよう。ゲームとは，社会のなかで指揮官になることが難しい一般人に対して，束の間の「指揮官気分」を提供する，いわば制御可能な「箱庭」として機能しうるのである。

# 5 デジタル時代における体験のシミュレーション

筆者は現在，記号論およびメディア論の視座から「デジタル時代の想像力」を研究の対象としているが，そのような立場からするとコンピュータゲームとは，急速に変容するメディア環境の組成を把握するための格好の題材だと考えられる。本章では「体験の創出装置」としてのゲームを分析の俎上に載せてきたが，現代社会

ではそれを含めて，人びとの行為や体験をシミュレートするテクノロジーが多種多様なかたちで考案されている。たとえば，現実のスポーツをゲームのなかでシミュレートしようとする「Wii スポーツ」，あるいは，教室での講義を ICT によってシミュレートしようとする「オンライン授業」，さらには，DJ プレイをデジタル・テクノロジーの水準でシミュレートしようとする「PCDJ」など，それこそ枚挙に暇がない。現代では各種のテクノロジーによって，人間による特定の「行為」や「体験」が別の技術的なシステムのなかで合成される，あるいは再構成されるという事態が至るところで散見されるのだ。

　スマートフォンのアプリを考えてもそれは同様である。私たちは各種のアプリをつうじて，多種多様なコンテンツを享受しうる。つまり小さな板状のデバイス，すなわちスマートフォンをつうじて，自由自在に，小説やマンガを読んだり，映画やドラマをみたり，ゲームをプレイしたりすることができるのだ。それらは指先の操作によっていとも簡単に実現されるわけだが，しかし考えてもみれば，そのようなコンテンツはほんの数十年前まで，紙という物質をつうじて読まれるものだったり，ブラウン管という装置をつうじてみられるものだったりしたはずである。

　端的にいえば，多数のアプリの使用を前提とするスマートフォンは「メディアのメディア」もしくは「メタ・メディア」として位置づけうる。たとえば，ヴァーチャル地球儀ソフト「Google Earth」をダウンロードしてそのアプリをたちあげれば，縮尺を自在に操りながら，地表の形状を思いどおりに鳥瞰することができる。インターネットテレビのアプリをたちあげれば，テレビのように数々の番組を視聴することができる。それだけではない——スマートフォンはときに写真機や計算機やゲーム機に化け，また，新聞やラジオや映画に化け，さらには，手紙やメモ帳や目覚まし時計にも化ける。そして，立ちあげられたアプリの機能に応じて，ユーザーはそのつど「視聴者」になったり，「カメラマン」になったり，「計算機の使用者」になったり，「プレイヤー」になったりといった具合に，その役割の更新を意図せずとも受け入れていることになる。つまるところ，ユーザーがどのようなアプリをダウンロードし，それを起動させるかによって，スマートフォンの「メディア」としての機能やそれを使用するユーザーの役割が刻々と変化していくのである。

　私たちはスマートフォンのアプリをつうじてテレビをみることもできるし，コンピュータゲームをつうじてスポーツを楽しむこともできる。スマートフォンにしてもコンピュータゲームにしても，それらは従来とは異質な体験を柔軟に生成するデジタルメディアである，という点では共通なのだ。そしてそう考えてみたとき，デ

ジタル時代における人間の「体験」の変容，メディアの「役割」の変容，あるいは，人間とメディアの「関係」の変容を十全に把握するうえで，単なる娯楽にしかみえないゲームに対して，学問的なまなざしを真摯に差し向けることの意義がみえてくるのではないだろうか。

**【引用・参考文献】**

シブサワ・コウ（2017）．『0 から 1 を創造する力』PHP 研究所

フィスク, J. ／山本雄二［訳］（1998）．『抵抗の快楽──ポピュラーカルチャーの記号論』
　　世界思想社

フータモ, E. ／太田純貴［編訳］（2015）．『メディア考古学──過去・現在・未来の対話
　　のために』NTT 出版

松本健太郎（2013）．「スポーツゲームの組成──それは現実の何を模倣して成立するの
　　か」日本記号学会［編］『セミオトポス⑧　ゲーム化する世界──コンピュータゲー
　　ムの記号論』新曜社

松本健太郎（2019）．『デジタル記号論──「視覚に従属する触覚」がひきよせるリアリ
　　ティ』新曜社

# コラム：山海経 GO ─────────

松浦 史子

　2016 年のポケモン GO のリリース直後，中国では山海経 GO なるスマホゲームが流行ったという。インターネットを参照すると「「ポケモン GO」のパチモン」[1]との評が散見される一方，なかなかの高評価もある。人面蛇身の神「女媧」や，首を刈られてなお両乳を目に臍を口に変え舞いつづける不屈の神「形天」など，古来の奇々怪々たちが，ずらり。それがリアルの世界にあちこち出現する，という主旨のもの。

　ポケモンの代わりに，『山海経』の奇怪な神々や博物（妖怪？）を捕らえていく，という内容なのかと思いきや，「『西遊記』で三蔵法師が孫悟空の頭にはめた「緊箍児」と呼ばれる輪を締めつける時に唱える呪文を投げつけることで，プレーヤーはモンスターを捕まえていく」（朝鮮日報）のだという。となれば，中華版「妖怪 GO」というのが，その実態に近いのかもしれない。

　奇々怪々な図像でも知られる『山海経』は，東アジア最古の地理書である。近代の著名な地理学者である小川琢治（湯川秀樹・貝塚茂樹の実父）が，この奇書の初の研究者であるゆえんも，この点にある。前漢の司馬遷も，唐代の漢籍目録でも，これを地理書として扱っている。あちこちの「土地」に異形の神や博物が配され，それを探索するという山海経 GO の主旨は，地理書としての『山海経』の本来の姿に立ち戻るもの，ともいえるだろう。

　ところが，『山海経』が地理書であったことについては，むしろ，今ではあまり馴染がない。清末の文献分類法では小説類に分類され，民国を代表する文人・魯迅がこれを中国神話や志怪小説の祖と見做したことによって，怪異妖怪の書としてのイメージが定着したためである。

　妖怪大全としてのイメージを後押ししたのが，この書物に付された奇怪な「図」の存在であった。宋の朱熹をはじめ，『山海経』はそもそも「図」のほうが主体であって「経文」はその図の内容を説明したもの，と考える学者も少なくない。それを証明するかのように，近年，『山海経』の本来の姿

---

1) https://appget.com/c/special/194963/tanaka_1608-2/ （最終閲覧日：2020 年 11 月 20 日）

を想像させるような絵地図的な帛画等が，地下の世界から陸続と立ち現れている。

　古代人にとって内なる世界の外側には "未知の世界" が果てしなく広がり，そこは異形の生物・神々の棲むところでもあった。古代中国人はそれを一つひとつ図像化し，地図に描き込んだ。筆者はここ十数年，『山海経』の古いタイプの図像の調査をつづけている（現存の図は明代以降のもの）。その調査にあたるたび，想いを強くすることがある。古代人の棲む世界が，いかに想像力に富んだものであったかを。グローバル化の加速する 21 世紀の地上にあって，消えゆく空間は「未知の土地」や「秘境」である。山海経 GO は，その欠を補うものなのかもしれない。

# 第Ⅱ部

「歴史」と「社会」からみる日中文化の
トランスナショナルコミュニケーション

# 09 図像から考える日中欧の医学交流

## 江戸後期の状況を題材に

ヴィグル・マティアス

## 1 はじめに

　允恭天皇 3 年（414 年か），天皇の病を治療するために新羅から金武が派遣された。その後，562 年に呉出身の智聡が日本へと持ち込んだ『明堂図』（経絡関係の図）などの医書が，日本における日中韓の医学交流の最初期の記録となった（小曽戸，1999：87）。それ以降，直接的な交流ルートに加えて，第三国を経由するルートなど，医学が伝播する経路は多様なものとなった。とりわけ通信使や使節などの外交目的の集団旅，あるいは商人ネットワークに支えられた仏教教団ネットワークによる活発な活動によって，日中韓における「本」，「人」，「モノ」のダイナミックな医学交流が展開されることになったのである。

　曲直瀬道三（1507-1594）[1] の生前，日本で刊行されていた医書は『医書大全』，『勿聴子俗解八十一 難経』，『察病指南』のわずか 3 種類のみであり，中国または朝鮮から輸入された医学書がおもに写本として国内で流通していた。なお，平安時代から道三の時代までについては，中国医学書が輸入された正確な年代，数量に関する情報が乏しく，16 世紀までの日本の医学書で引用された中国医学書がどのようなルートで入手されたのか，詳しくはわかっていない。

　江戸時代になると，書物から新たな医学的知識が得られるようになった。17 世紀から商業出版が発展したことにより，出版文化が本格的に普及することになった。そしてそれにともない，当時の人びとにとって医学関係の本が身近なものとなり，多様な読者層を対象とした様々な書籍が出版された。その一方で，医学書の出版が盛んになっても，写本というかたちで流通した医学書も少なくなかった。そして本

---

1) 16 世紀に活躍した日本医学中興の祖といわれる人物。

章のテーマである図像の使用ということでいえば，平安時代の『医心方』，鎌倉時代の梶原性全『頓医抄』など，江戸時代以前の医学書には図像的な要素が散見されるが，ほとんどの書物は文字情報をベースとしていた。

しかし，17世紀後半になるとこの傾向に変化が生じた。この時代になると，経絡，ツボ，腹診・舌診，臓腑の位置，針灸用道具などについてしばしば図が使用され，書物のなかでそれが文字と自由に組み合わされるようになった。このような医学書の図像化は漢方医学書のみに限った話ではない。1774年に『解体新書』が出版された後，オランダ医学に関する書物においてもそれは規範的になった。もちろん幕末までは，みずからの学派内で伝承されてきた知識を漏洩したり本に記したりしてはならないという，いわば「秘伝主義的」な考え方も残存していた。しかしそれもまた，医学知識を公共の世界に普及させようとする啓蒙的な考え方と共存していたのである。

管見では，江戸時代の医学における図像の役割について，作者もしくは読者の視点から検討する研究は少ない[2]。しかし他方でそれを理解することは，当時の身体とテキストとイメージのあるべき関係を解明するために重要な課題だといえる。欧米における近世の自然科学史・技術史・医学史の分野では，非テキスト的で視覚的な要素に注目するものも少なくない。パラテクストとしてイラストレーションがテキストの解釈に影響することもあり，それゆえに，観察された植物・体内・技術などを表現するイラストレーションの役割や特徴などについて研究するものもある。たとえば近世医学については，アンドレアス・ヴェサリウスによる『人体の構造』（1642年）などに認められる言葉と図像の相互依存的な関係がすでに明らかにされている[3]。また，ルネサンス後期から，ヨーロッパ社会における技術の普及を促進させるために，模式図・挿絵・グラフのついた技術書の出版が重要な役割を果たしたという事実が従来よく知られている（Ogilvie, 2003）。

漢方医学の場合にも，文字だけでは伝えにくい臨床知や暗黙知も存在するので，医学書にはイラストレーションが飾りとして単に添えられたものではなく，医学書の本質的な要素として，専門的な知識を伝える目的で活用されたのではないかと考

---

2）Whiteley（2018）が医学関係の図を，当時の読者の視点から考えるべきだと主張している。中国と日本の医学関係の図については，Lo（2018），Vigouroux（2019），Wolfgang（2010），Kuriyama（2001）などの研究がある。

3）Kusukawa（2012）のPart 3を参照。

えられる。また，図像の役割として，言葉だけではイメージしにくいことを概略的に理解させることができる。たとえば，イメージで図解することによって，ツボの位置，五臓六腑の形と位置などを一目瞭然に示すことができる。

　問題となるのは，イラストレーションのついた医学書・巻物を作成した当時の医師は，どのような表現を目的としたのだろうか，あるいは，イラストレーションに何を期待したのであろうか，という点である。また，実際のところ読者はどのようにイラストレーションを理解し，それを利用したのだろうか，という点も疑問である（文字とイラストレーションを関連づけながら書物を読んだのだろうか）。本章ではいくつかの例を取りあげながら，このような医学関連のイラストレーションをめぐる諸問題を明らかにしていきたい。

## 2　『飲食養生鑑』と『房事養生鑑』にみる視覚表現の変化

　まず，大型の浮世絵（50 × 37cm）で，当時の人びとの間で評判になった『飲食養生鑑』と『房事養生鑑』を例としてあげてみたい[4]。江戸時代後期の医学界を物語るこれら二つの錦絵についての研究は少なくないが，しかしそれらのほとんどは，絵の内容と系譜についての詳細な解説しか行なっていない。つまりそれらについて，実際の読者の視点からどのような理解がなされたか，という点が明らかになっていないのである。先行研究の多くは，「当時の人々の身体観，養生観を解明するのが目的である」などと主張するが，しかしその時代に，どれほどの人がこのような身体観につうじていたのか疑問が残る（畑, 2015：124）[5]。

　『飲食養生鑑』は酒を飲む男性の身体内を描きながら，飲みすぎと食べすぎを戒める。これに対して『房事養生鑑』（図 9-1, 図 9-2）は体内を遊郭の世界にたとえ，女性特有の体内を描きながら，房事の摂生を説いている。男性や女性の身体のまわりで臓腑などの解説がなされ，体内には臓器の動きを擬人化した小人と，彼らの台詞

---

4）この二つの錦絵は味の素食の文化センター，内藤記念くすり博物館，国際日本文化研究センター宗田文庫，イェール大学クッシング医学図書館フライコレクション，カリフォルニア大学サンフランシスコ校スペシャルコレクションなどに所蔵されている。本研究では，オンラインで公開されている国際日本文化研究センター宗田文庫所蔵の『房事養生鑑』を使った〈https://lapis.nichibun.ac.jp/sod/Detail?sid=1-30&eid=01（最終閲覧日：2021 年 1 月 15 日）〉。

5）『房事養生鑑』について，他には酒井（1999），白杉（2006）といった研究がある。

図 9-1　『**房事養生鑑**』（一部）（国際日本文化研究センター図書館蔵）

図 9-2　『**房事養生鑑**』（**全体**）（国際日本文化研究センター図書館蔵）

が描かれている。絵についての解説は，江戸時代に流行していた五臓六腑説にしたがっている。

　たとえば『飲食養生鑑』(1712) では，心臓については「心ハ，火にぞくし，いろ赤し。舌，くちをつかさどる也（略）」などと書かれているが，それは陰陽五行説に依拠するものであり，当時の医学書や『和漢三才図会』などの類書でよくみかける説明文がほぼそのまま引用されている。真面目な解説文と比べ，小人の台詞は俗語で娯楽的に書かれているようでもあり，体外と体内の文章は対照的な雰囲気である。

　興味深いのは，男性と女性の体内において，臓器の働きを小人たちのそれに見立てている点である。白杉悦雄が述べたように，その当時，身体を日常生活空間（家中・町中）で会う人に見立てることは，遊女の体内を商家に見立てる『十四傾城腹之内』(1793) にまで遡ることができる（白杉, 2006）。また，身体内を覗き見るというのも，江戸時代の視覚文化におけるオランダの望遠鏡の影響を示唆するものといえる。というのも望遠鏡が舶来し普及した後に，それは現実の世界で利用される一方で，数多くのフィクションにも登場し，日本の視覚表現を変えたといえるからである。たとえばオランダのレンズを臍にあてて，腹部を透視する医師の成功を語る『黄金山福蔵実記』(1778)，あるいは，のぞきからくりをもちい，腹を覗きながら人の心をうかがう『腹内窺機関』(1826) などは，フィクションのなかで望遠鏡を扱った黄表紙の代表的な作品である。『飲食養生鑑』と『房事養生鑑』でもレンズをとおして，肉眼では見えないものを可視化するといった，覗かれる側の視点のみから体内の働きが描かれている（スクリーチ, 1997）。つまりこれらの錦絵には，オランダのレンズがもたらした視覚変容の絵画化が反映されているのである。

　これらの錦絵のもう一つの特徴として，『解体新書』がはじめて紹介した身体用語が使用されている点があげられる[6]。たとえば『房事養生鑑』には卵管，卵巣，乳腺，あるいは心臓と肺臓が繋げて描かれており，『飲食養生鑑』には肝道が描かれている。これらの用語は，『解体新書』が出版された後に普及した知識だといえる。また『飲食養生鑑』の解説文にも「序云，凡，人間の貴人高位といふも下賎の身も，又賢も愚かなるも，はらの中にそなへたる臓腑此ごとし」と書いてあるように，体内には社会的な身分による差異はなく，みなが同じ構造をそなえていると理解される——これは「近代科学」的な捉え方だともいえよう。『解体新書』の出版により，

---

6）酒井シヅ氏はこの二つの錦絵では解剖学の知識の影響も見られることをはじめて指摘した（酒井, 2003：138-139）。

日本人の身体観は大きく変化したわけだが，それは『飲食養生鑑』および『房事養生鑑』からも理解しうるのである[7]。

　体内の働きに関する表現方法を考えてみると，まず思い浮かぶのが，ヨーロッパにおける近世哲学の祖として知られているルネ・デカルトの動物機械論である。デカルトは身体が物質であり，精密な機械であると理解したが，これと比べるならば，『飲食養生鑑』や『房事養生鑑』の作者も小人の働きのメタファーを使いながら，身体が機械のように作動するという近代的な考え方を主張していると解釈しうるのではないか。

　問題となるのは，これらの錦絵を，当時の一般庶民がどのように捉えたのか，という点である。漢方医学と西洋医学を表現するこれらのイラストレーションは，人間の身体を生活風景に見立てながら，健康な食生活と性生活を啓蒙する役割を担っている。その錦絵には，ヨーロッパから伝えられた最新知識が織り込まれていたわけであるが，しかし当時の一般庶民はそれをどのくらい理解できたのだろうか。

　ちなみに「小人」のイメージは，西洋のメディア文化でもレトリックを目的として昔からしばしば使われてきた。メディア考古学の研究者であるエルキ・フータモは「トポス」としての小人の役割について，それを「他文化の伝統に繋がりをつけるコネクター」であり，「文化を当たり前のものに，耳慣れないものをお馴染みのものに偽装する」と論じている（フータモ, 2015：32）。たとえば1950年代には，小人がパソコンとTVに住んでいるというような，一般に流通したイメージに影響を受けた広告がよく作られた。つまりそこでは，小人のイメージをもちいて当時としては先端的なテクノロジーを表現しようとしたのである。これは『飲食養生鑑』と『房事養生鑑』においても同様であり，両作品でも「小人」によって，オランダから伝えられた最新の医学知識が「翻訳」されている。

　もう一つの解釈として指摘できるのは，小人の台詞や，体内の雰囲気から考えると，作成者が身体の様子を庶民に楽しんでもらうため，ユーモアあふれる娯楽的な作品を作った可能性である。しかし，そうであれば，なぜ一般の庶民が理解できない知識をわざわざ絵に入れる必要があったのだろうか。科学哲学史家のブリアン・バイグリが指摘するように，「すべての図・表は，イラストレーションとその利用者が共有する一連の約束事を必要とする記号化作業のようなものである。もし通用している約束事に利用者が馴染んでいなければ，その利便性は損なわれてしまう」[8]。つま

---

7）日本医師の身体観の変化については，Kuriyama（1992）を参照。

り，利用者が描かれているものを理解できないと，図像はそれを描いた人間の意図を伝えることができない。『房事養生鑑』に描かれている知識を考えると，19世紀前半に一般の庶民はどれほど卵管，卵巣，乳腺の働き（図9-1）を理解できたのか。難しい問題だが，このような解釈をめぐる問題は『飲食養生鑑』と『房事養生鑑』には限らない。人体血管図を描く石坂宗哲の『栄衛中経図』と，日本的発展を示す経絡図を考えると，これらの図の利用対象者と利用目的を明らかにすることは難しい。

# 第2部

## 3　石坂宗哲の『栄衛中経図』はどう理解されたのか

　石坂宗哲（1770-1842）は針灸の近代化の端緒をひらいた人物で，オランダ東インド会社の出島商館医員として1822年6月に来日した蘭医フィリップ・フランツ・フォン・シーボルトに針灸を伝えた人物として歴史に名を残している。石坂宗哲は漢方医学と西洋医学の間に挟まれた時代のなかで，針灸医学の立場から西洋医学の理解につとめた。たとえば『知要一言』では，鍼灸師が解剖医学の知識を学ぶ必要があると主張している。

> 日解剖して，人身内外を委敷知は，其国の専務と承る。針制の法を行ふも，人身内外の諸器官能を委く知らされは，病を治するの工夫を得る事なし。徒に師伝を守るのみなり。[9]

　他方で『医源』では，『難経』と『脈経』の説を誤りとして批判し，その論拠を西洋医学に求めて，西洋医学でいうところの「神経」「動脈」「静脈」を，「内経」の「宗気」「栄」「衛」へと訳出することによって，オランダ医学の解剖学を援用しながら，新しい鍼灸医学観を構築した[10]。つまり石坂宗哲は西洋医学，とりわけ解剖学によって，『黄帝内経』の経文を空理空論から救い，臨床に役立たせようと試みたのである。石坂宗哲によると，病気があるとき，的確な箇所に鍼を刺せば，その

---

8）"Every diagram is a kind of encoding that demands a set of conventions that are shared by the illustrations and the user. If the user is unfamiliar with the conventions at work, this compromises their utility."（Baigrie, 1996：11）.

9）石坂宗哲『知要一言』，写本，ライデン大学図書館所蔵（請求番号：UB1092）。

124

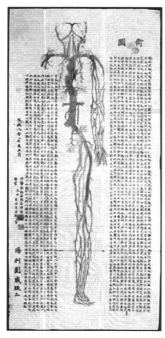

**図9-3 『栄衛中経図』**
（ライデン大学図書館蔵）

刺されたところに反応が現れ，「元気」が集まることによって，「病邪」が除かれる。言い換えれば，宗哲の鍼術とは経絡理論にもとづかず，疼痛局所に近い考えだといえるだろう。

　伝統的な経絡理論に依拠せず，西洋医学における解剖学の影響を受けた石坂宗哲の鍼術について，シーボルトは強い関心を抱いていた[11]。彼がオランダに持ち帰った文献は，医学書14点のうち7点は鍼灸に関する文献で，そのなかでも5点が石坂宗哲による針灸書であった[12]。

　そのうちの1点が『栄衛中経図』である（図9-3）。『栄衛中経図』は文政8年（1825年）に刊行され，吉田秀哲（石坂宗哲の孫にあたる）によって描かれた大型の人体血管図と，石坂宗哲によるその解説である。イラストレーションの出典は明記されていないが，おそらく，オランダのヨーハン・パルヘインによる『人体解剖学書』（1783年）を参照しながら作成されたのではないかと思われる（西川，2005：263）。

---

10）『医源』には「心蔵出納血脉之謂栄衛。栄動而出。行脉中循循乎。脉脉動而不居也。有経絡別絡孫絡支絡細絡。由内達乎。解剖家目曰動脉者之也。衛不動而入。行脉外。其行有節。亦有経絡別絡孫絡支絡細絡。由外入乎内。解剖家目曰静脉者是也」と書いてある（石坂，1990：427）。

11）日本に滞在した時に，シーボルトは自分自身で鍼術を体験した。たとえば『バタヴィア学芸協会雑誌』第14号，石坂宗哲の鍼術についての初回論文においてシーボルトはつぎのようにいう──「私が私自身に行った試みによると，注意深い鍼はほとんどまったく痛みを起こさず，炎症も他の症状もひき起こさなかった」Von Siebold（1833：388–389；1897：81–82）。

12）7点の鍼灸書は『鍼灸抜萃大成』，『鍼灸広狭神倶集』，『鍼灸説約』，『栄衛中経図』，『知要一言』，『九鍼略説』，『鍼灸図解』。岡本一抱著『鍼灸抜萃大成』と『鍼灸図解』以外はすべて石坂宗哲によるものである。ライデン大学図書館のシーボルトコレクションでは鍼灸関係ではない他の医学書の7点は『広参説』，『薬名称呼』，『人面瘡図説』，『解臓図賦』，『和蘭全躯内外分図』，『薬品応手録』，『婦人患病書』である。

　解説文では，西洋医学でいうところの「動脈」と「静脈」を，「内経」の「栄」と「衛」に同一視しようとしている。イラストレーションをみるだけでも，シーボルトなどオランダ医学につうじる当時の人はそれを理解できただろう。また解説文のみを読むだけでも，漢方医学の古典につうじる当時の人はそれを理解できただろう。問題は，解説文を読みながら，イラストレーションを理解しようとする場合である。オランダ医学の解剖学的な知識を援用しながら，新しい鍼灸医学観を構築した石坂宗哲の視点から考えると，『栄衛中経図』を作成した目的は明らかである。しかしその一方で，読者の視点からこのイラストレーションが果たす役割と，その具体的な利用について明らかにすることは難しい。このイラストレーションにはヴィジュアル的なインパクトはあるが，シーボルトあるいは石坂宗哲の弟子の他にどのくらいの当時の人が解説文を読みながら，このイラストレーションを理解したのだろうか。

## 4　経絡図・銅人形の日本的発展とその役割

　石坂宗哲が活躍したのは，日本の医師がオランダ医学に強い関心をもちはじめ，漢・蘭医学の折衷を図ろうとした画期的な時代であった。それ以前の時代の伝統的な経絡図についても，イラストレーターの意図を理解しにくい例も少なくない。長野仁がすでに述べたように，17世紀になると滑伯仁の『十四経発揮』が日本で普及し，それによって鍼灸師による経絡と経穴の研究が本格的に開始される。その展開の一つは，作法・画法による体内の経絡の関係の複雑化，および図案化である。それは，いわゆる「日本的発展」をみせたといっていいだろう（長野，2001）。

　中国の伝統的な経絡図は，重要な経絡ルート（12本もしくは14本）と，経絡に属するツボの位置しか描いていない。これに対して日本では，重要な経絡のほかに，体内における経絡の様子（臓腑に属絡経脈のルートと，交会穴）も腹部に描かれている。『はりきゅうミュージアム Vol.1 銅人形明堂図篇』（長野，2001）に紹介されている「西川印 経絡図」，「童顔経絡図」などをみると，イラストレーションにより明確になるはずの経絡ルートは，むしろ逆効果で判読しにくくなる。

　経絡図の他に，経絡図の日本的発展におけるもう一つの表現媒体となるのは，和製の銅人形である。元禄期に出版された『人倫訓蒙図彙』には「銅人形師」という職人が紹介され，また，オランダの医師ウィルレム・テン・ライネ[13]の『関節炎に関する論文・鍼術について』（1682）にも，和製の小型銅人形が日本で流行しており，

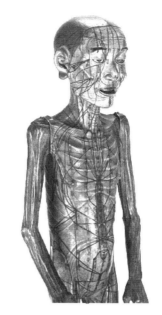

図9-4　和製の銅人形（四国医療専門学校蔵）

鍼灸師の家の前に，その宣伝のために銅人形が置かれていると書かれている[14]。当該論文には，系譜の違う経絡図が4枚（2人分の正・背面図）挿入されているが，そのうち1枚は，ある男性（前面）の腹部に「交会穴」が表されているので，おそらく和製の経絡図を使ってそれを描いたのではないかと思われる（Vigouroux, 2019：163-173）。いずれにしても，このような日本的発展を示す経絡図・銅人形が当時の社会で普及していたことは間違いない。問題となるのは，このような，一目で判読することが難しい経絡図・銅人形が実際にどう活用されたのだろうか，という点である。もしそれが私塾で教材として活用されたのであれば，塾生はカリキュラムにおけるいかなる段階でこのような知識を学んだのであろうか。私塾の教師は，たとえば銅人形を指さすなどしながら，口頭で経絡の表面・体内のルートを説明したのだろうか。あるいは，塾生は記憶用の補助教材として，経絡のルートを暗記するため，このような視覚的な媒体を使用したのだろうか。

---

13）1674-76年の間長崎に滞在した。
14）正宗（1928：190），Rhijne（1683：180），Vigouroux（2015）を参照。

## 5　結びにかえて

　以上に述べてきたように，日中欧の医学交流から考えると，江戸期には出版の発展により言語情報だけで説明が困難な医学内容（中国医学あるいは西洋医学）が図・人形などのイメージをつうじて伝達されるようになった。しかし本章でみてきたように，現存するイラストレーションからイラストレーターの意図と，読者の視点からこれらの視覚的資料を考えることは難しい。江戸時代の医学が表現媒体である図，人形，身ぶり（身体的感覚）によっていかに表現され，伝達され，理解されたか——これは今後も重要な研究課題になるのではないかと考えられる。

【引用・参考文献】

石坂宗哲『知要一言』，写本，ライデン大学図書館所蔵（請求番号：UB1092）

石坂宗哲（1990）．『医源』臨床鍼灸古典全書第16巻，オリエント出版社

小曽戸洋（1999）．『漢方の歴史』大修館書店

酒井シヅ（1999）．「解体新書」『クリニシアン』*42*(437)

酒井シヅ（2003）．『絵で読む江戸の病と養生』講談社

白杉悦雄（2006）．「江戸の体内想像図——『飲食養生鑑』と『房事養生鑑』」『解剖学雑誌』*81*(1)

スクリーチ，T.／高山　宏［訳］（1997）．『江戸の身体を開く』作品社

長野　仁（2001）．『はりきゅうミュージアム——銅人形・明堂図篇』森ノ宮医療学園出版部

西川輝照（2005）．「榮衛中経図の展示記録」『名古屋大学博物館報告』21

畑　有紀（2015）．「江戸後期文芸作品をめぐる食と養生」名古屋大学，博士論文

フータモ，E.／太田純貴［編訳］（2015）．『メディア考古学』NTT出版

正宗敦夫［編］（1928）．『人倫訓蒙図彙』日本古典全集，日本古典全集刊行会

Baigrie, B. (1996). *Picturing knowledge.* Toronto: University of Toronto Press.

Kuriyama, S. (1992). Between mind and eye: Japanese anatomy in the eighteenth century. in C. Leslie, & A. Young, *Paths to Asian medical knowledge.* Berkeley: Univ. of California Press, 21–43.

Kuriyama, S. (2001). The imagination of the body and the history of embodied experience: The case of Chinese views of the viscera. in S. Kuriyama (ed.), *The imagination of the body and the history of bodily experience.* Kyoto: International Research Center for Japanese Studies, 17–29.

Kusukawa, S. (2012). *Picturing the Book of Nature.* Chicago: University of Chicago Press.

Lo, V., & Barret, P (2018). *Imagining Chinese Medicine.* Leiden: Brill.

Ogilvie, B. (2003). Image and Text in Natural History, 1500–1700, in W. Lefèvre, J. Renn, & U. Schoepflin, *The Power of Images in Early Modern Science*. Basel: Birkhäuser.

Rhijne, W. T. (1683). *Dissertatio de arthritide: Mantissa schematica de acupunctura et orationes tres de chymiae et botaniae antiquitate et dignitate, de physionomia et de monstris*. London, The Hague, Leipzig, 180.

Vigouroux, M. (2015). The Reception of the Circulation Tracts Theory into Japan (600–1868), in B. Elman (ed), *Antiquarianism, Language, and Medical Philology*. Leiden: Brill, 105–132.

Vigouroux, M. (2019). Transmettre quels savoirs? Le rôle des illustrations des vaisseaux d'acuponcture dans la circulation des savoirs médicaux entre l'Asie orientale et l'Europe au dix-septième siècle, *Eurasie*. Paris: L'Harmattan, 155–192.

Von Siebold, P. F. (1833). *Iets over de Acupunctuur (naaldensteekkunde)*. *Verhandelingen van het Bataviaasch Genootschap van der Konsten en Wetenschappen*. Batavia, Der Lands Drukkerij.

Von Siebold P. F. (1897). *Nippon: Archiv zur Beschreibung von Japan und dessen Neben- und Schutzländern Jezo mit den südlichen Kurilen, Sachalin, Korea und den Liukiu-Inseln*. Würzburg und Leipzig, Leo Woerl.

Whiteley, R. (2018). Figuring Pictures and Picturing Figures: Images of the Pregnant Body and the Unborn Child in England, 1540-c.1680, Social History of Medicine. ⟨https://doi.org/10.1093/shm/hkx082. (Accessed 4 June 2021)⟩.

Wolfgang, M.-Z. (2010). 'Inner Landscapes' - Japan's Reception of Western Conceptions of the Body. ⟨http://www.fcv.ne.jp/~michel/publ/books/48/048-english.html. (Accessed 4 June 2021)⟩.

# 10 近藤勇と関羽

## 幕末の剣豪と「三国志」の出会い

伊藤 晋太郎

## 1 はじめに：関羽に心酔していた近藤勇

　関羽（？–219）といえば，「三国志」を代表する武将の1人であり，三国の一である蜀（221–263）を建国する劉備（161–223）と強いきずなで結ばれ，弟分の張飛（？–221）とともに，劉備を忠義と武勇で支えた人物として知られる。とくに武勇は1人で1万人の敵を相手にできると恐れられた。美しい長いひげの持ち主としても有名である。

　この関羽にはもう一つの顔がある。それは神としての関羽である。中国において関羽は死後に神格化され，朝廷も民衆も宗教勢力もそれぞれの需要に応じて信仰の対象とした。清代（1636–1912）には各地に関羽をまつる廟を設けることが義務づけられる。そう，日本の横浜や神戸の中華街にもある関帝廟である。「関帝」とは神格化された関羽の称号である。

　関帝廟に限らず，関帝信仰は日本にも入っており，江戸時代には関羽は有名人であった。そんな関羽に心酔した1人に近藤勇（1834–1868）がいる。いうまでもなく，幕末の京都で治安維持に奔走した新選組の局長である。

　近藤は武蔵国多摩郡の豪農・宮川久次郎（1798–1886）の三男として生まれた。もとの名を勝五郎または勝太という。剣術道場・試衛館を開いていた天然理心流の宗家・近藤周助（1792–1867）の養子に迎えられ，名を近藤勇と改めて天然理心流の宗家を継ぐ。文久3年（1863），第14代将軍・徳川家茂（1846–1866）の上洛に際し，その警護のために浪士組が組織されると，門人の土方歳三（1835–1869）・沖田総司（1844–1868）らとともに参加する。その後，京において攘夷派の不逞浪士取り締まりをになう新選組の局長となり，池田屋事件・禁門の変（ともに1864年）などで活躍して一躍名をはせる。しかし，鳥羽・伏見の戦い（1868年）で旧幕軍が新政府軍

に敗れると，大坂城を脱出した第15代将軍・徳川慶喜（1837-1913）とともに江戸
へ戻り，その後も転戦をつづけたものの，最後は新政府軍によって斬首された[1]。

　同じく新選組の隊士であった永倉新八（1839-1915）の回顧録である『新撰組永倉
新八』には，つぎのような話がある。

> また父の久次郎は大の軍書好であつたので勝太は父の膝に抱かれて秋の夜長
> の炉辺に唐土の韓信，張良，関羽，張飛から我朝の九郎判官，楠正成，さては
> 加藤清正などの武功談を聞くを楽しみとした。中にも関羽の誠忠壮烈は勝太
> の子供心を甚く刺戟し「父さん，関羽はまだ生きてゐるの」と聞くのを常とし
> た。(杉村, 1927：11)[2]

　幼少時代の近藤がいかに関羽に心酔していたかを示す逸話である。これによれば，
近藤少年は父が語る武功談によって関羽を知ったようだが，それでは父・久次郎が
語る関羽はいかなる書物にもとづくものだったのか。当時の人びとはどのような形
で関羽や「三国志」に接していたのか。先述のように，関帝信仰の影響もあって関
羽はすでに有名人であった。書物以外にも近藤が関羽に触れることのできる環境は
整っていた。本章では，書物をはじめ，近藤の「三国志」や関羽の受容につながっ
たであろう様々な可能性を検討していきたい。

## 2　近藤勇が夢中になった「三国志」の本

　永倉新八の回顧によれば，近藤勇が入れ込んだのは「誠忠壮烈」な関羽であった
という。かかる関羽像は，おそらく三国時代を題材にした14世紀の歴史小説『三国
志演義』にもとづくものであろう。歴史上の関羽にも「忠義」「武勇」という特徴は
あるが，『三国志演義』では関羽の「武勇」を強調するために「酒を温めて華雄を斬
る」「文醜を誅す」などの虚構のエピソードが多く設けられている。また，「五関に
六将を斬る」は五つの関所という障害を乗り越えて，やむなく一時的に身を寄せて
いた敵の曹操のもとから主君の劉備のもとに戻る関羽の「忠義」が高らかにうたわ

---

1) 近藤勇の略歴については中野（1896）・鈴木（1999）・伊東（2004）・菊地ほか（2013）
　によった。
2) 原文の引用にあたっては漢字の旧字体を新字体に改めた。以下同じ。

れるが，劉備に帰参したことは史実であるものの，関羽の強さを描く関所破りは虚構であった。しかし，かかる関羽こそ「誠忠壮烈」と評するにふさわしく，これら虚構のエピソードのほうこそ軍書好きだった近藤の父が語って聞かせた物語ではなかったか。

江戸時代の人びとが『三国志演義』の物語に触れる場合，それが書物であれば『通俗三国志』であったろう。また，近藤の幼少時代には，これに挿絵をつけた『絵本通俗三国志』も出版された。『三国志演義』は江戸時代の初めにはすでに日本に入って来ていたことが記録されているが（上田，2006；田中，2007：173–178），儒者や僧など漢学の素養ある知識人でなければ原書で読むことは難しく，和刻本も出版されていない。いっぽう，『通俗三国志』は『三国志演義』のはじめての和訳本である。

『通俗三国志』が出版されたのは元禄 4 年（1691），世界で 2 番目の外国語訳『三国志演義』である（1 番目は満洲語訳）。訳したのは「湖南の文山[3]」。『通俗三国志』はその後，版を重ねて昭和初期まで読み継がれた。『三国志演義』の翻案小説として著名な吉川英治『三国志』も『通俗三国志』がもとになっている。

そして，それから約 150 年後の天保 7–12 年（1836–1841），すなわち近藤の幼少期に，『絵本通俗三国志』が刊行された。これは京都の池田東籬亭が校訂した『通俗三国志』に，葛飾北斎（1760–1849）の高弟であった葛飾戴斗による挿絵をつけたものである。葛飾戴斗の描く「三国志」の人物はいずれも役者絵のように和風化されているのが特徴で，とても中国の物語の挿絵にはみえない。女性にいたっては，それが皇后であってもまるで花魁のように描かれる。また，描かれる場面もことさら残酷な場面が選ばれているのが特徴的である（上田，2006）。

近藤ははたして『通俗三国志』によって関羽を知ったのか。その答えは明治 29 年（1896）に発表された中野三鷹子「近藤勇の少年時代」にあった。

家に伝来の古書いろ〳〵あり，其内父の尤も愛読せしは，通俗三国志の一本なり，毎夜毎晩，雨にも風にも怠ることなく，三子を前に並べ置き，その初より順を追て読みきかせ，汝等三人は此義兄弟を以て手本となし苟にも不和なとの事

---

3)「湖南の文山」は，従来，田中大観（1710–1735）の『大観随筆』の記述にもとづいて天龍寺の僧であった義轍・月堂兄弟とされてきた。近年の研究では，後述する『通俗漢楚軍談』の訳者である夢梅軒章峰と称好軒徽菴の兄弟（徳田，1987：62–69），もしくは兄の章峰のみ（長尾，2019：162–181）が「湖南の文山」であるとみられている。

あるべからず，俱に〳〵助けあひ必ず立派なる人となるべし，男子たるものゝ
身に取りて，百万富より優して尊ときは，げに義といふ一字の外なしと教へた
り。（中野，1896：18）

　近藤の父は勇とその兄2人のために毎晩『通俗三国志』を読みきかせていたとい
う。やはり近藤が触れた「三国志」は『通俗三国志』であった。「家に伝来の古書」
とあるから，近藤の幼少期に出た『絵本通俗三国志』のほうではなさそうだ。『通
俗三国志』はおもに貸本として読まれていたが（上田，2007），それを個人で架蔵
していたところに近藤の実家たる宮川家の経済力をみることができる。もっとも，
『通俗三国志』は漢字片仮名交じりの表記であったため，江戸の庶民にはなじみが
薄かったというが（長尾，2019：⑼），上記の中野の文章には，近藤の父について，
「彼頃にしてよく四書を読み得るものは村中において彼たゞ一人ありしのみ」（中野，
1896：17）という古老の言葉を記録しており，儒教経典の四書（『大学』『中庸』『論
語』『孟子』）を読めるほどの近藤の父にとっては，『通俗三国志』を読むことなど何
の苦労もなかったであろう。

　父は息子3人に「此義兄弟」を手本とするようにさとしているが，「此義兄弟」
とは『通俗三国志』の冒頭で義兄弟のちぎりを結ぶ劉備・関羽・張飛の3人を指す。
たまたま息子が3人だったから模範とするのにちょうどよいと考えたのだろう。関
羽1人を特別視しているわけでないようにみえるが，父が「義」を強調している点
は見逃せない。なぜなら「義」こそ関羽を象徴するキーワードだからである。『三国
志演義』において関羽は「義を重んじること山の如き人」（義重如山之人）[4] と表現
され，「義もて曹操を釈す」「義もて黄漢升を釈す」など関羽の「義」をたたえるエ
ピソードが多い。「義」は関羽の行動基準なのである。

　そして，近藤は兄弟3人のなかで関羽に擬されていた。同じ文章にみえる近藤の
言葉に，「全体我等三人の兄弟父の仰の如く三人を以て身の手本とし，我を関羽兄
達二人を張飛玄徳[5] と定めたり」（中野，1896：20）とある。父が近藤を3兄弟にお
ける関羽だと定めたらしいが，近藤があまりにも関羽に夢中だったから父がそのよ
うに定めたのか，父によって関羽とみなされたから近藤は関羽に夢中になったのか，

---

4）毛宗崗本『三国志演義』第50回。本稿では，『三国志演義』の原文は沈（2009）に，和
　訳は立間（2006）によった。
5）「玄徳」は劉備の字。字とは成年男子の本名以外の呼び名。

それはもはや知るよしもない。いずれにせよ，『通俗三国志』の影響により近藤は関羽にことのほか入れ込むことになったのである。だから，父の読み聞かせが関羽の死に及ぶと，「いとも悲げなる面持にて更に日頃の勇気なく食事さへもろく〳〵に進ま」（中野，1896：20）ぬようにまでなった。幼き日の近藤少年が自らを関羽とほとんど同化していたことがみてとれる。

　なお，『新撰組永倉新八』には，近藤の父が取り上げた人物として関羽のほかに，中国漢代の韓信・張良や，日本の源義経・楠正成・加藤清正もあげられている。父が軍書好きだったというから，『通俗三国志』と同じく元禄期に出た『通俗漢楚軍談』[6] や，『義経記』『太平記』および戦国時代に材をとった軍書[7] を読み聞かせていた可能性もある。また，江戸時代には和漢の英雄の逸話を一書にまとめた武者尽くしものというジャンルもあったから，あるいはこのような書物を読みきかせたのかもしれない。たとえば，『武者鑑』という武者尽くしものは，『平家物語』『太平記』『通俗漢楚軍談』『通俗三国志』などに取材しているという（叢の会，2006：284–285）。宮川家がこのような書物を架蔵していた可能性はある。

## 3　江戸文化の中の「三国志」と関帝信仰

　以上にみたように，近藤勇は直接には家にあった書物から「三国志」や関羽について知ったわけだが，江戸時代の人びとが「三国志」や関羽を受容したルートは書物だけに限らない。近藤が書物以外からも「三国志」や関羽に触れる経験をもたなかったとはいいきれない。

　『通俗三国志』刊行後，江戸の人びとの間に『三国志演義』の物語や人物は広く浸透していった。字が読めなくても講釈（講釈師・伊東燕晋ら），歌舞伎（「三国志」など）や浄瑠璃（「諸葛孔明鼎軍談」など）によって「三国志」の物語を楽しむこと

---

6）中国明代の小説『西漢通俗演義』を夢梅軒章峰と弟の称好軒徽菴が和訳したもの。元禄8年（1695）刊。秦の始皇帝の末年から，項羽と劉邦の争いを経て漢が建国され，劉邦が崩じるまでが描かれる。韓信や張良も活躍する。

7）井上（2014：47–62）参照。源義経に関しては『義経記』や義経北行伝説にもとづく軍書，加藤清正については『清正記』という軍書が出ている。『太平記』にいたっては近世で最も読まれた中世軍記であり，数々の評判書や注釈書が出版されたほか，「太平記読み」とよばれる講釈も人気があった。『太平記』を題材にしたパロディ作品も多く生み出されており，なかでも楠正成を主役にしたものが多かった（和田，2009；李，2009）。

ができた（上田, 2006；井上, 2008；箱崎, 2019：140-148）。書物としても「三国志」の設定や人物を借りた様々なパロディ本——今風にいえば「二次創作」が多数生み出されている。たとえば，千代丘草菴主人『讃極史』は劉備・孫権・曹操が仲良く語り合った後で色街にくり出すという内容であるし，墨川亭雪麿『傾城三国志』にいたっては劉備・関羽・張飛や曹操らがみな女性になって登場する。現代日本にひけをとらない「三国志」のパロディ文化が花開いていたのである。

　江戸時代における「三国志」の浸透は川柳からも確認できる。

> 金銀を置て桂馬を関羽とり（『誹風柳多留』[8] 13 篇）
> あたゝかな風に曹操気が付ず（『誹風柳多留』39 篇）
> サア琴だ孔明何かひいて居る（『誹風柳多留』126 篇）

　これらの川柳は『三国志演義』の内容に精通していないと，理解することは難しい。最初の句は関羽が一時的に曹操に身を寄せていたとき，曹操が関羽の気を引こうと金銀を贈っても関羽は目もくれなかったが，唯一，一日に千里を駆ける赤兎馬だけは喜んで受け取ったエピソードにもとづく。劉備の居所が分かったとき，この馬に乗ればすぐに飛んで行けるからである。二つ目は有名な「赤壁の戦い」のエピソードにちなむ。孫権と劉備の連合軍は曹操軍を火攻めで破ろうとしたが，あいにく自軍に不利な西北の風しか吹かない季節であった。そこで孔明は天に祈って東南からの暖かい風を吹かせ，火攻めを成功に導く。三つ目は京劇の演目にもなっている「空城の計」にもとづく。武将や兵士が出はらっているときに敵に城を攻められた孔明は，わざと四方の城門を開き，自らは城楼に登って悠然と琴を弾いてみせた。敵は何か作戦があるのではと疑心暗鬼になり，城攻めをやめて撤退した。これらの川柳は作り手だけでなく，享受する側にも相当の「三国志」知識がないと成り立たない。江戸の人びとに「三国志」がかなり深く浸透していたことを如実に示している。

　神格化された関羽，すなわち関帝に対する信仰が中国で盛んになっていくのは宋代（960-1279）からであり，それが日本にもたらされたのは中世（鎌倉・室町）のことだが（田中, 2007：110-128；長尾, 2019：55-110），どちらかというと異国の風習に対するエリート層の興味・関心にとどまり，信仰として広まったのはやはり江

---

8）引用は岡田（1999）による。

戸時代であった。そこには中国から関帝信仰とともに関帝霊籤（霊籤はおみくじ）を持ち込んだ黄檗宗など禅宗の僧侶や明（1368–1644）の遺民の働きがあった（中村, 1999：225；長尾, 2019：324–326）。関帝霊籤はかの新井白石（1657–1725）の娘の縁談を占うのにも用いられたほどであり（中村, 1999：216–218），享保年間（1716–1736）には関帝霊籤のみくじ本も出版されている（中村, 1999：234）。

　祭りの山車からも江戸時代の関帝信仰の様相をうかがうことができる。江戸東京博物館に展示されている「神田祭り」の山車（江戸末期の作を復元したもの）のうえには関羽の人形が立っている[9]。いっぽう，千葉県勝浦市の勝浦区三町祭屋台保存館で見学した江戸時代の屋台（山車）は『三国志演義』にちなむ彫刻で飾られていたが，張飛や趙雲（？–229）の像はあったものの，関羽は見当たらなかった。これは逆に関羽への信仰があつすぎて像を彫ることがはばかられたためである。

　関帝信仰が広まって関羽のイメージが普及すると，江戸の人びとは信仰とは別のかたちで関羽に親しむようになる。たとえば，関羽の顔が赤いことや儒教経典『春秋』を愛読していたことが川柳のネタになっている。

桃園で関羽壱人りか呑んたよふ（『誹風柳多留』41 篇）
春秋を夏冬ともに関羽よみ（『誹風柳多留』81 篇）

　『三国志演義』にも関羽の顔が赤いという描写や関羽が『春秋』を読む場面はあるが，かかる関羽の姿は信仰の対象としての関帝の像，具体的には絵画や彫像から得たものかもしれない。江戸時代には「三国志」を題材とした絵画も多く，関羽も画題の一つとして認知されていた。関羽が『春秋』を読む図も当時描かれた関羽像の一つの典型であった（長尾, 2019：351–388）。

　このほか，庶民の娯楽である歌舞伎にも関羽は登場した。とくに二代目市川團十郎は関羽好きで，市川家の「歌舞伎十八番」には「関羽」という演目が入っているほどである。ただし，この演目の舞台は日本であり，実は畠山重忠が関羽に扮しているという設定である。この「関羽」は近藤の生まれた天保年間（1830–1844）にはもう演じられなくなっていたというから，彼が直接これを見ることはなかったであろうが，以上のように関羽は江戸時代の日本人にかくも浸透していた。

　近藤の剣術道場・試衛館は，今の都営大江戸線牛込柳町駅の近くにあった。実

9）https://www.edo-tokyo-museum.or.jp/p-exhibition/5f（最終閲覧日：2021 年 3 月 10 日）

家のある多摩に比べ，これら「三国志」や関羽を題材にした芸能・文化にはるかにアクセスしやすい環境である。よって，近藤が書物以外からも「三国志」や関羽を受容する機会は十分にあったといえる。

# 4 結びにかえて

本章では，近藤勇の「三国志」および関羽の受容につながったであろう江戸時代の「三国志」文化についてみてきた。近藤が関羽に心酔する直接のきっかけとなったのは父による『通俗三国志』の読み聞かせであったが，それ以外にも当時は様々なチャンネルから「三国志」や関羽に触れることが可能であった。近藤が『通俗三国志』以外からも「三国志」の世界や関羽の精神を受容した可能性は十分にある。

それでは，近藤が愛した関羽の「誠忠壮烈」は，その後の近藤の人生に影響を与えたのだろうか。中野三鷹子「近藤勇の少年時代」には，次のようにも書かれている。

> 三国志を以て唯一無二の修身書として，鍛（きた）ひ上げたる稚児（をさなご）の義人となりしにはさることにて，孤城落日の幕府の末路一種の光彩（ひかり）を放ちし人を作り出（いだ）せし家庭の様こそ面白けれ。(中野，1896：22)

近藤が新選組局長として一貫して幕府のために戦い続けた原点に「三国志」があったと指摘するのである。中国において「義の化身」とされる関羽は，一時的にやむなく曹操に降服したことはあったが，曹操に義理を返すと，劉備のもとに戻った。もとの主への忠誠を貫いて帰参することは，当時としては珍しいことである。近藤の生涯を思う時，中野の指摘にはうなずけるものがある。将軍警護のために浪士組に参加し，京で新選組を結成して幕府のために戦い，時代が変わってもけっして幕府を裏切らなかったその後の近藤の行動も，もしかしたら幼きころに強く影響を受けた関羽にならったものかもしれない。

【引用・参考文献】
伊東成郎（2004）.「近藤勇の出自・幼少時代」『歴史読本』（新人物往来社）*49*(3): 48-51.

井上泰山（2008）.「日本人と『三国志演義』――江戸時代を中心として」『関西大学中国文学会紀要』*29*: 19–38.

井上泰至（2014）.『近世刊行軍書論――教訓・娯楽・考証』笠間書院

上田　望（2006）.「日本における『三国演義』の受容（前篇）――翻訳と挿図を中心に」『金沢大学中国語学中国文学教室紀要』*9*: 1–40.

上田　望（2007）.「小説『三国志』と日本人」大東文化大学文学部中国学科［編］『三国志シンポジウム』pp.17–33.

岡田　甫［校訂］（1999）.『誹風柳多留』（新装版，1～12）三省堂

菊地　明・伊東成郎・山村竜也［編］（2013）.『新選組日誌』（上下）KADOKAWA

雑喉　潤（2002）.『三国志と日本人』講談社

沈伯俊［校理］（2009）.『三国演義』（名家批注図文本，全2冊）鳳凰出版社

杉村義太郎［編］（1927）.『新撰組永倉新八』小樽

鈴木　亨［編］（1999）.『新選組事典』中央公論新社

叢の会［編］（2006）.『草双紙事典』東京堂出版

立間祥介［訳］（2006）.『三国志演義』（改訂新版，1～4）徳間書店

田中尚子（2007）.『三国志享受史論考』汲古書院

徳田　武（1987）.『日本近世小説と中国小説』青裳堂書店

長尾直茂（2019）.『本邦における三国志演義受容の諸相』勉誠出版

中野三鷹子（1896）.「近藤勇の少年時代」『家庭雑誌』*76*: 17–24.

中村公一（1999）.『一番大吉！――おみくじのフォークロア』大修館書店

箱崎みどり（2019）.『愛と欲望の三国志』講談社

李忠澔（2009）.「江戸の楠正成像――浮世草子における好色化と当世化を中心に」『江戸文学』*41*: 69–86.

和田琢磨（2009）.「『太平記』を纏う仮名草子――『貧人太平記』を中心に」『江戸文学』*41*: 20–32.

# 11 清国留日学生が創刊した 『農桑学雑誌』について

王 怡然

## 1 はじめに

　清末にはじまった中国人による日本留学は，これまでに百年以上の歴史を有している。その黄金期を迎えた 1906 年頃の留学生数は，12,000 人にも達しているといわれている（李，2006：143）。まさに「留学運動」と表現しても過言ではあるまい。

　留学生が日本で展開した多種多様な活動のなかで，雑誌の創刊が特筆に値する活動の一つとされ，それに関しては様々な研究が行われている。しかし，清末の中国人が日本で創刊した雑誌数については諸説あり，27 点から 89 点まで，その見解にかなりの離齬があるのが現状である[1]。

　また，当時作られた雑誌の性格も様々であった。『湖北学生界』，『浙江潮』，『江蘇』，『雲南』，『河南』など，「同郷」の人びとによって作成されたものもあれば，『国民報』，『海外叢学録』，『遠東聞見録』など，総合的な雑誌として作成されたものも多くみられた。さらに『音楽小雑誌』，『医薬学』，『鉄路界』といった専門誌もあった。専門誌のうち，『農桑学雑誌』（1907）と『中国蚕糸業会報』（1909）は，近代農学・蚕学（以下では便宜上「農蚕学」と略記する）の知識を伝える雑誌であった。

　筆者は，蚕糸業を専攻する中国人留学生とその知識の近代中国への伝播に関する研究として，いままで学界で主題として論じられることのなかった『農桑学雑誌』を中心に，その書誌，内容，執筆者，および翻訳をめぐって基礎的な考察を進めたい。

---

1) 代表的な統計は発表順に以下の通り。① 27 点（1901–1910）（陳, 1935）。② 62 点（1898–1911）（さねとう, 1960）。③ 43 点（1899–1911），（李, 2003）。④ 54 点（1899–1911），李（2006）。⑤ 89 点（1900–1910），張（2015）。

## 2 『農桑学雑誌』の書誌

本誌は，在日清国留学生が 1907 年 6 月に日本で刊行した農蚕学に関する専門誌である。光緒三十三年四月廿一日（1907 年 6 月 13 日）付第 1 号（計 128 頁）と同六月十日（1907 年 7 月 20 日）付第 2 号（計 117 頁）しか確認できていないが，「三号已出」という広告から，3 号まで発刊されていたと推測できる [2]。本誌の第 1 号と 2 号に 14 条からなる「農桑学雑誌社簡章」が掲載されており，農桑教育を鼓吹し，国家の富強を講ずることを旨とし，毎月 15 日に百ページ余の月刊誌を発行すると規定している。事務所は暫定的に「日本群馬県多野郡藤岡町日清蚕業学校内」に置かれ，農科・蚕業両専門学校の留学生から，「北海道農科大学」9 人，「順気社日清蚕業学校」12 人，および「西原蚕業講習所」1 人が農桑学雑誌組合員となり，基金の管理，編集を担当すると記されている。

北海道農科大学は官製農科大学であり，1872 年に東京芝増上寺内に設立された開拓使仮学校がその前身である。それは札幌学校（1875），札幌農学校（1876）を経て，1907 年に東北帝国大学が設置されたのを機に，東北帝国大学農科大学へと昇格した。しかし，農科大学は北海道札幌区にあったため，北海道農科大学や北海道札幌農科大学などと呼ばれた。同校は，その後もめまぐるしく変遷したすえ，北海道大学農学部となって現在に至る。

日清蚕業学校（のちに「東亜蚕業学校」と改称）は，四川省留学生・劉安欽の積極的な働きで，順気社社長山口正太郎，およびその息子山口猿三の熱心な支援のもと，1906 年から 1909 年まで群馬県多野郡藤岡町（現・藤岡市）に存続した清国人

---

2) 『四川』（第 1 号 – 第 3 号，1908 年 1 月 –2 月再版に掲載，初版は未見）という川籍同盟会員が創刊した雑誌の広告「本社及各支社代派各報」に，『雲南雑誌』，『演話報』，『新女界』，『農桑雑誌』（原文のまま）4 誌が紹介されている。『農桑雑誌』については，「祖国以農桑名於全球，後人不事研究，新法未解，古意蕩然，乃及于貧。『農桑雑誌』憂之，爰集各大専門家，月出兹報。闡明旧理，輸入新法，是有功于国民者也。三号已出，全年十二冊，二元，半年六冊，一元。郵費毎冊一分」とある。しかし，『江西農報』第 9 期（1907 年 9 月 8 日），第 10 期（同 9 月 22 日）の冒頭「論説」欄に，「日本東京農桑学雑誌社杜用選来稿」として，杜用選の「立国大計論」が 2 回にわけて連載されている。この文章の末尾に，杜用選は，「立国大計論」は『農桑学雑誌』第 3 号に掲載する予定であるが，雑誌の刊行が遅延して，『江西農報』に投稿したという経緯を述べている。1907 年 9 月 8 日現時点では，『農桑学雑誌』第 3 号の公刊は期日どおりにできていなかったことがうかがえる。

留学生専門の私立蚕業学校である。修業年限は2年，1907年6月時点で70名以上の卒業者を送ったという（杜, 1907；津久井, 1994：346）。

　一方，西原蚕業講習所は，東京府下北豊島郡瀧ノ川村元西ヶ原（現，東京都北区西ヶ原）にあった東京蚕業講習所で，その前身は1884年に日本農商務省が創立した蚕病試験場である。1896年，それは蚕業講習所と改称され，1899年6月，京都蚕業講習所が創立されると，東京蚕業講習所と名称が変更された。その後，東京高等蚕糸学校（1914年），東京繊維専門学校（1944年），東京農工大学繊維学部（1949年）などの変遷を経て，1962年に繊維学部から工学部へと改称された。

　北海道農科大学，日清蚕業学校，東京蚕業講習所について簡単に紹介してきた。『農桑学雑誌』は，その三者すべてが関わり，なかでも，群馬県にある日清蚕業学校の留学生が主体となって，官製農科大学北海道農科大学と官製蚕糸業学校東京蚕業講習所の留学生の力を借りて，発足した雑誌である。

　本誌第1号の奥付に，詳細な情報が記載されている。「售雑誌価目表」（雑誌販売価格表），「広告価目表」（広告価格表）以外に，「編輯人兼発行人」には杜用選が当てられ，印刷人は榎本邦信，「編輯所」は日本群馬県多野郡藤岡町日清蚕業学校にある農桑学雑誌社，発行所は「東京小石川区西江戸川町廿一番地白石王石俠方」にある農桑学雑誌社，印刷所は（東京市）牛込区神楽町一丁目二番地に所在する翔鸞社とされている。編集は群馬県，印刷発行は東京という組織体制がわかる。

　そして各地の取次店も掲載されており，東京では，中国留学生会館，早稲田同文書店，神田富山房，神田中国書林，三省堂が，中国では，上海の中国公学および昌明公司，北京の瑠璃廠浣花書局があげられている。また，湖北の農務学堂，四川の成都高等学堂および合州蚕業公社，湖南の省城農務学堂，広東の広州府農務学堂，広西の梧州府蚕業学堂などの学校もリストに入っている。湖北，四川，湖南，広東，広西の同業者とのつながりの一端がうかがえる。『農桑学雑誌』がこれらのルートをつうじて，国内外に影響を及ぼしていったことは想像に難くない。

　ちなみに，本誌の発行部数について記しておく。光緒三十四年正月十五日（1908年2月16日）付の『漢口中西報』に，「東京留学界雑誌紀聞」という題の記事が掲載されている。それによると，

　　東京からの情報によると，上半期の留学界で毎月発行した雑誌は20種を下らないが，一年たたないうちに，半分は停刊してしまい，目下，発行しつづけ，ないし新しく創刊された雑誌はあわせて17種である。[3]

とある。同記事では，つづけて 17 種の雑誌について，その報名（雑誌名），編輯人，発行号数（発行号），銷售份数（発行部数）にわけてデータを公表している。うち，編輯人兼発行人が杜用選とされる『農桑学雑誌』については，2 号発行済みで 250 部（以下「部」は省略する）を発行して，それを上回る雑誌に，『民報』（12,000），『新女界』（10,000），『雲南』（5,000）以外に，『復報』（800），『衛生世界』（600），『牘報』（550），『天義報』（500），『医薬学報』（300），『新訳界』（300）などの 9 種が列挙されている。また，『農桑学雑誌』より発行部数の少ないのは 1 種（『政論』80），発行部数未詳・未記載は『四川』，『晋乗』，『河南』，『広西』などの 4 種となっている[4]。

1907 年頃，在日中国人や留学生の間で雑誌創刊のブームが到来したが，この記事は，「多産多死」ともいえる様子とともに，『農桑学雑誌』の発行部数を伝えている。

図 11-1　『農桑学雑誌』第一号の表紙（上海図書館データベース「晩清期刊全文数拠庫」による）

3）「東京函云，前半年留学界月刊之雑誌不下二十種。不満一載，停刊半数。目下続刊及新出者共十七種」。「東京留学界雑誌紀聞」，光緒三十四年正月十五日（1908 年 2 月 16 日）付『漢口中西報』。なお，同記事は，劉（1991：140-141）にも掲載されている。
4）前注参照。ただし，同記事では「農桑学雑誌」，「四川」，「河南」を，「農桑雑誌」「四川雑誌」「河南雑誌」と記している。

## 3　『農桑学雑誌』の内容

　本誌は，雑誌名に示されたとおり，農学および蚕学に関する専門誌である。その具体的な内容については，前掲「農桑学雑誌社簡章」第4条につぶさに記録されている。農学には，農業汎論，気象学，土壌学，植物生理学，植物栄養学，植物病理学，農用昆虫害虫学，普通作物栽培学，特用作物栽培学，畜産学，獣医学，農業経済学，農政学，農業法規学，農産製造学，農具製造学が包含され，蚕糸業には，養蚕論，蚕体解剖，蚕体生理，蚕体病理，蚕病消毒，蚕病予防，桑樹栽培，製糸論，製糸機械学，蚕糸業法規，細菌培養法，繊維学，顕微鏡使用法，蚕業経済が包含されている。杜用選をはじめとした編集者の農学および蚕糸業に対する認識が示されている。

　上記の内容を反映するために，本誌は，大きく汎論門，科学門，雑録門というコラムを設置している[5]。「汎論門」は論説に当たるもので，近代農蚕学の知識や近代中国の改革すべき見解が色濃く反映されたコラムである。「汎論門」所載文章は表11-1に示されたとおりである。計9点のうち，4番をのぞき，すべて杜用選の著ないし翻訳である。1番では，中国の農業史を，民生主義の農桑社会がきわめてすすんだ第一段階（殷周時代），それが後退した秦漢以降の第二段階，近代以降の西洋技術が中国を超越した第三段階に分け，近代農業の技術を取り入れながら，各国の農業進化した時代に伍することをつうじて，列強に虎視眈々されるのを防ぐと言っている。そして，2番から7番までは，峰村喜藏，渡辺繁三，吉池慶正など，日本人蚕糸業専門家の研究成果を生かしながら，中国農蚕業の中の長短を指摘し，それを改革しようとしている。また「農業団体論」では，農業を振興させるためには，日本のように民間で団体を作成することの必要性を力説し，「大地主論」では，農村建設における大地主の役割を論じている。

　「科学門」は，農蚕学に関する具体的な科学技術を論じるコラムである。表11-2は同コラムに掲載された文章である。1番から7番までは，気象学，土壌学，肥料学，植物学，作物栽培学，農用昆虫害虫学など，農業全般に応用できる技術を紹介している。また，桑樹栽培，養蚕法，蚕体解剖，蚕体生理，蚕体病理，蚕病消毒などに細分して蚕学を論じた文章は8番から15番までである。

　本誌の最後のコラムは「雑録門」で，文字どおり，様々な内容が含まれている。こ

---

5）第1号のみ「汎論門」の前に「図画門」が置かれ，「神農氏与皇帝元妃西陵氏肖像」，「順気社与日清蚕業学校写真」が掲載されている。

表 11-1 『農桑学雑誌』「汎論門」掲載記事一覧

| 番号 | 題　目 | 著訳者 | 掲載（号） |
|---|---|---|---|
| 1 | 農業進化論 | 杜用選著 | 1 |
| 2 | 支那蚕糸業大観論 | 峰村喜藏著，杜用選訳 | 1 |
| 3 | 農業以蚕糸為急務論 | 杜用選著 | 1 |
| 4 | 蚕業対於普通農事之利益論 | 舒興徳著 | 1 |
| 5 | 日本対清改良蚕業案論（未完） | 渡辺繁三著，杜用選訳 | 2 |
| 6 | 支那蚕業起原沿革及現今状況論 | 吉池慶正著，杜用選訳 | 2 |
| 7 | 日本各養蚕法優劣論 | 杜用選述 | 2 |
| 8 | 農業団体論 | 杜用選著 | 2 |
| 9 | 大地主論 | 杜用選著 | 2 |

筆者が『農桑学雑誌』（第 1 号・第 2 号）に基づいて整理した。

表 11-2 『農桑学雑誌』「科学門」掲載記事一覧

| 番号 | 題　目 | 著訳者 | 掲載（号） |
|---|---|---|---|
| 1 | 気象学（連載） | 鐘子建編述 | 1，2 |
| 2 | 土壌学（連載） | 賀守淦編述 | 1，2 |
| 3 | 肥料学（連載） | 陳思詳編述，舒興徳述 | 1，2 |
| 4 | 植物営養論 | 楊煕光編述 | 1 |
| 5 | 養蜂改良法（連載） | 牛獻周編述 | 1，2 |
| 6 | 農作物撰種播種法 | 杜用選述 | 2 |
| 7 | 捕殺秋苗害虫 | 鄭璜記 | 2 |
| 8 | 桑樹栽培（連載） | 鄭璜編述 | 1，2 |
| 9 | 栽培魯桑実験法 | 小野元兵衛著，杜用選訳 | 2 |
| 10 | 養蚕法（連載） | 劉安欽編述 | 1，2 |
| 11 | 蚕体生理学（連載） | 侯放編述 | 1，2 |
| 12 | 蚕体解剖学（連載） | 冠羣編述 | 1，2 |
| 13 | 蚕体病理学（連載） | 劉本編述 | 1，2 |
| 14 | 蚕病消毒（連載） | 彭洪毅編述 | 1，2 |
| 15 | 柞蚕之研究 | 佐佐木忠次郎著，佚名訳 | 2 |

筆者が『農桑学雑誌』（第 1 号・第 2 号）に基づいて整理した。

のコラムに掲載された文章を整理すると，表 11-3 のとおりとなる。

　「雑録門」では，内容的には，1 番から 9 番までが蚕糸業関係，10 が農業関係，11,

表 11-3　『農桑学雑誌』「雑録門」掲載記事一覧

| 番号 | 題　目 | 著訳者 | 掲載（号） |
|---|---|---|---|
| 1 | 順気社志 | 杜用選訳 | 1 |
| 2 | 創立日清蚕糸業学校記 | 杜用選記 | 1 |
| 3 | 日本駐渝領事報告四川蚕糸業書 | 劉安欽訳 | 1 |
| 4 | 陳太守志（峰村喜蔵『支那蚕業粋編』所収） | 鄭珍纂，莫友芝著，彭洪毅訳 | 1 |
| 5 | 諸君知農桑学業有独立性質乎 | 杜用選著 | 1 |
| 6 | 実験柞蚕論 | 丹羽四郎著，杜用選訳 | 2 |
| 7 | 警告留学生諸君暑假宜研究蚕業 | 杜用選著 | 2 |
| 8 | 日本各養蚕杜団体之規則 | 杜用選訳 | 2 |
| 9 | 詠蚕七絶五章 | 杜用選著 | 1 |
| 10 | 中国宜兼用太陽歴以利農 | 杜用選著 | 2 |
| 11 | 欲望之種類談 | 牛献周編述 | 1 |
| 12 | 農民之生涯 | 邱鵠談 | 2 |
| 付録 | 農桑学雑誌社簡章 | | 1，2 |
| 付録 | 農桑学雑誌及招股広告 | | 1 |

筆者が『農桑学雑誌』（第1号・第2号）に基づいて整理した。

12 がその他と大きく分類できるが，5番「諸君知農桑学業有独立性質乎」（2ページ），11番「欲望之種類談」（1ページ），12番「農民之生涯」（1．5ページ）のように，短いものが多いし[6]，1，2，8，9，14，15のように，内容が多岐にわたっていることがわかる。

　『農桑学雑誌』は，「本社は農桑科学およびそれと関係のある論説，雑録を編訳し，空談を逞しゅうせず，謬見を所持せぬ」と標榜している[7]。以上の紹介からもわかるように，三つのコラムの文章はそれぞれの役割を担い，初期の方針を貫いているといえる。

6)「雑録門」に入れられた「実験柞蚕論」（5ページ）は，文章の長さや内容から，「科学門」に入れてもよいであろう。
7)「本社編訳農桑科学及有関係之論説，雑録。不逞空談，不持謬見」。「農桑学雑誌社簡章」第三条。『農桑学雑誌』第1，2号。

# 4 『農桑学雑誌』の執筆者

　前述の「農桑学雑誌社簡章」14 条によると，本誌の「組合員」は「北海道農科大学」9 人，「順気社日清蚕業学校」12 人，および「西原蚕業講習所」1 人と，具体的な名前が示されている。次に第 1 号と第 2 号にもとづき，22 人の「組合員」の執筆状況を確認する。

　北海道農科大学からは，周慶慈，楊熙光[8]（以上，1 本，1 号），牛献周（2 本[9]，1,2 号）と 3 人の執筆者がみえる。そのうちの周慶慈は，『農桑学雑誌』に祝辞「祝農桑学雑誌初刊」を寄せた，唯一の存在で，留学生のなかで地位の高い人物であったと思われる。「北海道札幌農科大学歴城（現，山東省済南市歴城区）周慶慈」という署名や祝辞の中の「鄙人留学東瀛」（私は日本に留学中）という表現から，農科大学在学中の清国留学生であることがわかる[10]。その他については不詳である。

　「農桑学雑誌社簡章」所載名簿に，「肄業北海道農科大学」学生として，周秉琨，王之鑑，于樹楨，張幹廷（以上，山東省出身），岑兆麟，程修魯（以上，広西省出身），斉鼎熙（出身不明）[11] などの名もみえるが，寄稿は見当たらない。そして，筆者の調査では，周慶慈，張幹廷，程修魯を除き，周秉琨，王之鑑と斉鼎熙は上記の寄稿者楊熙光，牛献周とともに 1907 年度に，于樹楨と岑兆麟は 1909 年度に農芸科を卒業している。換言すれば，彼らは『農桑学雑誌』創刊時に北海道農科大学を卒業したばかりか入学したばかりの同窓生であった。

　『農桑学雑誌』の執筆者のなかで圧倒多数を占めたのは，群馬県に設置された日清

---

7) 「本社編訳農桑科学及有関係之論説，雑録。不逞空談，不持謬見」。「農桑学雑誌社簡章」第三条。『農桑学雑誌』第 1，2 号。

8) 「農桑学雑誌社簡章」所載の名簿では「楊光熙」とされる。

9) 牛の編述した記事「養蜂改良法」は表 11-2 に示したように『農桑学雑誌』1，2 号に掲載されているが，連載記事なのでここでは 1 点とカウントする。他の記事についても同様である。他の作者の記事の数え方も同様である。

10) 『清国留学会館第 5 次報告』（清国留学生会館，1904 年 12 月）には，「大坂高等工業学校」の官費生と記載されている。『清末各省官自費留日学生姓名表』（沈，1978）には，医学科第一年級聴講生，1909 年 9 月 18 日紹介入学と記載されている。

11) 周秉琨，王之鑑，張幹廷，程修魯については，『清国留学生会館第 5 次報告』による。于樹楨，岑兆麟については，『日本留学中国人名簿関係資料』（第 1 巻，龍渓書舎，2014 年）による。なお，程修魯は予備入校と記載され，岑兆麟は『清国留学生会館第 5 次報告』には「西京第三高等学校」（旧制官立高等学校の一つ。1949 年新制京都大学に統合。現，同学総合人間学部）と記載されている。

蚕業学校の留学生である[12]。四川省官費留学生杜用選（18 本），彭洪毅，鄭璜，四川省官費留学生劉安欽，四川省留学生舒興徳（以上，2 本），鐘子建，賀守淦，陳思祥，侯放[13]，劉本，四川省私費留学生邱鵠（以上，1 本）など，合わせて 11 人 32本であった。「農桑学雑誌社簡章」の名簿記載者のうち，白沛霖のみ未寄稿である。

　また，「西原蚕業講習所」の唯一の代表として，潘志憺の名もみえる。江蘇省出身の彼は，1907 年に東京蚕業講習所養蚕学科を卒業した本科生である。『農桑学雑誌』への寄稿は見当たらないが，のち，1909 年に東京で創立された中国蚕糸業会の初代会長に選出された。その他に『農桑学雑誌』第 1 号に「蚕体解剖学」を寄せた冠輦の身分は不詳である。

　『農桑学雑誌』の中心的な存在は，なんといっても杜用選（1872–？）である。32才のとき，拔貢[14]の身分で四川省西陽州から官費生として日本留学に派遣され（1904），2 年後，早稲田大学予科を卒業（1906），同旧暦十月，群馬県日清蚕業学校に入学した。1907 年，主要なメンバーとして『農桑学雑誌』を創刊，1909 年に東京で発足した中国蚕糸業会の書記幹事，副会長などを務めた。帰国後，1913–1914 年，四川公立農業専門学校長になる。彼はまた，留学中の 1905 年に東京で中国同盟会に加盟するなど（四川農大校史編写組，1991：222；西陽県志編纂委員会，2002：641–642；早稲田大学図書館所蔵『鴻跡帖』第 5 冊，1906–1908：59；沈，1978）[15]，蚕糸業のみならず，政治や社会にも非常に興味を抱いた人物である。杜用選は，『農桑学雑誌』の「編輯人兼発行人」として，「発刊詞」をはじめとして，「農業進化論」，「農業以蚕糸為急務論」，「農業団体論」，「大地主論」などの論説を著し，「雑録門」に「諸君知農桑学業有独立性質乎」，「警告留学生諸君暑假宜研究蚕業」，「中国宜兼用太陽歴以利農」「創立日清蚕糸業学校記」，などの文章を寄せた。また，「農作物撰種播種法」「日本各養蚕法優劣論」を編訳し，「支那蚕糸業大観論」，「日本対清改

---

12）「農桑学雑誌社簡章」には「順気社日清蚕業学校肄業」と記している。杜は 1906 年入学，劉安欽は 1906 年該校の創立者の一人，邱鵠は 1907 年に入学した。その他の学生の入学年に関しては未詳。そのため，執筆中の彼らは在学生か卒業生かは不明。

13）第 2 号の目次では「侯度」とされる。ここでは本文の署名と第 2 号「農桑学雑誌社簡章」所載の名簿による。

14）拔貢は一種の官吏登用試験。12 年ごとに各省の学生中の優秀なものを選抜して京師に送った。朝試の後「小京官」「知県」などの職が授けられた。

15）なお，西陽県志編纂委員会（2002：641–642）は「光緒三十二年（1906）冬回川抵酉」と記載しているが，杜が 1907 年，日本で『農桑学雑誌』を創刊したという事実を考えると，それは誤認であろう。

**図 11-2　左から上記執筆者の同窓生楊錫灝，執筆者鄭璜と舒興徳の写真**
（「山口正巳家文書　近代現代 H8-14-3-1」群馬県立文書館所蔵）

良蚕業案論」，「支那蚕業起原沿革及現今状況論」，「栽培魯桑実験法」，「順気社志」，
「実験柞蚕論」，「日本各養蚕杜団体之規則」を翻訳した。さらに，「詠蚕七絶五章」
のような蚕糸業に関する詩を詠った。

　このように，杜用選は第 1 号と第 2 号の 36 点の文章のうち，半分近くの 18 点も
執筆ないし翻訳して，『農桑学雑誌』を質量ともに支えた大黒柱といっても過言では
ない。

## 5　『農桑学雑誌』の翻訳

　『農桑学雑誌』所載の文章は，著，述，訳の 3 とおりに分けられる。「著」は，あ
らわすことで，「訳」は訳すことである。「述」は，「祖述・述作」のように，先人
の知識を受けつぎながら，自分の理解にもとづき伝える意味である。平たくいえば，
「著」と「訳」の中間にある編訳である。

　表 11-1 ～表 11-3 にリストアップされた各種の翻訳作品は 10 本あり，『農桑学雑
誌』所載文章 36 本のうち，4 分の 1 強を占めている。しかも，日本語からの翻訳ば
かりで，日本に倣って西洋発の近代的知を吸収し，中国の立ち遅れた農蚕学を振興
させようとする姿勢が現れている。

　まず，「汎論門」に 3 本ほどの翻訳があり，どれも杜用選が中国語に訳したもので

ある。「支那蚕糸業大観論」は，峰村喜藏の『清国蚕糸業大観』（弘文社，1904 年）からの抄訳である。長野県信州小県郡（現・長野県上田市の一部）生まれの峰村喜藏（1868–1907）は，農商務省西ヶ原蚕業試験場試験を卒業し（1892），長野県小県蚕業学校助教，南置賜郡蚕業学校長兼教諭を経て，1899 年 5 月，湖北農務学堂へ蚕学教習として赴任した。3 年後（1902）任期満了の帰国途中，明治政府の委託によって，清国の主要な蚕業地十余省を巡視した（南置賜郡蚕業学校，1897；峰村，1904；曲城，1907；長野県立小県甲種学校，1909）。『清国蚕糸業大観』はその復命書の骨幹である。本書は総論，栽桑業，養蚕業，製糸業，絹織物業，柞蚕業，蚕糸輸出ノ状況，蚕業教育，結論など 336 ページにおよぶ力作である。杜用選が翻訳したのは，そのうちの総論に当たる部分であるが，『農桑学雑誌』のなかで，12 ページ半におよぶ，最長の文章である。峰村のこの著作が重要視された証拠であろう。

　つぎに翻訳されたのは「日本対清改良蚕業案論」である。これは 1907 年 5 月（第180 号）から 1908 年 3 月（第 190 号）にかけて『大日本蚕糸会報』に連載された「対清蚕業案」という文章の「緒言」を翻訳したものである。著者「在上海東亜同文書院」渡辺繁三は，清国は土地も広く気候も養蚕に適しているのに，蚕糸業技術が遅れ，工場の管理や販売も下手であるうえ，経済的にすでに独立した国家ではなくなり，列国の植民地に陥りつつあると指摘し，日本の国益を図るために，清国の蚕糸業改良を指導し，清国から原料を輸入して日本で製造した絹製品や清国から輸入した過剰した原料を，海外に輸出すべきだという対清改良蚕業案を提出している。

　3 番目に翻訳されたのは，10 ページにわたる「支那蚕業起原沿革及現今状況論」である。著者吉池慶正は，山形県の出身で，峰村と同様に，西ヶ原蚕業試験場試験を卒業した（1888）。新潟県技手，競進社蚕業講習所教頭を経て，農商務省技手・技師（大蔵省印刷局，1907：286），全国養蚕組合連合会副会長を務めた（土金，2019）。彼の代表作ともいうべき『蚕糸業全書』（博文館，1894–95）は，蚕業汎論，栽桑編，養蚕編（上下），製糸編（上下）などの 6 編からなり，そのうちの第 1 編蚕業汎論では，第 1 章「緒言」，第 2 章「蚕業の起源沿革及現今の状態」（中国・イタリア・フランス），第 3 章「蚕業上の要素」（気候・土地・賃金），第 4 章「蚕業家の覚悟」（栽桑・採種・養蚕・製糸）となっている。その構成からもわかるように，吉池は世界的視野（中国・イタリア・フランス・日本）のある蚕糸業専門家である。杜用選は，第 1 編第 2 章「蚕業の起源沿革及現今の状態」の「支那」部分を完訳した。

　「汎論門」に載せられたこれら 3 本の翻訳作品には共通した特徴がある。それは清国蚕業に詳しい専門家が清国の蚕糸業を詳細に研究し，日本人の立場から見解

を述べており，訳者はその成果を翻訳したうえ，多くのコメントを記している，ということである。たとえば，峰村は清国の地勢，土質，人情風俗，栽桑，製蚕種，養蚕，製糸，柞蚕糸などにつき逐一分析し，どちらの要素も日本より恵まれているのに，「世界蚕糸国中最モ劣等ノ地位ニアルヲ免レス。豈独リ蚕糸業ノミ然ランヤ，諸般ノ文物制度悉ク然ラサルハナシ」と厳しく指摘したうえ，

> 想フニ清国今日ノ産業ハ未タ発達ノ萌芽ヲ顕サヽルモノニシテ，未タ睡眠ヲ覚破セサルモノナリ。所謂潜勢ノ姿トナリ。時機ノ到来ヲ得テ，当ニ顕勢ノ姿ト化セントスルモノナリ。真ニ恐ルヘキ蛟龍ノ潜伏地タリ。清国ノ生産力ニ富メル全世界未タ其比ヲ見サル所ニシテ，東洋ノ富力，実ニ此ニ存スルハ，均シク具眼者ノ認ムル所ナリ。彼一度睡眠ヲ覚破シ，文明国ノ智識ヲ輸入シ，旧来ノ陋弊ヲ掃蕩シ，滔々トシテ改良ノ緒ニ就カンカ。是レ所謂蛟龍時ヲ得テ天ニ登ルノ機ニ会シタルモノニシテ，蚕糸業ノ如キモ茲ニ始メテ刷新ヲ加ヘ大ニ世界ノ生糸界ニ雄飛スルニ至ラン。(峰村，1904：12)

という認識を示している。すなわち，こんにちの清国の産業は，まだ発達の芽を現さず，目覚めていない状態にあり，「潜勢の姿」となっているが，時機の到来をえれば，「顕勢の姿」に変わるものである。清国はまさに恐るべき蛟龍（古代中国の想像上の怪獣。雷雨をよぶとされる。）の潜伏地で，そのそなえている豊かな生産力は世界無比で，東洋の富の力は実にここに存する。この点について，見識のある人は皆認めている。清国は一度眠りから目覚め，文明国の知識を輸入し，旧来の陋習を除き，絶えず改良の緒につこうとすれば，それは蛟龍が時をえて天に登るチャンスにめぐりあったように，蚕糸業のようなものもここにはじめて刷新を加え，大いに世界の生糸界に雄飛するに至るのであろうと指摘している。

　杜用選はこの文章の冒頭に，「これは日本の峰村喜蔵氏が著した書で，我が国民の膏肓に至らんとする病を治療するための万金の良薬であり，我が国民の睡眠を覚破するための一喝だ。わが国民は優れた蚕糸業の歴史を知らない。知っていても言わない。知って言っても信じない。正に頑冥固陋なる下等な動物だ」[16] と当時の中国人が蚕糸業に頓着しない状況について激憤して言い捨てている。

　このようにみると，杜用選は日本の専門家の蚕糸業に関する知識を清国に伝えると同時に，「眠れる獅子」といわれる中国に刺激を与え，覚醒させようとしている狙いが一目瞭然である。

　これと同じ目的で翻訳されたのは，第1に，「雑録門」所載の「日本駐渝領事館報告四川蚕糸業書」である。これは「三十七年八月二十七日付在重慶帝国領事館報告」として，外務省通商局編纂『通商彙纂』（第84巻第54号，不二出版，明治37年10月）に掲載された「清国四川省蚕糸業情況」，明治37年10月20日付『大日本蚕糸会報』（149号）[17]に転載された「清国四川省の蚕糸業」を，劉安欽が翻訳したものである。在重慶日本領事館のこの報告によれば，近年，四川総督が官民をあげて養蚕業を振興するため，桑樹の植え付けに力を入れ，蚕務学堂を開いている。四川省の養蚕業の前途はますます有望である。加えて，商務部も蚕糸業を振興する意向があり，もし，各省が四川省に倣い，新学の改良方法を応用し，製糸業を奨励するならば，中国の蚕糸業は日本の生糸貿易の前途に影響をおよぼすではないか，と日本の同業者に警鐘を鳴らしている。しかし，劉は2ページにもおよぶ長いコメントを文末に書き記し，明治日本の蚕糸業の機運の高まりと反対に，四川省をはじめとした中国に存在するごまかしや利益のみを追求する現象などを枚挙し，激しく批判している。

　第2に，『農桑学雑誌』の「科学門」には，2点の翻訳が載せられている。まず，杜用選が訳した「栽培魯桑実験法」が注目すると，著者の小野元兵衛は，山梨県の養蚕農家に生まれ，1889年，パリで開催された万国博覧会に出品した繭が最高の金賞を獲得するなど，地元の養蚕技術を大いに発展させた専門家である。東山梨蚕業組合副委員長，山梨県養蚕教習所設置創立委員，山梨養蚕協会幹事，山梨農会農芸委員，東山梨農会幹事，山梨県議員などを歴任した（小林，1893）。小野は清国の魯桑などの優れた品種を日本に取り入れ，長年研鑽した経験を「魯桑栽培に関する実験」『大日本蚕糸会報』（166号，1906年3月[18]）に発表した。杜は，県下に於る魯

---

16)「是論為日本峰村喜蔵氏所著，乃鍼砭我国民膏肓之万金良薬，破覚我国民睡夢之當頭喝棒也。我国民席此偉大之業，既不能知，又不能言，有知之言之者，又不能聴信之，以自振抜。是誠冥頑不霊之下等動物耳。覧者必有感于斯文。」杜用選訳「支那蚕糸業大観総論」，『農桑学雑誌』第1号（翻訳は引用者による）。

17) 劉安欽が文末のコメントにおいて「是書見于明治三十九年日本蚕糸会報中」としているが，『大日本蚕糸会報』で確認した結果，明治37年10月20日付149号に転載されたことが判明した。

18) この文章は同じ時期に同じタイトルで（『蚕業新報』（155–156号，1906年2月–3月）にも連載されている。但し，多少の異同は見られた。筆者は『大日本蚕糸会報』を底本とする。なお，小野はその後，この文章をもとにして，『実験小野式魯桑栽培法風穴秋蚕飼育法』（丸山舎書籍部，1908）を公にした。

桑栽培の歴史，魯桑栽培の利益，魯桑の栽培法，桑苗及桑園改良の便法，耕耘と肥培，春蚕期に於る魯桑使用上の注意，結論などの 7 章をかいつまんで翻訳した。

また，翻訳者不詳の「拓蚕之研究」（出典未詳）もある。「理学博士佐佐木忠次郎」の著とされている，2 ページにもならない研究要旨に近い文章である。佐々木忠次郎（1857–1938）は，近代的養蚕技術導入の先駆者佐々木長淳の長男として福井市に生まれ，1881 年，東京大学理科大学生物学科第 1 期生として卒業したのち，駒場農学校助教授，教授を経て，東京帝国大学農学部教授となり，養蚕学・昆虫学の研究で多数の業績を残している。

さらに，「雑録門」所載の翻訳作品に「実験柞蚕論」があげられる。著者の丹羽四郎は，昆虫学者（丹羽, 1957），東京蚕業講習所の技手であった。『実験柞蚕論』（丸山舎, 1903）の著書があり，それは「緒論」，「野蚕蛾類」，「櫟樹栽培法」，「柞蚕の歴史」，「柞蚕の生代」，「柞蚕の飼育法」，「柞蚕の害敵」，「種撰処理及採種法」，「柞蚕糸の糸質」，「製糸法」，「柞蚕糸の精練及漂白法」，「付録　天蚕の一般」など 12 章77 ページからなる。杜用選は，そのうちの著者の序文から第 1 章緒論の 6 ページまでを完訳した。

上記で触れた魯桑は，「桑の王様」として高く評価され，また柘蚕や柞蚕は中国特有の優れた蚕の品種であるが，それを知らない中国人が多くいるため，『農桑学雑誌』では，日本側の研究成果の紹介をつうじて，中国国民にその価値を再認識してもらおうという目的が潜んでいるようである。

第 3 に，「雑録門」には「順気社志」や「日本各養蚕杜団体之規則」もあり，ともに杜用選の翻訳である。順気社は明治 20 年（1887）9 月群馬県多野郡（現，藤岡市）に創立された蚕糸業株式法人で，その設立，趣意，活動（製種，繭糸，研究会），組織（研究所，事務所，社員，生徒，役員）などの事績が詳述されている。また「日本各養蚕杜団体之規則」は，総則，入社，役員，役員の職務，研究所，教授員，帳簿，処理蚕種，罰則など 9 章 12 ページの長さにわたって，書式をつけて詳細に紹介されている。順気社など民間団体の具体例をあげ，その規則まで詳しく紹介していることに，杜用選をはじめとした留学生が，中国にもこのような民間団体が誕生することを切望している熱意が感じられる。

「雑録門」には「陳太守志」の翻訳もみられる。これは峰村喜藏『支那蚕業粋編』に載せられた鄭珍纂，莫友芝注の『樗繭譜』の冒頭に当たる部分で，清乾隆年間遵義知府（太守）を務めた陳玉壂が，農民のために蚕業に力を入れて養蚕事業を成功させた功績が記録されている。彭洪毅が翻訳を担当し，杜用選がコメントを書いて，

中国にも陳太守のような蚕糸業改革に尽力した役人がいたことを紹介しようとしている。

## 6　おわりに

　以上，『農桑学雑誌』をめぐって，その書誌，内容，執筆者，およびそこに掲載された翻訳について紹介してきた。『農桑学雑誌』は，1907年に在日留学生が創刊した最初の農蚕学専門誌であり，月刊誌の方針であるが，現在のところ確認できたのは，1907年6月13日付第1号と同7月20日付第2号だけである。

　36本ほどの文章は，汎論門，科学門，雑録門に掲載されているが，「汎論門」に掲載された9本ほどの論説文が，近代中国の農蚕学改革に対する見解を述べているのに対し，気象，土壌，肥料，栽桑，魯桑，蚕種（生理学，解剖学，病理学，消毒，柞蚕）といった具体的な対象を学問的に研究したのは，「科学門」所載の15本の文章である。また，「雑録門」に掲載された12本の文章は，上記両コラムを補完する役割を果たしている。このように，コラムの設置やその文章からも，『農桑学雑誌』の一貫した編集方針が明らかになる。

　そして，本誌は北海道農科大学，群馬県日清蚕業学校，東京蚕業講習所の留学生により運営されているが，執筆者が最多を占めたのは，日清蚕業学校の学生で，とりわけ約半数の文章を執筆した杜用選が，『農桑学雑誌』を支えた中心的な存在であったことがわかる。

　最後に，『農桑学雑誌』所載のこれら10本ほどの翻訳は，日本人専門家による農蚕学に関する知識を中国人に伝えるとともに，「眠れる獅子」といわれた清末の民衆に刺激を与え，中国の農蚕業を危機から救い出そうとする狙いがみてとれる。

　『農桑学雑誌』は，清末の早い時機に，近代農蚕学を学習するために来日した留学生たちが創刊した専門誌である。今回は紙幅の制限のため，基礎作業にとどめたが，後日，『中国蚕糸業会報』も含め，内容の分析などをつうじて，中国人留学生たちがいかにして近代農蚕学の知を日本から祖国に向けて発信したのか，という課題について稿を改めたい。

【引用・参考文献】
大蔵省印刷局［編］（1907）．『官報』1907年3月12日

小野元兵衛（1906a）.「魯桑栽培に関する実験」『大日本蚕糸会報』166号，1906年3月

小野元兵衛（1906b）.「魯桑栽培に関する実験」『蚕業新報』155-156号，1906年2月〜3月

小野元兵衛（1908）.『実験小野式魯桑栽培法風穴秋蚕飼育法』丸山舎書籍部

曲城（1907）.「嗚呼峯村先生」『産業会会報』第8号

小林喜太郎（1893）.『山梨蚕業家略伝』朝井村（山梨県）

さねとう・けいしゅう（1960）.『中国人日本留学史』くろしお出版

四川農大校史編写組（1991）.『四川農業大学史稿1906-1990』四川農業大学出版社

酉陽県志編纂委員会（2002）.『酉陽県志』重慶出版社

張月（2015）.『中国人留日学生雑誌研究（1900-10）──日本からの影響を中心に』華東師範大学修士論文

陳固廷（1935）.「留東学界出版物小史」『留東学報』第1巻第2・3期合刊，東京留東学報社

津久井弘光（1994）.「清末留日学生と信濃蚕業学校」『清代史論叢』汲古書院

土金（土井）師子（2019）.「明治前期における中央蚕業技術者──蚕業試験場を中心に」『日本女子大学大学院文学研究科紀要』25

杜用選（1907）.「創立日清蚕糸業学校記」『農桑学雑誌』1

長野県立小県甲種蚕業学校［編］（1909）『長野県立小県甲種蚕業学校十六年要報』産業会

南置賜郡蚕業学校（1897）『明治30年南置賜郡蚕業学校第2回報告書』南置賜郡蚕業学校

丹羽四郎（1957）.「日本昆虫界むかし話──明治38年の"日本昆虫学会"のことなど」『昆蟲』25（4）

峰村喜藏（1904）.「支那地方に於ける蚕業」『松代勧業社月報』24

李喜所（2003）.「清末的留日学生運動」同『中国近代社会与文化研究』人民出版社

李喜所（2006）.『近代留学生与中外文化』天津教育出版社

劉望齢（1991）.『黒血・金鼓──辛亥前後湖北報刊史事長編』湖北教育出版社


『漢口中西報』光緒三十四年正月十五日（1908年2月16日）

『江西農報』第9期〜第10期，江西農工商鉱局農事試験場，1907年9月

『四川』第1号〜第3号，四川雑誌社，1908年1月〜2月再版発行

「清国四川省の蚕糸業」，『大日本蚕糸会報』149，大日本蚕糸会，1904年10月20日

『清国留学会館第5次報告』，清国留学会館，1904年12月

『清末各省官自費留日学生姓名表』，沈雲龍［主編］『近代中国史料叢刊続編第五十輯』文海出版社，1978年

『日本留学中国人名簿関係資料』復刻版第1巻，龍渓書舎，2014年

『農桑学雑誌』第1号〜2号，農桑学雑誌社，1907年6月〜7月

早稲田大学図書館所蔵『鴻跡帖』第5冊，1906-1908年

# 12 『地球の歩き方 中国』における「旅」から「観光」，そして文化伝播の痕跡

江藤 茂博

## 1 はじめに

　モノやコトとなった文化のなかでの存在が，やがて長い年月をかけて別の文化に取り入れられることもある。それらは，もとの文化での原型を留めることなく，まったく別の意味や価値をもつモノやコトになる場合もあれば，由来の意味や姿をそのまま保つ場合もあるだろう。たとえば，紙などの媒体文化やお茶などの食文化でのモノやコトなどでは，その意味や価値をあまり変えていないようではあるが，それでもその取り扱われ方などに，その伝播の軌跡を明確に示していることもある。文化でのモノやコトの意味や価値を改めて眺めてみると，出自とは異なった文化のなかでのそのままの姿が，逆に長い時間の流れを示していることもあれば，ゆっくりと熟成して新たな姿をみせていることもあるということだ。

　やがて近代社会に推移するとモノやコトの伝播の速度は早くなり，それだけ出自の文化での意味や姿を含めた原型を，そのまま別の文化のなかでも留めている傾向が強い。もちろん，そうした傾向が強いとはいえ，受け入れる側の文化的なフィルタリングも機能して変化変容することもあるだろうし，逆に受け入れる側の文化そのものを変化変容させてしまうこともあるだろう。それでも，世界同時性が現前化された現在のメディア社会では，一つの文化が他の文化へと伝播する軌跡を掴むことが難しくなっている。そもそも軌跡が存在するのだろうか。この世界同時性のなかでは，モノやコトの転移・移動にさほどコストがかからなくなったからだ。デジタル化社会になると，異文化からのモノやコトがすぐに移し替えられ，さらにはそれらによって先行するモノやコトを上書きしていくような，いわゆる伝播の瞬時性というものが登場したのである。常に新しいものへと関心を向けつづけることが知の領域だとする皮相な学問言説も，それと共犯関係をもちやすくなってしまった。伝播

の瞬時性は，具体的なモノだけでなく，抽象的な概念であってもすぐに上書きしてしまう。そして，こうした伝播の瞬時性はまた，ただでさえ見えにくくなった文化的緊張を，それと気がつくことができないものにしてしまう。伝播の瞬時性という新たな現象は，文化的緊張を，知的な緊張と共に不可視化しているのである。身近な例としては，世界同時性のなかで，空港のシステムやショッピングモールなどにみられるように，いわば近代合理主義が文化＝制度的な統合を強要しているのだ。

　ささやかなモノやコトが伝播する時に生まれる文化的緊張，あるいはもっと長いスパンではモノやコトの異文化における熟成といったものを，私はあえてここでは文字資料から手に入れようと思う。具体的には，旅に関する現象の世界的な拡がりのなかでの，それと重なるモノやコトの変化変容についての記述を使うことになる。この場合，ここで私が向かいたいのは，『地球の歩き方 中国』の「上海」記述である。実は，1990 年代末からの上海の変貌については興味があって，私はすでに文章を書いている。そこでは，2000 年代の上海の様子を素描したのだ。そして，さらに2010 年代も，私は年に数回は中国を訪問しつづけていた。以前と異なり，この 2010年代には，上海よりは浙江省の方に行くことが多くなった。それでも，上海にも足を延ばすこともあった。そうした個人的な背景も，また『地球の歩き方 中国』の「上海」記述についての関心へと私を向かわせた理由の一つである。

## 2 　文化の伝播の新しいかたち

　少し時間を戻すことになるが，私がいわゆる海賊版というモノに関心をもったのは，実際に路上で粗悪なコピー商品をみてからのことである。もちろんそれは 1980年代の日本における光景だった。ギャグとしか思えないブランドロゴの T シャツが露店に並んでいるのを，もちろん自身で買うことはなかったにせよ，よく路上でみかけたものである。また，そうした文化受容が奇妙な姿だったからこそ，私の関心がそこに向かうことになったのは確かである。実は私は以前の文章で『月刊 アウト』（みのり書房）の「1978 年 10 月号」を取り上げていて，この雑誌は海賊版「を大きく取り上げた最初ではなかったかと思う。そこでの特集名は「海外徹底取材‼ これがウワサの海賊版だ」」と書き，「なんと特集記事に三十六ページも割いていた」ことを紹介していた[1]。ただ，この 80 年頃の違法コピーに関する人びとの関心は，70年代末頃から急速に広まったレンタルレコード（貸しアナログレコード）ショップの登場による話題からのものだろう。利用客は，レコードを音源としてテープに音

楽曲をダビングしていたことと，そのために著作権の問題が社会的に取り上げられていたからだ。また，この80年代は，レンタルレコードに続き，レンタルビデオ店が広がる時代でもあった。そこでも，個人的なダビングによる複製は行われていただろうから，海賊版文化は人びとの意識のなかではいわば常態化していたのだ。複製機器の広がりとそれらを追いかける知財法の整備[2]という社会環境のなかで，著作権等の意識が人びとのなかで構築されていくのは，この80年代だった。

90年代に入ると，バブル経済の波に乗って数多くの各種高級ブランド品が日本に紹介されるとともに，それら高級ブランド商品の精巧なコピーも海外から持ち込まれていた。東アジアからのお土産というかたちで，コピー商品が持ち込まれたのだ。こうした現象は，文化の伝播というものが，商品経済社会と技術力の広がりによって世界同時性をもってきたということではないだろうか。この場合，質の問題はもちろん別である。とにもかくにも，複製の技術あるいは複製を目指して技術力は広がり，質あるいは意味や価値の問題は別として，文化というものがそのまま国境を容易に越えてしまう時代になったということである。

やがて，そのブランドのコンテンツではなく同じ意味や役割（価値）も伝播していくことになる。つまりそれが偽物であっても，コト（意味）として共有されるようになった文化では，当然著作権という国境を越えた社会問題が顕在化することになるのだ。

## 3　『地球の歩き方』と『るるぶ』が示す「旅」から「観光」へ

2016年に通巻5000号を記録した「旅行ガイドブック」である『るるぶ』は，1973年に雑誌『旅』の別冊として発行されるが，その後の月刊誌化を経て，1984年に「る

---

1) 江藤（2008）では，東アジアの「ニセモノ」の広がりを調べた文章を載せた。ただ，数量的なデータを調査したということではなく，個人で現地に赴き，私的な視点からその様子を描いた。また，ここでは，さらに，同じく『月刊アウト』（みのり書房）の「1978年10月号」を取り上げて，「カラーグラビアでは，海賊版日本マンガを紹介し，本物のマンガ本と比較，さらに，出版社編集部や漫画家からのコメントを掲載していた。それだけにとどまらず，なんと著作権法の解説や「台湾留学生」のエッセイも，その特集ページに加えられていた」とも書いていた。
2) 一般的に指摘されるように，レーガン米大統領に提出された「産業競争力委員会」による「ヤングレポート」（1985年）では，当時のアメリカ社会において知的財産の保護が十分ではないとされた。そして，その後は知財保護の政策が打ち出されていく。

るぶ情報版」の通巻1号として『るるぶ京都』が「JTB出版事業局」（現「株式会社 JTBパブリッシング」）から刊行された。「情報」という表現もそうなのだが，この 書籍の名称「るるぶ」が示す「見る」「食べる」「遊ぶ」は，旅が消費観光に移り変わ ることを象徴するものだった。たとえば，1967年に五木寛之が青年誌「『WEEKLY 平凡パンチ』3月27日号」（1967）に連載開始した小説『青年は荒野をめざす』[3] は，60年代当時若者の間で流行っていた無銭旅行や海外貧乏旅行[4]を背景にしたも のであり，やがてこうした「自分自身で旅の行き先やルートを決め，そのために必 要な手続きや準備を行う」（遠藤，2007）旅行者は，バックパッカーと呼ばれるよう になる。

　個人旅行のための観光ガイドブック『地球の歩き方』が登場するのは，1979年 の「ヨーロッパ」編と「アメリカ」編の2冊からであった。1966年までの海外渡航 制限[5]もなくなっていたが，まだ1971年までは1ドル360円という固定相場だっ た。しかし，変動相場制[6]に移ると，この『地球の歩き方』が刊行された1970年 代の後半には，1ドル200円前後に変動した。そうした円高傾向が海外旅行の割安 感を招いたということもあり，この70年代は海外旅行が一般化していく時代でも あったのだ。ただ，ヨーロッパやアメリカは，当時の円高ということもあり，もは やショッピングを含めた観光をする場所となった。無銭旅行や海外貧乏旅行ができ る場所としては，若者はアジアやアフリカに目を向けはじめていたのである。つま り，このバックパッカー文化のその後としては，80年代には『地球の歩き方』創刊 による新たなバイブルを得て，さらに1986年から92年にかけて刊行された沢木耕 太郎の紀行小説『深夜特急』の影響を受け，若者の貧乏旅はつづく。『深夜特急』と いう作品も香港やバンコクを経て，インドに向かい，そこからロンドンへのバスを 使った一人旅をするという，バックパッカーとしてのアジア体験を作品化したもの であった。

---

3) この小説で主人公ジュンは，10万円をためて，「外国を放浪」する旅にでた。
4) この期の出版物として，グルーバー（1962）や栗原（1970）などが，その流行を示して いる。
5) 海外渡航制限については，1964年4月1日から，年に1回という回数制限と外貨持ち出 し制限付きで日本人の海外渡航が自由化された。
6) 第二次世界大戦後は1ドル＝360円の固定相場が長く続き，1970年代前半に1ドル＝ 308円にドルが切り下げられたが，1973年4月，変動相場制に移行した。

## 4　『地球の歩き方 中国』で表象される「旅する上海」

　この『地球の歩き方』で「中国編」が登場したのは，1984 年であった。「見る」
「食べる」「遊ぶ」の「るるぶ情報版『るるぶ京都』」が刊行されたのと同じ年だ。日
本の国内各地は，もはや旅による情報消費のための観光地となり，バックパッカー
文化を重ねられるような地域は少なくなっていたのだろう。バックパッカーの旅は，
それが書物となり，紀行文学となり得るという意味で「文学的」なものだというこ
とができる。ただ，『地球の歩き方 中国』の『1984 年』版から『1987 年〜1988 年』
改訂新版までの上海の記述をたどる前に，簡単に当時の中国の事情を確認するなら
ば，1980 年から，経済特別区 [7] と対外開放沿海都市 [8] を設置し，外貨を稼ぐため
の体制が整えられた時代である。『地球の歩き方 中国』がはじめて刊行されたのは，
沿海都市を開放した 1984 年のことである。

　『地球の歩き方 中国』の改訂版はほぼ毎年発行されてきたが，ここでは 1986 年の
春と夏の「中国フリーツアー参加者 200 人の体験談」[9] をもとにして反映されたと
いう『1987 年〜1988 年』改訂新版を，とくに取りあげてみようと思う。

　旅をするという非日常の異質な世界のなかで自己のありかたが問い直されてし
まう行動と，文学を読むという非日常的な表現世界のなかで自己のありかたが問い
直されてしまう行為とは，ともに，どこか自らを問う修業にも似たものではないか。
旅という行為では，非日常的な空間（イメージ）から自分の存在というものが揺る
がされてしまうとすれば，文学を読むこと（あるいは表現すること）でも，非日常
的な空間（イメージ）から自分の存在というものが揺るがされてしまう。そうだと
すれば，旅でさまよい歩く実際の非日常的な空間（イメージ）も，文学で読みさま
よう表現された非日常的な空間（イメージ）も，空間についての言葉と物語にあふ
れた世界がそこには屹立しているのではないだろうか。

　そのためなのか，この上海の紹介は金子光晴による『どくろ杯』の長い引用——

---

7）経済特別区とは，中国が外国資本や技術を導入するために 1980 年に設けた開放政策を
　採る特別な地域。
8）沿海開放都市とは，14 の沿海都市を 1984 年に開放政策を採る特別の都市とした。上海
　は，その 14 の都市のひとつである。
9）ここでは『地球の歩き方⑥中国　1987〜88 年』の最終ページにある「本書は 86 年春に，
　DST の中国フリーツアーに参加した，200 人の体験談をもとに作られています」とある
　ことを基にした。

「街の体臭も強くなった。その臭気は性と，生死の不安を底につきまぜた，蕩尽に
まかせた欲望の，たえず亡びながら滲んでくる悩乱するような，酸っぱい人間臭で
あった」──にはじまり，そして「共同租界」という日中の間での歴史的な話題，さ
らに上海を舞台とした小説を描いた，永井荷風や武田泰淳や堀田善衛ら日本人作家
の紹介とつづいていた。ただ，「魔都」や「不夜城」といった「上海の面影は」「い
まや殆どそのイメージとしての原形を留めていない」というが，「しかし，50年前
のあの「街の体臭」は今も残っている」というのである。さらにこの案内者は，上
海を「人間の街」と呼ぶ。ここでは，上海という街を，きわめて人びとの「生活」
と結びつけて表象しているのだった。街にあふれる「無数の人の群れ」，「南京東路
の雑踏」，「朝霧をついて走る自転車の洪水」，「徹底的にやりあう口喧嘩」，「エネル
ギー」を上海の「不思議な魅力」として『地球の歩き方』の記事は取りあげていた。

　もちろんこの時代の上海には地下鉄はない。旅行客は，上海の北駅に降り立ち，
「バスかトロリーを存分に利用」することが勧められている。駅の「ホームは人の波。
天秤棒を担ぐ農夫，両手に土産をつるした帰省客。その特有の熱気と迫力に圧倒さ
れることなく，キミもさあ歩き出そう」という。そして，駅前広場から，旅行客は，
確かにバスかトロリーに乗り込むことになる。「上海市内には，バス，トロリーあわ
せて計230もの路線があり，毎日朝4時から，夜12時すぎまで走っている」「庶民
の足」だからだ。この上海の街は，旅人にとって非日常的で異質な空間であり，つ
きつけられるのは自らの日常に安穏としていた「私」なのである。「無銭旅行」や
「貧乏旅行」にも似た，この土地の生活者とは異質な価値観を持つ旅人としての自己
を見出すことになる。そして，ここにあふれるコトやモノの意味は，まだ既知のも
のとは十分に重ならない，得体のしれないコトやモノではなかったろうか。

## 5　『地球の歩き方 中国』で表象される「観光する上海」

　『地球の歩き方 中国』は，さらに1993年9月1日に「改訂新版」として発行され
た。この『地球の歩き方 中国 '94〜'95』版では，先の金子光晴の文章の引用は消え
ている。上海イメージは，これまでと同じく「人間の町」として表現はされてはい
るものの，ここでは新たに「街中には，中国の近代化を象徴するかのような巨大な
ビルが林立し，一方，中世ヨーロッパの雰囲気を残す石造りの洋館，庶民の生活そ
のものの裏路地が違和感なく共存している。その隙間を行き交う無数の人の群れの
なかに，上海のすべてが集結されている」と書き加えられていた。上海の大きな変

化がここに影響したことは間違いない。そしてその変化は，「ウォークマンを耳に街を歩く若者たちの姿にかつての中国のイメージはない」と書かなければならないほどであり，金子光晴の文章の引用とともにあった「街の体臭」は消されてしまった。もちろん，中国だけが変貌したのではない。たしかに，沢木耕太郎の『深夜特急』が1986年から刊行がはじまったにせよ，翌87年に「るるぶ情報版」全国県別版の刊行がはじまったのである。それだけでなく，はじめての海外版として『るるぶ香港 マカオ 広州 桂林』が刊行されている。もはやバックパッカーの文化を，東アジアに重ねることもだんだん危うくなってきたのだ。様々に並べられた商品を消費する観光が，いよいよ中国でもその触手を伸ばしはじめたのだ。

　このことは，中国の政策に合わせた上海の変化とも呼応している。1997年11月1日に発行された「改訂第11版第2刷」（第1刷未見）の『地球の歩き方 中国 '97〜'98』版では，上海の「街は，この開発の余波か，景気が良く，人びとの生活も向上した。しかしその反面，外地から出稼ぎに来た労働者が，職にありつけず浮浪化する現象（流民）も見られる。それと共に，無くなっていたはずの犯罪組織（黒社会と呼ばれる）がすでに復活したことを知っておくべきだろう。一般の人びとの生活レベルはかなり高く，衣・食はすでに十分条件を満たし，ようやく「礼節を知る」レベルになってきたと言われる」と書かれていた。かなりネガティブな表現が組み込まれていたが，翌年の版では削除されている。

　その1998年4月3日の「改訂第12版第1刷」の『地球の歩き方 中国 '98〜'99』版では，「古さと新しさの混然とする上海」という表現で，これまでの上海イメージを引継ぎながらも，「現在は，中国で最先端を走る，もっともホットでエキサイティングな都市となっている」ことを強調していた。「租界時代」を残す「バンド（外灘）」と「伝統的上海」の「豫園」を観光地として対比させ，また「淮海路」と「南京路」を「二つの巨大な繁華街」として紹介していた。ここでは再び「魔都」という言葉は出てくるものの，それはもはや過去のことでしかなかった。そして，この版に書かれ，さらに21世紀はじめの『地球の歩き方 中国』までつづく上海の表現として，「南京路は，そのネオンサインの多さに，香港と勘違いしてしまいそうだ。どちらの通りにも，ずらりと外国ブランドショップやレストランが並ぶ」という箇所がある。もはや，上海で売られているブランドコンテンツは，国境を越えて，当然ではあるが同じ意味と価値をもつものとしてお店に並べられてある。1984年の上海の開放政策に1993年の『地球の歩き方 中国1994〜95』版を重ねると，ほぼ10年間で，海外のモノとコトが上海に転移・伝播したことになる。それと同時に，

「ニセモノ」という意識すらなかったはずの真似たモノやコトが，知財法に違反する違法コピー商品というモノやコトに変貌した。偽ブランド商品が市場でたくさん売られていたのである。

　さて，この時期から，上海はさらに世界中の観光客がショッピングする街となり，これまでの旅が，情報や商品を消費する観光に変わってしまうことになった。さらに21世紀に入ると，2001年に開通した地下鉄2号線も組み込まれた『地球の歩き方 中国2001 〜 2002版』ではあったが，その内容が前年度版と大きく変わるところはなかった。中国の経済成長のもと，上海の表現はその見出しも，「中国の最先端を走るメトロポリス」とあり，「中国最大の国際都市」が強調され，「租界地としての古さと，近年の経済発展による新しさが，混然一体となって成立している」都市だと書かれ，「アジアでもっとも魅力的かつ危険な魔都」はもちろん過去のこととされているが，「中国で最先端を走るエキサイティングな都市」という見方は変化していない。そして，上海全体を10のエリアに分けて，地域の概略と観光スポットを案内している。『地球の歩き方 中国2002 〜 2003版』でも，上海の表現の見出しは，「中国の最先端を走るメトロポリス」のままである。さらに地下鉄3号線が組み込まれているが，しかし，上海全体の説明は変わらないと考えてよい。観光案内としての機能もほぼ同じである。『地球の歩き方 中国2000 〜 2001』版から登場した「上海で最も有名な骨董店」であるとする「上海文物商店」の紹介では，「へたな博物館よりもずっと貴重な文物があ」るとし，「もともと国営商店だったので，偽物が比較的少なく」とも書かれるようになる。この頃から，上海を訪れる人びとはショッピングが目的となってきたことの証左となるだろう。なお，『地球の歩き方 中国2003 〜 2004版』では，「上海文物商店」の紹介は消えている。しかし観光情報が少なくなったわけではない。個人的な感想ではあるが，この時期，上海を訪れるたびに，観光客のための店は増えていくという実感があった。観光客の変化によって，情報収集の方向性，つまりは『地球の歩き方 中国』編集自体の揺らぎがあったのかもしれない。

　『地球の歩き方 中国2006 〜 2007』版からは，上海の見出しが「中国経済を牽引するメトロポリス」となる。また，ホテルやレストランは，それぞれの写真が入り，情報誌としての体裁が大きく整えられた。これは，『地球の歩き方 中国』の「るるぶ」化であり，最初期のそれには必ず記してあった不便なトイレ事情の話題などは，この間の文化統合の力学が消し去っていったのである。いわゆる旅をすることからこうした「るるぶ」片手の観光へと推移するなかで，はっきりと消費観光が登場す

るには，繰り返しになるが，「ニセモノ」という意識すら無かった筈の真似たモノやコトが，知財法に違反する偽物商品というモノやコトに変貌するという文化的な価値観の展開がここにあったのだ。そのことを背景にして，『地球の歩き方 中国』の表現やレイアウトの変遷から，20世紀末に上海での旅が観光へと推移していく痕跡を，私はここでたどってみたのである。

【引用・参考文献】

五木寛之（1967）．『青年は荒野をめざす』初出の他に（1971）『新装版』文芸春秋

江藤茂博（2008）．『オタク文化と蔓延する「ニセモノ」ビジネス』戎光祥出版

遠藤秀樹（2007）．『観光社会学の歩き方』春風社

栗原富雄（1970）．『海外無銭旅行のすすめ』日本文芸社

グルーバー，F.／新庄哲夫［訳］（1962）．『日本人のための無銭旅行入門――たった2万円で世界をめぐる法』カッパブックス

沢木耕太郎（1986）．『深夜特急　第一便』新潮社

『地球の歩き方 中国』各年度（1979年〜2018年）版 ダイヤモンド・ビック社

『地球の歩き方　成功する留学　'96〜'97版 中国・アジア留学』（1995）．ダイヤモンド・ビック社

『地球の暮らし方⑥　2001〜2002版 中国』改訂第4版（2001）．ダイヤモンド・ビック社

『WEEKLY 平凡パンチ』3月27日号（1967）．平凡出版株式会社

## コラム：中国朝鮮族における延辺テレビの意味 [1]

李 文哲・朴 銀姫

「民族」という単語が中国ではじめて使われたのは 1903 年，梁啓超がドイツの学者の民族概念に関する文章を翻訳してからである。「民族」は英語の「エスニック（ethnic）」に相当する用語である。たとえば「民族正体性」は「エスニック・アイデンティティ（ethnic identity）」，民族学は「エスノロジー（ethnology）」に相当する。ところが，中国では「民族」は英語の「ネイション（nation）」に対応している [2]。ネイションは，国民，国家，民族などという言葉に翻訳できるが，ここでの民族は一般民族ではなく政治的領土と関係する民族概念である。したがって，中国で使われている「民族」という用語は，複合的な概念，つまりは「国家＋民族」である。

中国朝鮮族は「高麗人」，「韓国人」，「朝鮮人」，「韓国居留民」，「朝鮮民族」，「朝鮮人民」などと呼ばれてきた。1949 年 9 月の中国人民政治協商会議の開催，そして 1952 年 9 月の延辺朝鮮族自治州の成立により，中国少数民族としての朝鮮族共同体が形成され，以後「朝鮮族」と呼ばれるようになった。中国での「中華民族」概念を「公定ナショナリズム」，朝鮮族を含む 55 の少数民族「族群」を「民衆の俗語ナショナリズム」として理解することも可能であろう。中国朝鮮族言論は，中国国内で朝鮮族に必要な情報の提供を行い，朝鮮半島と朝鮮族間の文化衝撃を和らげることで，民族アイデンティティを維持しようと努力してきた。つまり，民族言語を媒介として朝鮮・韓民族共同性としての一体感を形成するのに寄与してきた。延辺朝鮮族自治州の朝鮮族が多く住んでいる都市では今でもなお朝鮮語が共通語である。おもな朝鮮族言論のメディアとしては延辺テレビをあげることができる。

ジェームズ・ケアリーによると，大部分のマスコミュニケーションは人びとを共存させるように働きかけ，根底にある物事の連続性を保証するという慣例的（ritual）な意味をもつと主張される。これはアレグザンダーによる主張――マスコミュニケーションをつうじて人びとが社会を可視化し，

---

1）本コラムは李（2010）を元に再構成したものである。
2）『中国大百科事典』民族巻を参照。

社会と連結されていると認識し，一連の共有された認識にもとづいて社会過程を理解する——とも類似している。メディアは「われわれ」という感覚の形成を助長するだけではなく，何が正しくて何が間違っているのかといった感覚的，道徳的価値の社会規範的位階の統合を促進させる。民族アイデンティティとは，民族文化の長い間の共通体験，記憶や文化意識，そしてそれにもとづく共有された情緒交感や性向を包括的に指し示すものである。民族アイデンティティをなしている最も基礎的で重要な要素は民族言語であり，民族言語に依拠するマスメディアは民族アイデンティティの維持や伝統文化の継承・発展と密接な連携性をもつと考えられる。とくに中国のような多民族社会において，少数民族のアイデンティティや民族文化の継承を民族語で遂行しなければならないマスメディアは，必ずといっていいほど，伝統の維持に全力を尽くす。中国朝鮮族はいかなる内外的，時空間的な版図を有し，民族アイデンティティ問題をどのような角度から理解し観察しているのか。そこに含まれる文化的な意味とともに，中国朝鮮族における延辺テレビの役割，つまり延辺テレビが具体的に中国朝鮮族の「想像の共同体」にどのような影響を与えているのかを探ってみることもきわめて重要な作業だと思われる。

　延辺の無線放送事業は，日本が「大東亜共栄圏」の宣伝と政策の説得メディアとして1938年4月1日に設立した「延吉放送局」を手はじめに，11月から正式な放送を開始した。1945年8月15日に日本が撤退したあと，11月にソ連赤軍延吉駐屯司令部がこの放送局を接収・管制し，1946年1月3日にソ連人によって放送が再開された。1946年6月，延吉が吉林省党委員会所在地になるにともない，「延吉放送局」は「延吉新華放送局」と改称，中国解放区内で最初の少数民族語による放送が行われた。1948年に「延辺人民放送局」と改称され，中央放送局のニュース報道を中継する以外は全て朝鮮語で放送し，1949年にこんにちの延辺人民放送局が正式に設立された。1969年4月から朝鮮語と中国語の放送を区分し，従業員も40年代の20名から，1965年には140名，1980年には400名に増えた（延辺経済科学技術社会発展研究所，1990：404–406）。

　1973年12月1日，和龍県放送所で1kWテレビ施設を建設，中国国内で最初の朝鮮語テレビ放送を開始した。当時の放送所では，映画作品とVTRを放映し，ニュースやその他の番組は北京の中央テレビ放送や吉林省テレビ放送を中継する程度であった。延辺人民放送局でも同年，朝鮮語テレビ放送のためのテレビ放送準備会を結成し，金允松などの技術者がテレビ放送設備を購入し，設置を開始した。1974年6月，延吉市中心にあった服務

ホテルの屋上に「＋」形アンテナを架設し，第4チャンネルで試験放送を行なった。試験放送に成功し，10月1日から延吉テレビ中継放送所という名義で放送を開始した。しかし，正規のテレビ放送ではなく，週に2–3回ほど映画作品やVTRを放映し，漢語（中国語）テレビ放送を中継する程度であった。3年間，テレビ放送に必要な設備を用意し，1976年末には生放送ができるようになり，延吉で1977年1月20日から27日に行われた全国スケート運動会をすべて生放送で放映した。1977年12月1日，延吉テレビ中継放送所を延吉テレビ放送局に改変した。中央放送事業局は31日，延吉テレビ放送局に地方番組の自主制作・放送を認可した（延辺経済科学技術社会発展研究所, 1990：406–409）。それにより，延吉テレビ放送局は4年間の準備・実験・直接放送などの段階を経て正規放送を行うことができるようになった。延辺テレビは中国最初の朝鮮語テレビであり，中国少数民族地域ではじめての民族語のテレビ放送であった。

1980年代以後，改革開放政策のもとで延辺朝鮮族社会にも経済成長とともに，社会の諸部門の発展がもたらされた。延辺社会のマスメディアもその社会発展の一役を担いながら，質的・量的水準の向上を示している。このような現象は人口増加による読者・視聴者の自然増加とともに，経済成長による生活水準の向上，知的水準の上昇，そして産業化・開放化・多元化による変化の一つの反映として捉えることができる。延辺テレビは，毎日，地上波と衛星放送，それぞれ約18時間を放送しているが，そのうち，朝鮮語の番組は約40％を占めている。

まず，延辺テレビは，国家の理念を大衆に宣伝し，大衆を動員する政治的手段としての「党の代弁者」の機能を果たしてきた。したがって，中国共産党が強調する社会規範や道徳価値観などを，朝鮮族社会に普及し，強化する作用も果たしてきた。毎年の正月や特別記念日に放映される延辺テレビ番組をみれば，必ず共産党の政策や方針の宣伝からはじまる。すべての朝鮮語による番組は，党の政策や方針を肯定的に美化して放送する。すなわち，民族政策の優越性や正当性を強調・賛美する番組を制作・放送することによって，民族放送局の寿命を延長していくと考えても良いだろう。これは延辺朝鮮族自治州にある延辺日報社，中国朝鮮族少年日報社，総合新聞社，延辺ラジオ・テレビ新聞社，延辺教育出版社，朝鮮民族出版社などの新聞・出版系統全般における共通の報道方針である。

延辺テレビは，中国国内において朝鮮語で放送される重要なコミュニケーションメディアである。したがって，延辺農村地域の朝鮮族にとって朝鮮語放送は，中国社会の動きを伝えてくれる重要なメディアである。さ

第
1
部

第
2
部

らに，朝鮮民族学校の数が減りつつある現実のなかで，延辺テレビは言語教育の維持や普及にも寄与している。延辺テレビは，民族固有の伝統や民俗を紹介し，普及させる文化伝承機能をも果たしている。現在のところ朝鮮族社会の内部には，民族アイデンティティを確立し，民族伝統を守ろうとする動きと，中国人としての主体性を重んじ，中国文化だけを強調する一部との対立が存在している。延辺テレビはこのような対立関係を巧妙に融和し，矛盾を避けてきた。延辺テレビは民族性を主張する一方，中国文化の伝達や報道も積極的に行なっていく戦略を取っている。延辺テレビは，少数民族放送局としての制約も受けながら，同時にその両面性を活かし，共生の道を選んで進化してきた。民族アイデンティティを維持しながらも，中国人としての立場を守る共生の生き方を主張し，強化してきたのである。

　最後に，延辺テレビは常に韓国や北朝鮮の放送メディアとも活発な交流活動を行なっている。したがって，朝鮮半島の文化を中国朝鮮族の人びとに伝え，朝鮮族の実態を韓国や北朝鮮に伝える機能も果たしている。また，定期的にディレクターやアナウンサーを実地研修や訪問のかたちで韓国や北朝鮮へと派遣し，積極的に交流を進めてきた。1990年代以前の朝鮮族アナウンサーのアクセントや姿勢が北朝鮮に，その後は韓国に近い理由は，その派遣先の変化のためである。現在，延辺で活躍しているディレクターやアナウンサーたちの模範となる基準が，韓国の放送メディアであることは言を俟たない。

　延辺テレビは，延辺朝鮮族自治州において唯一，無料で見られる朝鮮語テレビとして，上記のような重要な意味をもっているが，メディアとしては，以下のような問題点を抱えている。まず，ニュース報道の価値として，出来事の情報価値より宣伝価値を重視している。そのため，ニュースの時宜性や近接性，正確性などの重要性尺度は，ニュースの決定においてまったく考慮対象になっていない状態である。さらに，重大な事件に関するニュースの迅速な報道機能も果たされていない。つぎに指摘しうるのは，番組制作の独創性が欠如している点である。1990年代以前は北朝鮮の番組フォーマットを，その後は韓国の番組フォーマットをそのまま模倣している番組がかなり多い。テレビを観覧するオーディエンスの生活環境や背景，知的水準など，それぞれの差異があるにもかかわらず，むやみに真似するということは制作者失格だということもできる。むろん，優秀な番組の形式を模倣し，それをより独創性ある内容に変える必要はある。それこそが，視聴者が共感できる番組を制作する道である。また，アナウンサーや司会者などの出演者のレベルアップが必要とされている。ほぼすべての番組に出演す

る司会者たちは，「台本」を読みあげているようにしかみえず，見ていて退屈で仕方がない。同時に，番組参加者も「やらせ」によって，硬直的ともいえる不自然な行動や発言をする。視聴者の立場からみれば，すぐに違和を感じることである。「やらせ」は，世論のミスリードや偏向報道はもちろん，番組内の個別事項の間違いや虚偽，誇張，そして事実の捏造，脚色，歪曲など，様々な要素が想定できる部分である。最後に指摘しうるのは，番組における娯楽性の欠如である。娯楽性はテレビ番組の重要な機能の一つである。これは，視聴者に癒しを提供し，視覚イメージ獲得の満足度を充足させ，視聴率を上げる重要な手段である。しかし，視聴者の関心を惹起できない番組は，いくら優れた制作技術やメッセージを込めたとしても片手落ちであろう。つまり娯楽性の適切な強調も，延辺テレビの克服しなければならない問題点の一つなのである。

　延辺テレビの質的な水準を高める方案として，放送局の内部整備や技術などのアップデートが必要である。様々なメディアとの激しい競争体制のなか，テレビの比較的な優位を確保するためには，設備や技術の推進計画を長期的に立てなければならない。また，優秀な制作者を始めとして各部門の人材発掘や補充，育成に全力をかけることも大切である。さらに，視聴者による参加度をより高める必要がある。視聴者が真に求めている番組とは，どのようなものであるかを詳しく調べなければならない。視聴者との積極的な交流によって，大衆の普遍的な意見を多く収集し，参加意識を増大させることができ，したがって制作者と視聴者の間のギャップを縮めることができる。同時に，制作者たちは延辺テレビの存在意味を十分に認識したうえで視聴者との信頼関係を構築することができる。

**【引用・参考文献】**

延辺経済科学技術社会発展研究所［編］（1990）．『発展途上の延辺』（下）延辺人民出版社

李文哲（2010）．『中国朝鮮族における延辺テレビの意味』千葉大学大学院人文社会科学研究科博士論文

# 13 アジアにおける現代アートと現代観光の出会いについて

## 韓国釜山，甘川洞におけるアートツーリズムの実践を中心に [1]

須藤 廣

## 1 はじめに

　近年，多くの観光地はアート表現であふれている。街角には象徴的なオブジェが置かれ，大小の美術館が観光客に休息と「映える」シャッターチャンスを与える。現在，観光地は，名所，旧跡，名勝といった，観光客にとって名の知れた伝統的で固定的な「名物」を呈示するだけの「受け身」の場所ではない。観光地は積極的に自身の「伝統」を掘り出し，発見し，あるいは創り出し魅せる——日常的な「空間」とは区別された，意味に満ちあふれた「場所」——へと変貌している。

　現在の観光地において観光客は，単に労働から解放された「息抜き」をするだけではない。観光地は観光客の自己実現や自己アイデンティティ構築へとつながった「趣味」の表現の場であり，観光客同士や観光客とそこに住む人びとが，観光特有のつながりを創り，あるいは確認する場になろうとしている（東，2013）。また，観光客は観光地の景観をただ眺めているだけの存在ではない。彼らは，与えられた様々な情報をもとに，意味を「発見」し，匂いや風を感じ，人びとに接し，感情を揺さぶられる経験を楽しむ。

　もとより観光は，視覚をとおした行為だけで成立していたわけではない。たしかに近代以来の交通の発達により，近代観光では車窓から見る景観が重要視されるようになった（Löschburg, 1997）。また，団体旅行が主流であった時代の観光においては，訪問するべき場所，見るべき場所はあらかじめ決められており，観光客は

---

1) 本章は当初，中国北京の798芸術区を取材し，韓国釜山の例と比較しながら論ずる予定であったが，2020年冬からの新型コロナ危機により調査が実行されなかったため，韓国釜山の事例を中心に論述するかたちになった。

あたかも名所旧跡の「確認作業」に従事していたようにも語られていた（Boorstin, 1962）。その時代でさえ，よく見れば，観光客はガイドに呈示される景観以外にも目を向け，観光客同士が，あるは観光客と住民とがコミュニケーションを楽しんでいた。観光客は，五感を使って体験していたのである（MacCannell, 1976）。

とくに先進資本主義国においては，1970 年代がモダン観光の転換点となった。観光地のイメージが伝統的に固定化されたものから，観光開発業者，観光地住民や観光客が自由に操作可能なものへ，また，従来は観光地とはいえなかった場所が独自の世界観で衣替えし，新しい観光地へと昇格していった。日本においては，1970 年代からの観光文化の変容を，ポストモダンにおける文化変容の一部と考えれば，この時代から観光はポストモダン文化の断片的で流動的な特徴をとくにもつようになった，すなわち現実に対する表象優位が際立つようになったといえる。その初期には開発業者が主体となり——日本においては，1987 年のリゾート法による行政の支援，規制緩和があったからであるが——従来の場所のイメージを塗りかえる，テーマパーク（多くはいわゆる「外国村」），スキーリゾート，ゴルフ場，ヨットハーバーといったリゾート地が全国に次々と建設されていった。

消費主義的なイメージの町は，開発業者や行政が「上から」作りあげたものばかりではなかった。多くのポストモダン文化が「下から」の創作を根源的エネルギーとしていたように，観光においても，観光客側の消費のエネルギーによって（あるいはそれの欲望を吸いあげるかたちで），イメージのまちづくりは行われていった。イメージの素材として映画や流行歌等のシンボルが使われ，それらは観光客のパフォーマンスをとおして町のイメージへと挿入されていった。1970 年代から 80 年代においては，雑誌（とくに女性雑誌）が特集として掘り起こし紹介した場所が観光地へと昇格していった。また，1990 年代からはマンガやアニメの舞台，さらには 2000 年から先はビデオゲームが取りあげた場所までもが，観光「名所」へと付け加えられていった（増淵，2010，岡本，2015）。メディアが運ぶイメージは観光客のパフォーマンスとの融合のもとで観光に取り入れられていった（Urry & Larsen, 2011）。

このような流れのなかで，観光地を中心にした場所のイメージの変容に，芸術文化が挿入されることは当然のなりゆきであったといえよう。1990 年が転機であった。この年に国が「芸術文化振興基金」を創設したこと，同時期に「企業メセナ協議会」ができたことなどがきっかけで，まだ駆け出しのアーティストでも助成金が得られるようになり，2000 年からは各地で規模の大きなアートフェスティバルが開

かれるようになった（熊倉ほか，2015）。

　こうして芸術の諸ジャンルが，観光地のイメージに付加され，観光地を趣味のイメージに塗りかえていった。音楽では，2000年からはじまった「フジロックフェスティバル」のようなステージを複数もつロックコンサートなど，新しいかたちの動員型のイベントを生み出していった。美術においては，2001年にはじまった「ヨコハマトリエンナーレ」や，2010年にはじまった「あいちトリエンナーレ」のような屋内展示中心の都市型アートプロジェクトに加え，2000年にはじまった越後妻有「大地の芸術祭」（トリエンナーレ），2010年にはじまった瀬戸内国際芸術祭（トリエンナーレ）のような野外の展示を主とした現代アートプロジェクトが地方を中心に数多く行われるようになった（須藤，2016）[2]。

　この動きは，同時期にアジア各国においても起こっていた。1995年には韓国光州（市内全域）で，1998年には台北市立美術館を中心に，高雄では2002年から駁二芸術特区（屋内および屋外）においてアート展示がはじまり，またこれによく似たかたちで，2000年頃から中国北京の798芸術区の開発がはじまっている。同地区においては2007年に「北京当代国際芸術祭」，「北京798創意文化祭」が開かれるに至り，今や798芸術区は北京の観光名所の一つとなっている。その他，2006年にはシンガポール美術館を中心に，第1回ビエンナーレが開催されている。

　本章では，このようなアジアにおける現代アートプロジェクトの広がりを踏まえ，現代アートが形成する文化と社会関係について，都市におけるビエンナーレ，トリエンナーレ型アートプロジェクトのみならず，おもに現代アートを使った観光地型まちづくりにも射程を拡げて述べていく。そのためにまず，現代アートの意義について考え，そして日本において広がっていった現代アートと観光の融合の意味を，現代アートの作用と観光の作用，そして地域のアイデンティティの変容といった三つの要素から捉えつつ，「ヨコハマトリエンナーレ2020」の例を簡単に紹介する。

　そのうえで，現代アートが日常の生活の場におけるイメージの変更に取り入れられている例について考える。こんにちにおいて現代アートは，アートフェスティバルのみならず，まちづくりの要素として欠かすことができないものとなっている。本章の後半ではとくに，現代アートの要素を，きわめて有効にまちづくりに取り入

---

2）企業を中心としたメセナ活動としてのアートプロジェクトや，小さなワーショップとしてのアートを利用した「まちおこし」は1980年代から行われていたが，地域アートプロジェクトとして行政と民間が組織的に行うようになったのは2000年以降である。

れた場所として，韓国，釜山の甘川洞（カムチョンドン）およびその地域に隣接する峨嵋洞（アミドン）に焦点を当て，野外のアート展示が町の景観のみならず，そこに住む人びとにどのような変容をもたらしているのかについて考察する。

## 2 現代アートと観光との出会い

### ■ 2-1　現代アートの特徴

　現代アートと観光との出会いについて述べる前に，芸術の1ジャンルである現代アートの特徴について触れておこう。芸術とは何かを人間の歴史一般において探ろうとすることは，この論の目的をはるかに超えている。ここでは，西欧ルネッサンス以降の絵画，造形など「アート作品」といわれている作品に限定して「アート」として批評していく。以下，近代の芸術運動がどのように「現代アート」と呼ばれるものへと変遷していったのか，きわめて大雑把だが概観してみよう。

　よくいわれているように，中世における欧米の絵画や造形は，現実世界を表象するものではなく，神話や聖書の世界を現実の世界へと表象（再現）するものであった（佐々木, 2004）。ルネッサンスは表象の転機となった。この頃になってはじめて「現実」の表象（再現）が西欧のアート作品にとわれるようになったのである。こうして「現実」の表象は，その再現（写実）の正確性へと進む。たとえば，世界を正しく写し取るとされる「遠近法」はルネッサンスの産物である（大澤, 2005 : 25）。ルネッサンス以降，現実世界を正確に「表象 representation ＝再現＝代表」することがアート作品のテーマとなったのである。

　この延長線上には，現実に存在するというアウラの再現において，視点を一点に固定した遠近法ですべて可能かという疑問が浮きあがってくる。遠近法には，この視点たる「内面」の実在が前提となっている（大澤, 2005 : 26）。はじめから，現前の不可能性が内在しているのである。反対に視点を外在させ「内面」としての一回性のアウラを掻い出す写真術も登場するのであるが（Benjamin, 1936），写真とは何かについて論じるには紙幅が足りない。話を絵画に限定すれば，再現を可能にする視点の複数化を図るキュビズムのような画風は，当然この潮流の先にありうる。キュビズムは人間の視点と対象との「関係」こそが，美の原点にあるということを曝け出したといえよう。ここではじめて，固定した視点としての「神」の視点が揺らいだと考えることができる。

　印象派の画家たちはおおむね，神の視点の消失を宣言していたと確認できる。エ

ドゥアール・マネの『草上の昼食』（1863）や『オランピア』（1865）が衝撃を与えたのは「神の視点」を欠いた現実の裸婦を描いたからである。クロード・モネが睡蓮や積み藁を，光との関係のなかで描いたのも，固定された「神」の視点からの逸脱と複数の「いま・ここ」（＝アウラ）の表象へと向かったがゆえである。視点と現実を結ぶ関係性への注目とアウラの複数性，多義性の発見と活用はその先のシュルレアリスム，ダダイズムのスタイルにもつながっていく。

とくにマルセル・デュシャンはダダイズムの特徴を顕著にもつ芸術家であった。男性用小便器を美術館にもち込み，アートとして展示した『泉』（1917）[3] を中心に，『自転車の車輪』（1913）などの「レディメイド」と題された作品群からも，美とは作品そのものに内在するのではなく，作品と作者，および鑑賞者と関係――あるいは作品と美術館という場所と展覧会という時間との関係――のなかで（あるいはその否定）のなかで生まれる，ということを示した。スコット・ラッシュがいうように，芸術の「モダニズムのもたらした文化領域の自立化と自己立法とは，表象の安定性を決定的に奪い去ることになった」（ラッシュ, 1997：24）のである。さらに，ダダイズムから連なる芸術のポストモダニズムについてのラッシュの観点は，現在のアート，とくにアートプロジェクトに向けたアート作品の特徴をつぎのように示している。

> ポストモダニズムは，われわれの現実性がどのように構成されているのかという点についての合意とその変換とを描き出してみせる一つの探究なのであり，事実，無数のイメージの浸食によってその現実がいかに薄っぺらなリアリティに変化してしまっているかを浮き彫りに見せている。（ラッシュ, 1997：23）

ポストモダニズムの芸術は，印象派の画家たちがそうしたように「表象を問題あるものと考える」（ラッシュ, 1997：22）ことの先に，作品のもとにある「現実性そのものを問題化している」（ラッシュ, 1997：22）のである。このように現代アート作品は，そのものに宿るとされる「本質的美」の表示，表象の問題からは離れ，作品と作者，鑑賞者，さらにはプロジェクトが行われている「場所」や「時間」との「関係」を問い直すものである。作品は，関係そのものを表象，あるいは「異化」する媒介物（メディウム）として「展示」されるようになる。ここでは，「美」の可能

---

3）「オリジナル」は紛失し，そのあと多数レプリカが存在している。

性は，ノイズを含む「現実」，とくに現代社会に存在する諸物や諸問題との「関係」のなかにこそ存在している。

また，このような美の「本質主義」の否定にともなう従来の枠組みの揺らぎや崩壊は，当然ながら，鑑賞者に意味構築への「参与」を促す。この流れのなかからは，作者と鑑賞者との役割の融合も含まれよう。従来の枠組みには囚われないパフォーマンスが作者と鑑賞者の双方に要求されるようになるのである。

### ■ 2-2　地域アートプロジェクトの二つの特徴

たとえば，2020 年の 9 月 11 日から 10 月 11 日まで開かれた（本章の執筆中に開催されている）ヨコハマトリエンナーレ 2020 を簡単にみてみよう。「AFTER GLOW」という統一テーマ[4]のもとには，五つのサブテーマがある。自ら学び，光を放ち，友情を育み，ともにケアしあう，世界に否応なく存在する毒と共生するというものだ。ここからも，このアートプロジェクトはアート作品そのものの美よりも，作品と鑑賞者の関係をコンセプチュアルに感じとることが主眼に置かれていることがわかる。VR を使った映像，身体に装置を取り付けることによって，身体能力そのものを変える装置など，美術館という環境が，感覚の拡張装置という意味の「メディウム」（McLuhan, 1964/1987）として機能することが目されている。コンセプチュアルな抽象的映像作品が多く上映され，それらはみな，鑑賞者の気づきを触発する「異化効果」をもつものである。

少し離れた市内で同時に開催されている「Koganecho Bazaar 2020」では，ギャラリーでの展示の他に屋外展示もあり，また普段は美術館として使われていない場所（風呂屋，カフェ等）を展示のスペースとして活用している。これは，日本の地方で多く開催されている地域の魅力や特徴を，作品をとおして鑑賞者に気づいてもらうことを目指した「サイトスペシフィック」なものであり，既存の美術館等屋内展示を中心とした都市型の「ヨコハマトリエンナーレ 2020」よりも，地域固有の価値の再発見を目指す現代観光の意図に近いものである。このプロジェクトが行われた黄金町は，戦後非合法の風俗営業を行う店が軒を連ねていた地域であり，2008 年より毎年行われているこのプロジェクトは，アートで町のイメージを変えようとする一連の運動（ジェントリフィケーションともいえる）の一環である。町のイメー

---

4）「AFTER GLOW – 光の破片を捕まえる」がテーマだ。原始に光が解き放たれて，その残滓たるエネルギーで私たちは生を営んでいるという意味である。

ジを変えることと，町の魅力や独自性の再発見，再提示（これには町の負の歴史の再発見も含まれよう）が同時に（両面価値的に）存在するフェスティバルといえる。

コンセプチュアルな都市型の「ヨコハマトリエンナーレ 2020」[5) ]と，サイトスペシフィックな Koganecho Bazaar2020 は，「気づき」と「発見」という意味において，近年のアートプロジェクトの特徴を明確にもつものである。そして，とくに後者は町のイメージを変える，あるいは町の生活や歴史を再発見するという意味において，観光と現代アート双方に共通する特徴を色濃くもつものである。

次節では，現代アートプロジェクトの二つの特徴のうちのとくに後者の「サイトスペシフィック」な特徴を，観光の役割と結びつけながら展開していく。後者の例は，これまで，とくに近代の歴史のなかにありながら，観光の対象から外れていた廃れた「古い町」や「遺構」，観光によって生き返らせる運動と結びつく例が多い。また，こうした運動は，町の歴史に触れながら，どちらかというとダークな歴史を抱えた遺構を保存しつつ，町のイメージを変えようとするものである。このような運動は，アートプロジェクトよりも常設のものとして，中国北京の 798 芸術区，台湾高雄の駁二芸術特区，マレーシア・ペナン島のジョージタウンなど，アジアの各地で展開されている。本章では，アートを展示しつつ，観光地として大きく展開した町として韓国釜山の甘川洞（カムチョンドン）文化村および峨嵋洞（アミドン）碑石文化村の例を取りあげ，観光とアート，そして地域の「場所性」の融合における利点と問題点について，おもにこの地域の住民と，この地域のアートプロジェクトのプロデューサーを努めたジン・ヨンソブ（Jin Young Sup）氏に対して，2019年 8 月初旬に著者が行なったインタビューをもとに描き出していく。

## 3　韓国釜山のコミュニティアートと観光

### ■ 3-1　甘川洞（カムチョンドン）のアートプロジェクト

韓国釜山の甘川洞（釜山広域市沙下区）のアート観光地化の過程は，前述の横浜黄金町に似ている。甘川洞もまた負の烙印を付された町である。この地の集落形成は朝鮮戦争時に至る。朝鮮戦争時に発生した難民達が山の斜面を不法に占拠し集落をつくった地域を韓国では「ダルドンネ달동네」（「月の町」の意）という。甘川洞は

---

5) 2001 年より 3 年おきに開催されている。「ヨコハマトリエンナーレ 2017」では総来場者数約 26 万人。

多数存在したダルドンネの一つである。また，この地区と谷を隔てて隣接する峨嵋洞（アミドン）（西区）も同様に，1950年代に膨大な数の難民によって占拠された集落である。峨嵋洞には明治時代以来設置された日本人墓地があり，さらに甘川洞の斜面下部には，太極道という新興宗教の信者たちが集住した地域がある。したがって，甘川洞の斜面下部には太極道の信者たちが，斜面上部には太極道信者とは別の難民たちが集住しはじめたものと思われる。現在でも，太極道本部の周辺には信者が多く集住している。信者以外の難民たちの一部は朝鮮戦争後も住みつづけ，さらにその後，近くの繊維工場や靴工場からも労働者が流れてきたという（ハンギョレ新聞2017/4/23）。この地区に隣接する峨嵋洞は，日本人墓地のうえに墓石や納骨堂等の残骸を「利用」するかたちで，難民の集住地区が形成された。

　両地区は難民集住初期には木造のバラックが階段状に，下の家と重ならないかたちで交互に立ち並んでいたが，次第に木造のバラックはコンクリートの建物へと作り変えられ，2000年頃からは防水のためにカラフルなペンキが塗られるようになった。前の家が後ろの家を遮らないように交互に立ち並んだカラフルな建物が，遠くから見るとブラジル，リオデジャネイロのファベーラ地区と似ていることで，アーティストの目にとまったのは，派手な色で塗られたペンキの家が目立つようになった2000年以降である。

　甘川洞では，2009年に米国で現代アートを学んだジン・ヨンソブ氏を中心に「夢見る釜山のマチュ・ピチュプロジェクト」と銘打ったコミュニティアートのプロジェクトが立ちあがった（2008年から準備に入っていたという）。彼は「まちの人びとが作品を作る過程がアートである」といった「社会関連アート」[6]の考え方にもとづき，プロジェクトを企画したという。住民には前年には何度も説明会を行いつつ，国家から1億ウォン（約1千万円）の補助金を引き出すのに成功している。2009年のプロジェクトには30名のアーティストが60のアート作品（20作品には住民も制作に関わっている）を手がけたという。この後も，ジン氏は何度も住民と話し合いを設け，とくにペンキによる家の装飾やアート作品には住民の理解と協力を得る努力を重ねたという。住民が博物館の運営や地図作りやその販売，カフェ，食堂の管理，案内所の設置などに参画し，利益はゴミ処理など住民のために使うといった，地域還元のシステムを確立した。この過程で初期には懐疑的であっ

---

6）越後妻有の「大地の芸術祭」や「瀬戸内国際芸術祭」を手がけた北川フラム氏にも影響を受けているという。

た甘川洞住民の参加意識が一変したという。ジン氏は瀬戸内国際芸術祭など，日本のコミュニティアート・プロジェクトからも多く影響を受けており，さらにジン氏が打ち立てた住民との連携の方式は，日本へと再移入され，2011年から毎年ジン氏が中心となって日本で手がけている種子島まちづくり「くろしおの芸術祭」にも生かされている。

甘川洞では，2011年と2012年にはユネスコ国際ワークキャンプが開催され，世界中から若いアーティストたちが集まり，世界にこのアート村の存在を知らしめた。2011年には「村企業」というアート村共同体が立ちあがり，2012年には非営利組織として登録され，住民を中心に新聞の発行，ボランティア活動，運営などを行うようになる（甘川文化センター，2019）。さらに2013年には，プロジェクトが「民官協力優秀事例公募大会」大統領賞を受賞し，アートまちづくりの成功例として確固たる地位を築いた。

甘川洞のアートまちづくりの成功はジン氏というリーダーがいたこと，下からのまちづくりを進めようとする当時の国の政策と合致し，住民と国家とを結びつけた

**図 13-1　甘川洞の景観**（著者撮影，2019 年 8 月）

**図 13-2　甘川洞のダークな歴史表象**
（筆者撮影，2019 年 8 月）

**図 13-3　甘川洞文化村入り口**
（著者撮影，2019 年 8 月）

こと，住民主体の組織が立ち上がり機能していったことなどが，運動論的には整理できる。しかしながら，この運動には現代アートの作用が媒介していたことを再度強調しておこう。

### ■ 3-2　現代アートと観光とまちづくりの親和性

　現代アートが，対象のなかにある本質的な美の表象から抜け出し，世界と対象との関係へ，そして，鑑賞者と作品との関係へと変化していったことは，前章で述べた。観光がマスツーリズムから離れ「個人化」したときに，「観光のまなざし」には観光をとおした個人的アイデンティティの再確認，あるいは観光地の地域住民の地域イメージ，さらには住民の集合的アイデンティティの再確認といった，再帰性が活性化する。再帰性が働き出した観光地は固定化されたイメージで表象されえなくなる。現代アートが鑑賞者と作品との関係，作品と作品が置かれた場所との関係を問題化するなかで，観光の再帰性は現代アートの「気づき」「異化効果」と親和性をもつ。

　しかしながら，現代アートの「気づき」や「異化効果」と現代観光がもっている「気づき」や「異化効果」は同種類のものであるとするのは早計である。現代アートのコンセプチュアルな特徴は，既存の世界観やアイデンティティに亀裂や違和をもたらすものである。現代アートの端緒を築いたダダイズムのなかで表現された作品（たとえばデュシャンの『泉』）がもつ「異化作用」は，既存の関係性の否定のうえに成立していた。つまり，『泉』は便器としての「使用価値」をまったくもたないモノであり，それを美術館という権威のなかに置くことにより「関係」の変換が生起し，モノの脱文脈化と再文脈化，価値の再定義が鑑賞者の参与を巻き込みつつ発生する過程を「美」として再提示したものといえる。現代アートの多くにはこのような否定や脱文脈化，再文脈化をともなう「違和」を鑑賞者に突きつけることが特徴である。社会関与アートを主導するパブロ・エルゲラがいうように「反社会的または敵対的な社会行為こそ SEA（社会関与アート）の基本的な領域である」（エルゲラ, 2015：124）という。それに対し現代観光がもたらす「気づき」の効果は，現状「否定的」な亀裂や違和ではなく，むしろ観光地の地域の現状に対する肯定的な理解や共感といった「異化」よりも「同化」の作用であろう。もちろんエルゲラも地域に友好的な合意をもたらす体験を否定しているわけではない。地域アート（とくに地域住民が多く関与する「社会関与アート」）は社会肯定的な部分と社会否定的な部分両方の相で成り立っている。

　現代アートが肯定的な「気づき」や「異化効果」を表現するときに多く使われるのは「ノスタルジア」と呼ばれる作風である。「ノスタルジア」は個人的な回顧や郷愁ということよりも，集合的な回顧や郷愁にもとづいている。ポストモダン文化の批評家であるフレドリック・ジェイムソンは，ノルタルジアを個人的な回顧や郷愁を超えたある種の「借用」という意味で「パスティーシュ（pastiche）」であり，「個性」を抜かれた表現であるという（ジェイムソン, 1987）。こうした意味において「ノスタルジア」は心地の良い肯定的なイメージで集合的なアイデンティティを喚起し，否定的な「現実」の隠蔽の効果をもつものである。現代観光が，「ノスタルジア」優先の地域アートと出会うとき，地域アートの否定的な「気づき」は薄れ，肯定的な「気づき」のみが表現されることが多いことは否めない。

　極端な場合，このような肯定的な再帰性のみが働き，地域の否定的なイメージを消滅させ肯定的なイメージのみで作り変えることがある。欧米における都市中心部における貧困地区，あるいは移民集住地区の再開発と新中間層の都市部への再流入は 1980 年代の「民営化」の時代よりはじまり，2000 年から世界中に広がっていった。「ジェントリフィケーション」といわれるこの現象は，地域に住むホームレスや低階層者を追い出すために意図的に行われる場合もあるが，多くは投資家や再開発業者の利益のために行われたものである（藤塚, 2017）。しかしながら，非意図的であれ場所の理解における文脈の変換やイメージの更新が行われることで，従来の住民の文化が失われ，究極的には従来の住民がその場所を追われることに至る。観光によるジェントリフィケーションでは，新しい集合住宅が新築される場合と，古い家屋がリニューアルされる場合があるが，多くは旧住民の立ち退きと，伝統的地域文化の崩壊を導く。京都では，観光によるジェントリフィケーションの結果，地域文化とコミュニティの崩壊が進行しているという（藤塚, 2017；中井, 2019）。図 13-5 で示すように，アート観光地化による，地域イメージの塗り替えは，アート的な要素が際立てば，観光客の心を揺さぶる「異化効果」をもったものになり，逆に観光的なものが際立てば，心地よい「同化」の要素を多く含み，観光客がイメージをもっぱら確認する作業のためのものになるだろう。

　甘川洞の事例から，現代アートが観光とどのように結びついているか確認してみよう。甘川洞では作品作りから，その管理，運営に至るまで住民の参加で行われていることを述べた。甘川洞では社会関係アートの実践が行われているといっていいだろう。たしかに甘川洞のアート表象はノスタルジアを強調するものも多い。しかしながら，住民が参加した博物館の展示においては，住民が自らもち込んだ写真や

図13-4　甘川洞におけるノスタルジア
表象（筆者撮影，2019年8月）

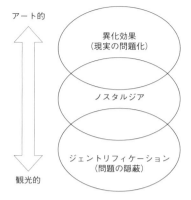

図13-5　現代アートを使った地域表象の特徴
（筆者作成）

家具等の展示も多く，そのなかには難民として集住した人びとの悲惨な暮らしを表現したものも多い。難民のスラムであったという歴史に目を背けずに表現する作品と，ノスタルジアとが同居しているというのが現状であろう。この地域におけるイメージの更新は，アーティストたちの流入はあっても，現在のところ，旧住民の流出をともなうような「ジェントリフィケーション」にまでは至っていないようである。しかしながら，この地に早くから住みだした太極道の信者からは，太極道の聖地であることとアート観光地のイメージとの両立に困惑している意見もあったことを付け加えておこう。

### ■3-3　負の遺産の表象という問題

　甘川洞に隣接し，甘川洞と同じように1950年代の朝鮮戦争難民の集住でできあがったドルドンネの一つである峨嵋洞（アミドン）碑石文化村も，甘川洞と同様にアートのまちづくりを進めている。前述したようにこの地区は，朝鮮戦争前までは日本人墓地があったところであり，その墓石等，墓の資材や納骨堂の建物を使ってバラックを作りあげた地域である。「墓の上の家（묘지위 집）」という独特の雰囲気が，現在でも消えずに残っている。甘川洞のような，アート作品があちこちに置かれ，ウォールアートでカラフルな化粧をした，明るいイメージはどうしても生まれてこない。この地域が採用したまちづくり戦略は，この地を「碑石（ピソン）文化村（マウル）」として，ダークツーリズムの聖地にしようというものである。その

中心には「峨嵋文化学習館」がある。内部にはドキュメンタリー写真家崔敏植氏の
ギャラリーもあり，難民時代の写真が多く展示されている。この地域は，アートが
介在しつつ負の歴史を強調する，アートで枠づけられたダークツーリズムの地とな
ろうとしている。

　ダークツーリズムとは，「死と関連した場所」を巡る観光であり，そこから少し広
げて「死や災害や苦難」のあった場所や出来事を巡る観光のことである」(Sharpley,
2009)。「死に関連した場所を巡る観光」という意味においては，峨嵋洞碑石文化村
はまさに墓石という意味では死に関連し，朝鮮戦争の悲惨という意味においては
「災害や苦難」と関係している。2020年にこの地域は，ユネスコ世界文化遺産登録
に向けて動き出している（Record China, 2020/6/17）。市からの学術調査支援金が
一億ウォン拠出され，「峨嵋洞生活遺産の資料・学術調査」が開始されている。こ
の地区における観光表象は，単なるアートによるノスタルジー表象ではなく（部
分的にはそういったウォールアートもあるものの），悲惨な過去と向き合うものだ。
ダークツーリズムは，過去の負の記憶の展示によって現在の世界に「異化効果」を
もたらし，場所の解釈に違和を差し挟むという意味においては，現代アートの役割
と似ている。この地区の観光表現は「ノスタルジア」と関連しながらも，「ジェント
リフィケーション」とは逆方向に向かっている。この地域の解釈との接合から，隣
接する甘川洞の地域アートの試みもまた，「ノスタルジア」表現を多分に含みながら，
ダークツーリズムのもつ「異化効果」ももちつづけるだろうと筆者は考える。

　とはいえ，ダークツーリズム化する観光地には「政治」という問題点が必ず存
在することにも注意を払わなくてはならない。報道によれば，「都市遺産は歴史的
価値を生かしつつ住民も満足させる案を見出す
必要があり，一般遺産登録とは性格が異なる。
［中略］とくに，碑石村は日韓関係など考慮す
べき事項が多く，はっきりした登録時期を予測
することは難しい」と釜山の市当局は見ている
という（Record China, 2020/6/17）。現代アー
トとダークツーリズムが合流した地点には「政
治」という問題が立ちはだかっている。この問
題を住民や観光客と共有できたときに，アート
ツーリズムとダークツーリズムが寄り添い合う
ことができるだろう。ダークツーリズムは共感

**図13-6　峨嵋洞碑石文化村の墓石を使
って作られた家**（筆者撮影，2019年8月）

によって，人びとのつながりを創り出す効果をもつ，根源的な意味における「政治」なのだから（須藤, 2016）。

# 4 おわりに

　固定的なマスツーリズムのかたちから抜けだし，個人化した現代観光は，再帰的な特徴を加えもつことにより，現代アートとの親和性を生み出してきた。筆者はこの現代観光と現代アートと融合を韓国釜山の甘川洞文化村への聞き取り調査を中心にみてきた。ここに取りあげた甘川洞文化村に隣接する峨嵋洞碑石文化村が，急速に負の遺産表象へと向かっており，これらの地域一帯がアートツーリズムとダークツーリズムが融合する観光地になる可能性が出現しつつある。

　ダークツーリズムによって聖地化する観光地は政治問題をはらむことが多い。とくに峨嵋洞は，旧日本人墓地の上に築かれたという歴史の解釈をめぐって，地域が分裂する恐れもある。また，それをどのように表現するかによって，観光客と見解が分かれるかもしれない。住民同士あるいは住民と観光客とのコミュニケーションを十分に積みあげることによって，この問題をいかに乗り越えるかが問われている。

　また現代アートが観光と結びつくときに，現代アートがもっている批評性，違和の表出が，ノルタルジア表現の強調とともに失われ，いずれ都市のジェントリフィケーションの過程を経ることになるであろうという懸念にも留意する必要がある。観光地化するということは，場所の商品化，消費化が進むことを意味しており，アートがもつべき市場から独立した創造性をどこまで担保できるのかが問われるからである。

　本章は，現代観光と現代アートとの融合による場所の文脈の組み替え，再構築に焦点を当てたものであり，その経済効果については触れなかった。現在まで観光は，ほとんど（とくに観光政策に関しては）経済効果の文脈でしか語られてこなかったからである。もちろん甘川洞や峨嵋洞の住民たちが観光による経済効果の恩恵に浴していないわけではない。先述したように，住民たちが参加する「村企業」の収益はまちのインフラ整備に使われている。観光客向けの店を経営し，収益をあげる住民もいる。経済的収益が観光地の持続性に大きく関係していることは指摘しておこう。

　本章で焦点を当てたのは，観光によるまちのイメージ構築が，住民の社会的アイデンティティにいかに関わっているかという問題である。甘川洞や峨嵋洞の住民た

ちは長い間差別を受けてきた。出身地を問われたとき，この地の名を語ることがはばかられてきたという。アートによるまちのイメージ替えに住民の多くが肯定的なことから，この地区のアート観光地化の賛同につながっていることがわかる。現代アートによるまちづくりは，町のアイデンティティ創造，そしてさらに住民の市民的な政治的成熟に大きく関わっているのである。

## 【謝　　辞】

韓国釜山における調査には，韓国海洋大学校のキム・ジュンハ（Kim Jung Ha）教授の多大なる助言と支援があった。キム教授とアートプロデューサーのジン氏に感謝したい。

## 【引用・参考文献】

東　浩紀（2014）．『弱いつながり——検索ワードを探す旅』幻冬舎
大澤真幸（2005）．『美はなぜ乱調にあるのか——社会学的考察』青土社
エルゲラ，P.／アート＆ソサイエティ研究センター SEA 研究会（秋葉美知子・工藤安代・清水裕子）［訳］（2015）．『ソーシャリー・エンゲイジド・アート入門——アートが社会と深く関わるための 10 のポイント』フィルムアート社（Helgueruera, P.（2011）. *Education for Socially Engaged Art*. Maryland: Jorge Pinto Books, Inc.）
岡本　健（2015）．『コンテンツ・ツーリズム研究——消費社会の観光行動と地域振興』福村出版
甘川文化センター［編著］（2019）．『甘川文化村』甘川文化センター（ブックレット）
熊倉純子・長津結一郎・アートプロジェクト研究会（2015）．「日本型アートプロジェクトの歴史と現在　1990 年～ 2012 年」補遺　アーツカウンシル東京（公益財団法人東京都歴史文化財団）〈https://tarl.jp/wp/wp-content/uploads/2017/01/tarl_output_39-1.pdf（最終閲覧日：2021 年 3 月 20 日）〉
佐々木健一（2004）．『美学への招待』中央公論新社
貞包英之（2015）．『地方都市を考える——「消費社会」の先端から』花伝社
ジェイムソン，F.／室井　尚・吉岡　洋［訳］（1987）．「ポストモダニズムと消費社会」フォスター，H.［編］／室井　尚・吉岡　洋［訳］『反美学——ポストモダンの諸相』勁草書房（Jameson, F.（1984）. Postmodernism, or The Cultural Logic of Late Capitalism. *New Left Review*, *I*(146): 53–92.）
須藤　廣（2016）．「ダークツーリズムが持つ現代性と両義性」『立命館大学人文科学研究所紀要』*110*: 85–110.
中井治郎（2019）．『パンクする京都』星海社
永井純一（2016）．『ロックフェスの社会学——個人化社会における祝祭をめぐって』ミネルヴァ書房
ハンギョレ新聞日本語版（2017-04-23）．「［ルポ］旧日本人共同墓地の上につくられた釜

山峨嵋洞「碑石文化村」探訪」〈http://japan.hani.co.kr/arti/politics/27143.html（最終閲覧日：2021 年 3 月 20 日）〉

藤　浩志・AAF ネットワーク（2012）．『地域を変えるソフトパワー——アートプロジェクトがつなぐ人の知恵，まちの経験』青幻舎

藤田直哉（2016）．「前衛のゾンビたち——地域アートの諸問題」藤田直哉［編著］『地域アート——美学／制度／日本』堀之内出版，pp.12-43.

藤塚吉浩（2017）．『ジェントリフィケーション』古今書院

ブレヒト, E, B, F. ／小宮曠三［訳］（1963）．『演劇論』ダヴィッド社

増淵敏之（2010）．『物語を旅するひとびと——コンテンツ・ツーリズムとは何か』彩流社

ラッシュ, S. ／田中義久ほか［訳］（1997）．『ポスト・モダニティの社会学』法政大学出版局（Lash, S.（1990）. *Sociology of Postmodernism*. London: Rooutledge.）

Bishop, C.（2012）. *Artificial Hells: Participatory Art and the Politics of Spectatorships*. New York: Verso.（ビショップ, C. ／大森俊克［訳］（2016）．『人工地獄——現代アートと観客の政治学』フィルムアート社）

Benjamin, W.（1936）. *Das Kunstwerk im Zeitalter seiner technischen Reproduzierbarkeit*.（ベンヤミン, W. ／佐々木基一ほか［訳］（1997）．『複製技術時代の芸術』晶文社）

Boorstin, D. J.（1962）. *The Image: A Guide to Pseudo-events in America*.（ブーアスティン, D. J. ／星野郁美・後藤和彦［訳］（1964）．『幻影（イメジ）の時代——マスコミが製造する事実』東京創元社）

Löschburg, W.（1997）. *Und Goethe war nie in Griechenland: Kleine Kulturgeschichte des Reises*. Leipzig: Gustav Kiepenheuer Verlag GmbH.（レシュブルク, W. ／林竜代・林　健生［訳］（1999）．『旅行の進化論』青弓社）

MacCannell, D.（1976/1999）. *The Tourist: A New Theory of the Leisure Class*. New York: Schocken Books.（マキァーネル, D. ／安村克己ほか［訳］（2012）．『ザ・ツーリスト——高度近代社会の構造分析』学文社）

McLuhan, H. M.（1964）. *Understanding Media: The Extensions of Man*（1st ed.）. New York: McGraw Hill（マクルーハン, M. ／栗原　裕・河本仲聖［訳］（1987）．『メディア論——人間の拡張の諸相』みすず書房）

Record China（2020 年 6 月 17 日）．「韓国，日本人共同墓地の上につくられた町を世界文化遺産に？＝ネットで反対の声続出」〈https://www.recordchina.co.jp/b814212-s0-c30-d0144.html（最終閲覧日：2021 年 3 月 20 日）〉

Sharpley, R., & Stone, P. R.（eds.）（2009）. *The Darker Side of Travel: The theory and Practice of Dark Tourism*. Bristol: Channel View Publications.

Urry, J., & Larsen, J.（2011）. *The Tourist Gaze 3.0*. London: Sage.（アーリ, J.・ラースン, J. ／加太宏邦［訳］（2014）．『観光のまなざし［増補改訂版］』法制大学出版局）

## コラム：安徽省における日本料理店 ————————

黄 碧波

　日本料理，中国料理，韓国料理，インド料理，タイ料理，イタリア料理……それぞれの国に特色ある料理がある。とくに日本料理は世界中で人気を集めているが，中国でも非常に人気がある。「中国青年報」の記事によると，2019 年 12 月時点で中国にある日本料理店は 6.5 万軒に達し，世界でもトップを占めるという。また，「2017 年中国飲食産業レポート」が発表した結果によると，日本料理の飲食産業市場シェアは中国の飲食産業市場シェアの 4.5％を占め，日本料理の店舗数は中国の飲食店舗数のなかで第 11 位を占めているという。では中国の内陸，安徽省における日本料理店事情はどうなっているのか，ここで簡単に紹介したい。

　安徽省は合肥，蕪湖，蚌埠，淮南，馬鞍山，淮北，銅陵，安慶，黄山，阜陽，宿州，**滁州**，六安，宣城，池州，亳州の 16 市からなる。美団點評（中国で最大の共同購入サイト）で「日本料理」を検索すると，その店舗数はそれぞれ合肥 765，蕪湖 205，蚌埠 175，淮南 118，馬鞍山 95，淮北 84，銅陵 40，安慶 107，黄山 45，阜陽 208，宿州 153，**滁州** 137，六安 75，宣城 89，池州 27，亳州 146 である。その特徴を考えてみると，以下のような傾向が見て取れる。①日本料理店は，経済発展がレベルが高い地域に集中している。ちなみに合肥，蕪湖，蚌埠は経済発展のトップ 3 であり，各市の日本料理店の数はそれぞれ 1 位，2 位，4 位を占めている。安徽省の省都である合肥市は日本料理店の数が最も多く，765 軒に達する。②日本料理店は，ショッピングモールに集中している。合肥を例にあげると，合肥市の中心にある四つの「万達」ショッピングモールに日本料理店は 46 軒もある。③見た目が日本料理でも，味付けが中国風になっている。合肥も例に漏れずであるが，ほとんどの日本料理店は中国人が経営しているため，巻きずしのなかにバナナやメロンを入れる料理もあれば，メニューのなかに安徽省の特色ある料理を盛り込む店もある。④天ぷらや唐揚げは大人気で，刺身や納豆は不人気である。美団點評の「店内人気料理ランキング」によると，天ぷらや唐揚げなどの脂っこいものの人気が高い。一方，刺身などの生ものはあまり人気がないことがわかった。

　現在，安徽省に日本料理店はおよそ 2300 軒ある。それは多いとはいえないが，少ないともいえないだろう。日中友好という背景に支えられ，安徽省における日本料理店はますます多くなっていくと考えられる。

# 14 中国における日本のゆるキャラの受容

林 茜茜

## 1 はじめに

　2015年5月10日に放送されたアメリカのトーク番組「今夜ジョン・オリバーと一緒に1週間を振り返る（Last Week Tonight with John Oliver）」で，日本のゆるキャラブームが取りあげられて話題を呼んだ。番組では，過去のゆるキャラグランプリに約1500体のマスコットが集結したことや，日本でゆるキャラが大きな経済効果を生んでいることが紹介された。コメディアン出身の司会者ジョン・オリバーによる，熊本県「くまモン」のダンスや，北海道夕張市「メロン熊」が保育園を訪問し，園児を号泣させた場面がおもしろおかしく取り上げられていた。この番組から，ゆるキャラがすでに日本を代表する文化の一つとして認識されていることがわかる。

　もちろん日本のゆるキャラは，アメリカだけでなく，中国においても日本文化を代表する要素の一つとして認識されている。しかし中国でも人気があるにもかかわらず，日本のゆるキャラの受容に関する中国での研究はほとんどみられない。したがって本章では日本のゆるキャラの歴史を紹介し，日本のゆるキャラがいかに中国へ進出を果たし，中国のマスコットに影響を与えたのかを明らかにしたい。

## 2 日本におけるゆるキャラの歴史

　ゆるキャラは「ゆるいマスコットキャラクター」を略したもので，イラストレーターのみうらじゅんが考案した言葉だというのが通説である。2004年11月26日にみうらじゅんは扶桑社と連名で「ゆるキャラ」という言葉を商標登録し（第4821202号），その定義について「ゆるキャラとは全国各地で開催される地方自治体

主催のイベントや，村おこし，名産品などの PR のために作られたキャラクターのこと。とくに着ぐるみとなったキャラクターを指す」（みうら，2004：2）と説明している。

2006 年に放送されたテレビ東京の番組「TV チャンピオン　ゆるキャラ日本一決定戦」の冒頭で，みうらじゅんの設けた「ゆるキャラ 3 ヶ条」がつぎのように紹介された。

> 一，郷土愛に満ち溢れた強いメッセージ性があること
> 一，立ち居振る舞いが不安定かつユニークであること
> 一，愛すべき，ゆるさ，を持ち合わせていること

日本における「ゆるキャラブーム」の火付け役とされるのは，滋賀県彦根市のゆるキャラ「ひこにゃん」である。『国宝・彦根城築城 400 年祭』（2007 年 3 月から 11 月）のキャラクターとして登場するやいなや，その愛らしさがすぐに話題となった。2008 年に「ゆるキャラ」という言葉が「新語・流行語大賞」の候補となる 60 語にノミネートされ，2010 年から投票でゆるキャラの順位を決めるコンテスト「ゆるキャラグランプリ」が開催されるようになった。

グランプリで優勝すると，大きな経済効果を期待することができる。現在最も経済効果を生み出しているのは，熊本県のゆるキャラ「くまモン」である。2011 年に「ゆるキャラグランプリ」で優勝してからの 2 年間，さっそく効果が現れた。日本銀行熊本支店は，2011 年 11 月から 2013 年 10 月までの関連グッズの売上などをもとに，「くまモンが熊本県にもたらした経済効果は 2 年間で 1244 億円」（森田，2013：37）にのぼったとの試算を発表している。

そのため，ゆるキャラグランプリに参加するキャラクター数が年々増え，2015 年に最多となる 1727 体が参加することとなった。しかし，それと同時にキャラクターの濫造や，多額の税金の投入に対する批判が相次ぎ，その後エントリーするゆるキャラ数が減少しはじめ，ゆるキャラブームに陰りがみられるようになった。ゆるキャラグランプリ実行委員会も，公式サイトで「ゆるキャラグランプリ 2020 ザ・ファイナル」を機に，活動に終止符を打つことを公表している。

上記の状況から現在の日本におけるゆるキャラブームは，すでにピークを過ぎたという印象を抱きやすいが，しかし各地においてゆるキャラはいまだに根強い人気を誇っており，引きつづき地域活性化の手助けをしている。そして，ゆるキャラの

活躍はすでにゆるキャラ大国という新たな日本のイメージを築きあげ，世界に日本のソフトパワーを輸出する重要な手段にもなっている。

## 3　中国に進出する日本のゆるキャラ

　日本のゆるキャラは国内のみならず，積極的に中国にも進出しようとしている。ゆるキャラは日本の魅力を宣伝する中国でのイベントに頻繁に登場している。たとえば，2015 年 11 月 3 日に上海で開催された東京，北海道，東北地方の観光プロモーションイベントに宮城県のゆるキャラ「むすび丸」が参加し，親しみやすい雰囲気を演出して中国人観光客の誘致を試みた。2018 年 1 月 13 日から 14 日にかけて，上海のショッピングモール，ラッフルズ・シティで行われた東北 3 年マルチビザの紹介や東北旅行の宣伝を目的とするイベントには，秋田県大館市のゆるキャラ「はちくん」が登場し，東北の魅力を PR した。

　また，2017 年にネットで「全日本ご当地キャラクター[1] 人気投票 in チャイナ」も開催された。株式会社日本ブランドが中国大手旅行会社 C-trip と共催したイベントだが，日本各自治体のご当地キャラクターが 30 体集められ，9 月 14 日から 9 月 27 日にかけて，中国のサイトで人気投票が実施された。期間中に合計約 7 万の投票があったが，ゆるキャラのぐんまちゃん（群馬県）が 28072 票を獲得して優勝を果たした[2]。結果発表と表彰式の様子は，CCTV（中国中央テレビ）の番組内で放映されたほか，中国全土にネット生中継もされた。いうまでもなく，このイベントはより多くの中国人が日本のゆるキャラを知るきっかけとなった。

　そのときの人気投票でぐんまちゃんが 1 位を取ったとはいえ，中国でもっと知名度が高いゆるキャラはほかにある。人気投票にエントリーしなかったくまモンである。2011 年に熊本県の営業部長に抜擢され，日本初の「公務員マスコットキャラクター」となったくまモンは，長い期間にわたってゆるキャラ界を牽引している。現在は海を越えて中国においても，最も有名な日本のゆるキャラとなった。

　くまモンが中国デビューを果たしたのは，2012 年 1 月のことである。県の代表団

---

1）「ゆるキャラ」という商標登録された名称を避けるため，多くの場合は「ご当地キャラクター」や「ご当地キャラ」という言葉で代替されてきた。このイベントに参加したキャラクターにはゆるキャラの使用許可を取っているものが多い。
2）ぐんまちゃん家（ぐんま総合情報センター）公式サイト〈http://kikaku.pref.gunma.jp/g-info/blog.php?date=2017-09-28（最終閲覧日：2021 年 3 月 20 日）〉

の一員として熊本上海事務所のオープニングセレモニーに出席したくまモンは，その後，街にも出かけて上海市民との交流を楽しんだ。これを皮切りに，くまモンは頻繁に北京や上海，杭州などのイベントに登場し，人気の源でもある「くまモン体操」を披露しただけでなく，ファンとの記念撮影もこまめに行なった。様々なイベントに参加するうちに，くまモンは中国でも数多くのファンを獲得した。

　くまモン人気の高まりがSNSの活用にもかかわっていることはよく知られている。誕生した2010年に，くまモンはさっそくツイッターやブログを開設し，SNSをうまく活用するゆるキャラの先駆者となった。チームくまモンは当初から「フォロワー数が，くまモン人気のバロメーターになると考えて」おり，「ツイッターは後日展開する，秘密兵器による仕掛けに参加してもらうための周到な準備でもあった」（熊本県庁チームくまモン，2013：34）と述べている。

　くまモンが中国人のよく利用するSNS微博（weibo）や微信（wechat）で公式アカウントを開設したのは，2019年であり比較的最近のことである。それにもかかわらず，くまモンはすでに中国のSNS界で爆発的な人気を得ていた。中国のくまモンファンが積極的に微博や微信に，くまモンとの記念写真や動画をアップデートし，知名度を高めたのが要因の一つである。これがきっかけとなり，熱狂的なくまモンファンが現れた。彼らはSNSでくまモン宣伝用のアカウントを作り，くまモンの画像や動画を定期的にあげている。その中にはフォロワー数が100万人を超えた人気アカウントも存在している。これにより，くまモンは中国においてもすっかり人気者となった。くまモン人気が高まるなか，2017年に上海や北京でくまモンをテーマにした公式店舗「KUMA cafe（くまカフェ）」が相次いでオープンし，賑わいをみせた。

　中国ファンの間でくまモンは「熊本熊」という愛称がつけられている。ただし，くまモンが「クマではない」という公式設定になっているため，熊本県はこの愛称を認めなかった。2013年に正式名称として「酷MA萌（クマモン）」という当て字を採用した。ところが，「酷MA萌」はなかなか浸透せず，「熊本熊」のほうが中国では定着してしまった。このような状況を踏まえ，熊本県は2019年3月19日に北京で記者会見を開き，中国語圏におけるくまモンの正式名称を「熊本熊」に変更すると発表した。

　くまモン人気を語る際に，運営方針のロイヤリティ・フリーを抜きには語ることはできない。ゆるキャラのロイヤリティ・フリーとは「実行委員会に申請した業者に対してデザインを無料で提供するという手法で，著作権使用料（ロイヤリティ）

を無料にすることで，地元の業者がグッズを作りやすい環境を作り，それによって
グッズの種類を増やし，キャラクターの人気を底上げすることに成功」（犬山・杉元
kindle版，2012：148）するやり方である。

　くまモンの著作権をもつ熊本県は，県内に本社か製造拠点がある企業に限って関
連商品の製造と販売を認めていた。2011年11月から2013年10月の間，くまモン
の「グッズの生産で関連産業が活性化し，所得の増加による消費拡大で1233億円」
（森田，2013：37）もあったという。それ以降，くまモンを利用した商品の売上が
年々増加している。そして，熊本県は世界で次第に高まる人気に乗じた熊本のPR
強化を狙って，2018年1月からくまモンのイラスト利用を海外企業に解禁し，著作
権使用料として小売価格の5-7%を徴収することにした。「海外向け販売では，1年
間で中国や香港などから計47件の申し込みがあり，19億円を売り上げた」[3]　よう
である。今後，売上はさらに増えていくだろう。

## 4　中国のマスコットにみられる日本のゆるキャラの影響

### ■4-1　中国のマスコットの現状

　「ゆるキャラ」という言葉は，中国語で「治癒系吉祥物」と訳されている。「治癒
系」は癒し系という意味で，「吉祥物」はマスコットのことである。しかし，「治癒
系吉祥物」はあくまでも「ゆるキャラ」の訳語で，中国に「治癒系吉祥物」と呼ば
れるマスコットは存在していない。みうらじゅんが想定するゆるキャラはあくまで
も「地方の村おこし・地域振興のためのキャラクター」であるため，本章はおもに
中国で地域観光の宣伝の役割を果たしているマスコットに焦点を当てて紹介してい
きたい。

　中国でも数多くのマスコットがみられるが，たとえば聊城観光マスコット「聊聊」
「城城」や，上海観光フェスティバルキャラクター「楽楽」，福建土楼文化観光フェ
スティバルキャラクター「歓楽客」，そして福州国際観光フェスティバル公式キャラ
クター「茉茉」「莉莉」があげられる。中国のマスコットは一般公募をとおしてデザ
インされたものがほとんどである。コンテストを勝ち抜いて公式マスコットとして
選ばれるものが多いとはいえ，あまり浸透していないのが現状である。

---

3）『日本経済新聞』電子版「くまモン販売1505億円　18年最高更新」2019年3月4日，
　https://www.nikkei.com/article/DGXMZO42002480U9A300C1LX0000/

　中国のマスコットの問題点としてよく指摘されるのは、「想像力が貧弱で、デザインに特徴がない」「キャラクターの表情が似ていて、オリジナリティに欠けている」「マスコットの名前はあまり個性がなく、漢字を重ねてつけられる場合が多い」ということである[4]。また、2003年から2013年の間に中国でデザインされ使用された69体の観光マスコットに関する調査があるが、全体のうち、観光フェスティバルのために設計されたものが52体あり、全体の7割以上占めている一方で、イベントではなく、観光地公式マスコットは12体しかなく、全体の2割もないようである（羅、2013：1225）。マスコットの宣伝をする際に公式メディアはよく使われるが、SNSはあまり活用されていない事情もよく問題視されている（黄、2019：5）。上記のような傾向があるため、観光フェスティバルが行われる間、マスコットは頻繁にメディアで取りあげられ、次第に知名度があがるが、イベントが終わったとたん、公の場に姿をみせなくなり、だんだんと忘れられてしまう。

### ■ 4-2　大雲鎮のマスコット「雲宝」

　いかに中国のマスコットが抱えている問題を解決し、地域の活性化につなげるかを考察する際に、かならずといってよいほどくまモンは参考すべき成功例として取りあげられる[5]。このような状況で、くまモンの運営方法を参考に作られたマスコットが誕生した。浙江省嘉興市嘉善県大雲鎮のマスコット「雲宝」である。

　嘉善県は上海に近隣する歴史のある街として知られている。雲宝は、大雲鎮にある古い泉から誕生した妖精をイメージしてデザインされたマスコットである。デビュー当初、くまモンは熊本ではなく、大阪を中心にキャンペーンを行なって注目を集めた。その発想からヒントを受けたと思われるが、雲宝も地元ではなく、上海で最も有名な観光スポットのバンド（外灘）でデビューを果たした。2017年の6月1日という中国の子供の日に合わせて盛大な発表会を行なったが、すぐCCTVのニュース番組で取りあげられ、瞬く間に関心を集めた。

　SNSを活用するくまモンの運営方法を念頭に、雲宝も早い段階から微信の公式アカウントを作り、ファンとの交流を深めてきている。知名度をあげるために、雲宝はデビュー後の1年間、積極的に蘇州、杭州など近隣都市へと足を運び、様々なイ

---

4) 以上の問題点は、龔（2006：29-31）、李楠（2017：25-27）、陳（2017：81-82）ですべて触れられている。
5) 具体例として、朱・董（2018：72-73）、季（2019：241）、徐（2016：41-43）、張・張（2017：53-58）、李雪（2017：92-93）があげられる。

**図 14-1　雲宝**
（雲宝の微博の公式アカウント「雲宝甜蜜説」2019 年 4 月 9 日の投稿より）

ベントに参加した。そして同年の 9 月に突如，熊本市の商店街や観光スポットに現れ，「私とくまモン，どっちがかわいい？」をテーマにする街頭インタビューを行なって，さらに注目を浴びた。話題性に富んだこのようなやり方も，くまモンからの示唆だと推測してよいだろう。上述した宣伝の効果がさっそく現れ，大雲鎮の統計によると，雲宝が誕生した 2017 年の年間観光客数は，前年同比 40％増の 245 万人となり，観光収入は前年同比 108％増の 4.3 億元となったようである（楊潔ほか，2018：003）。

　2018 年 9 月 22 日に大雲鎮で「2018 アシックス・くまファンラン」が行われた際に，雲宝はようやくくまモンとのコラボレーションを果たした。「くまファンラン」はランニングのみならず，くまモンが登場するステージイベントやグッズ販売なども行われ，走ることをつうじて熊本の魅力を体感してもらえるランニングイベントであるが，当日は 3000 人あまりのランナーが集まり，おおいに会場を盛り上げた。しかも当日，大雲鎮の観光開発部門は，チームくまモンと友好提携協議を結び，雲宝とくまモンとの今後のコラボレーションをさらに促進し，観光，経済，文化などにおける交流と協力を深めていくという合意に達した。今後のコラボレーションからさらに目が離せないだろう。

**図 14-2　波波椰**
（波波椰の微博の公式アカウント「島民波波椰」
2019 年 10 月 23 日の投稿より）

**図 14-3　CIMC 国際マスコット大会**
【左より：にゃんごすたー，波波椰，くまモン，阿狸，わ
んこきょうだいそばっち，雲宝】
（微博の公式アカウント「雲宝甜蜜説」2019 年 7 月 12 日
の投稿より）

### ■ 4-3　CIMC 国際マスコット大会

　2019 年 7 月 12 日 –13 日，中国（成都）国際非物質文化遺産博覧園で「CIMC 国際マスコット大会」が開催された。この大会の開催目的は，文化と観光との融合を推し進め，知的財産権を確立し，地方活性化につながるマスコットを幅広く生かす方法について検討することである。主役のマスコットが数多く出席した大会だが，中国側からは雲宝，阿狸，波波椰，唐小西，羅小黒などが出ており，日本側からはくまモン，しんじょう君，アルクマ，わんこきょうだいそばっち，むすび丸，にゃんごすたーなどゆるキャラグランプリ出身のゆるキャラが参加した。違う国から来たマスコットが一堂に会して同じ壇上に上がり，会場は熱気に包まれた。

　今回の大会に日本のゆるキャラグランプリ実行委員会もゲストとして招待されたが，数年にわたって日本でゆるキャラグランプリを開催してきた実行委員会は，「ご当地マスコットキャラクターの運用，プロモーション，知的財産権の保護など様々なノウハウの提供を行ってい」くため，中国（成都）国際非物質文化遺産博覧園と

---

6）ゆるキャラグランプリ公式サイト〈https://www.yurugp.jp/jp/news/?id=1043（最終閲覧日：2021 年 3 月 20 日）〉
7）たとえば，姜（2016），李瀟燃（2017），彭（2019），楊（2019）が見られる。

パートナーシップ契約を締結することとなった[6]。今後，中国におけるマスコット
グランプリやマスコット博覧会などのイベントは，中国（成都）国際非物質文化遺
産博覧園を拠点に展開されていくことも大会で決定された。

　大会開催から約 3 ヶ月後，海南観光文化国際イメージキャラクターとして認定
された波波椰は，さっそく 2019 年 10 月 23 日に熊本県庁を訪問した。波波椰を率
いる海南省観光文化庁は，熊本でくまモンチームおよび国際観光推進室の代表職員
と座談会を行なって，マスコットが現地観光業をリードする「マスコット経済」に
ついて学んだという（趙・謝, 2019：A04）。この大会が契機となり，今後はくまモ
ンに限らず，中国のマスコットと日本のゆるキャラとの交流や協力はさらに盛んに
なっていくだろうと予想される。

# 5　結びにかえて

　中国ではここ数年，くまモンをはじめとするゆるキャラの成功例を参考に，自ら
地域のマスコットのデザインを試み，修士論文にデザインしたマスコットの画像や
関連商品のイメージ図を掲載したデザイン専攻の学生が数多く見受けられる[7]。今
回の調査で判明した修士論文は 2016 年度以降のものが多いので，通常の卒業年齢
を合わせて考えると，マンガやアニメ，ゆるキャラをはじめとする日本のポピュ
ラーカルチャーの影響を受けて育ってきた 90 後（1990 年代生まれ）世代の書いた
ものだと判断してよいだろう。デザインのクオリティにまだ改善の余地はあるが，
日本のゆるキャラの工夫がたくさん取り入れられており，これまで批判されてきた
中国のマスコットよりは個性が豊かで，時代に合う要素もちりばめられている。マ
スコットのデザインに旺盛な意欲を見せている若い世代がもし今後マスコットをデ
ザインする仕事に携わったら，中国のマスコット界がさらに盛りあがっていくと期
待できよう。

【引用・参考文献】
青木貞茂（2014）．『キャラクター・パワー——ゆるキャラから国家ブランディングま
　　で』NHK 出版
犬山秋彦・杉元政光（2012）．『ゆるキャラ論——ゆるくない「ゆるキャラ」の実態』
　　（kindle 版）ボイジャー
黄金林（2019）．「新媒体技術駆動下城市吉祥物設計与伝播研究」広東工業大学修士論文

季鵬磊（2019）．「浅談日本吉祥物的成功与可鑑之処」『戯劇之家』2019 年 5 月

姜亜群（2016）．「情感表達在吉祥物設計中的応用研究――以天津濱海新区吉祥物設計為
　　例」2016 年度天津師範大学修士論文

龔昆（2006）．「吉祥物設計的国際化探索与研究」2006 年度同済大学修士論文

熊本県庁チームくまモン（2013）．『くまモンの秘密――地方公務員集団が起こしたサプ
　　ライズ』幻冬舎

朱蕾・董金権（2018）．「熊本熊" 走紅原因及其对中国城市品牌発展的借鑑」『普洱学院学
　　報』2018 年 8 月

徐亦凡（2016）．「日本吉祥物形象熊本熊走紅的動因分析」『東南伝播』2016 年 3 月

張淑燕・張韵（2017）．「日本熊本県品牌形象的吉祥物買萌 営銷探析」『現代広告』2017 年
　　12 月

趙優・謝琛（2019）．「波波椰向熊本熊学習 " 吉祥物経済 "」『海南日報』2019 年 10 月 29 日

陳曦（2017）．「中国城市吉祥物的現状及其文化内涵分析」『文教資料』2017 年 4 月

彭咪（2019）．「吉祥物在城市旅游形象中的設計与応用――以秦皇島市撫寧区為例」2019
　　年度湖北工業大学修士論文

みうらじゅん（2004）．『ゆるキャラ大図鑑』扶桑社

森田岳穂（2013）．「くまモン効果，2 年で 1244 億円――日銀熊本支店が試算」『朝日新
　　聞』2013 年 12 月 27 日

楊斐（2019）．「大理旅游文化的動漫化推広研究」2019 年度雲南芸術学院修士論文

楊潔・鄭小梅・蘇麗君（2018）．「雲宝 " 甜蜜助攻 " 大雲能成為下一個熊本県嗎？」『嘉興
　　日報』2018 年 9 月 18 日

羅媞（2013）．「創意経済時代旅游吉祥物功能認知与価値実現探析」『資源開発与市場』
　　2013 年 11 月

李延・方昕（2019）．『中国萌――打造紅遍全球的吉祥物IP』浙江大学出版社

李瀟燃（2017）．「敦煌城市旅游吉祥物形象設計探究」2017 年度西北師範大学修士論文

李雪（2017）．「吉祥物経済：打造城市品牌建設的新思路――以日本熊本県吉祥物 " 熊本
　　熊" 為例」『青年記者』2017 年 3 月

李楠（2017）．「基于感性需求的吉祥物設計思路与実現方法研究」2017 年度天津科技大学
　　修士論文

## コラム：『和華』————————————

王 怡然

　『和華』（編集長：孫秀蓮）は2013年10月，ある中国人女子留学生が，日本の居酒屋でのアルバイト代をつぎ込んで創刊した日中文化交流誌である。ながらく日本人の中国に対する印象が大きく改善しないなか，なぜ本誌は誕生したのであろうか。

　本誌の創刊辞では，中国と日本は隣国として昔から文化交流を行なってきたが，近年では誤解や偏見などによる摩擦や対立も多くみられる。そしてその一因としてあげられるのは，日中のマスコミによる一面的な報道にある。国と国の間では，摩擦が多いからこそ，民間での交流はいっそう重要である。また，本誌は，「日中両国の文化発信，相互理解及び友好交流を目的」とした「非政治的・非宗教的なもの」を旨とする，と記されている。

　本誌が歩んできた7年の歴史は，大きく分けて二つの段階に整理することができるだろう。第1号から第6号まではコラムの時代であり，文化，読書，言語，旅行，音楽，私と日本・中国，企業文化などの欄が設置されていたのに対して，第7号からは特集号に変わった。職人の技，日中企業で働く人，時空を超える遣唐使と，人物に焦点をあてたものがあれば，アニメ，中華料理，服，茶，酒など生活文化を扱った内容もある。また，その枠で煎茶の世界，書道，音楽，庭園，芸能など芸術関係のコンテンツも特集された。

　とくに第8号以降は，株式会社アジア太平洋観光社のサポートを受け，図版や写真を豊富に入れてますます充実してきた。たとえば，「職人の技」（18号）では，日中の漆器・磁器・銅器・紙・服飾・日中の職人など，日中各地の伝統工芸品・歴史・技法の新たなスタイルを取りあげている。また，「アニメ」（19号）では，日中アニメ交流史，私たちの好きなアニメ，中国のアニメ事情，アニメ聖地巡礼，オタクイベント，宝塚市立手塚治虫記念館などを紹介している。そして，「煎茶の世界」（24号）においては，日本喫茶文化の歴史，隠元禅師が日本に伝えた煎茶文化，煎茶道静風流三世家元，小笠原流煎茶道五代家元，煎茶道東阿部流五世家元のインタビュー，煎茶道具，茶道の源流──中国浙江省の徑山寺などが掲載されている。

　さらに，日中平和友好条約締結40周年＆中国改革開放40周年を記念す

るため，各界の活躍する人を紹介した『温故知新』（20号，2018年）やその続編『日中新時代』（28号，2021年）が単行本として刊行された。『日中新時代』（28号）には，公明党代表，参議院議員，元金融担当大臣，元文化庁長官などといった政治家や，日中の小説家，日本人作詞家，中国人二胡音楽家などといった文化人，および中国の美術社社長，日本の運送業界社長などの経営者のインタビューが収録されている。彼らは自分の体験に触れながら，日中関係の未来に向けて抱負を語っている。

　日中文化を中心に取り扱う雑誌として，『知日』（蘇静主編，2011年創刊）は知名度が高い。これは中国で発行された，中国人向けの雑誌である。日本で発行されているものとしては，『日中文化交流』（日中文化交流協会，月刊誌，2021年3月で創刊から900号を数える），『中日文化研究』（一般社団法人中日文化研究所，2013年より年刊），『アジア遊学』（勉誠出版，2021年3月現在，254号）などがあげられる。百花繚乱の中に誕生した『和華』は，「新米」かもしれないが，「新米」ならではの新鮮さに今後が期待されるだろう。

# 15 中国のシェアリング自転車を
めぐる社会事情について

楊 爽

## 1 はじめに

　自転車シェアリングは，シェアリング・エコノミーの一種だと考えられる。その「コストの節約」および「エコ」という特徴は，現在の中国における発展理念と一致しており，資源配置効率を向上させた経済形式であると評価されている。中国政府は近年，環境保護への取り組みを推進しており，その一環として，都市部での自転車の利用を促す動きがみられる。北京や一部の大都市では，道路に自転車専用レーンを設け，自転車シェア事業を後押しする動きも進んでいる。

　中国でのシェアリング自転車の発展は，三つの段階に分けられる（陸・欧, 2018）。2007 年から政府が主導する公共自転車が現れ，自転車に対する管理，運営も政府によって行われていた。2010 年から，永安行などのような民間企業が徐々に登場し，公共自転車の運営事業に着手した。インターネットの発展にともなって，2014 年から，専用停車ポストなしの乗り捨てレンタル自転車が ofo によって登場した。本章では，2014 年以後の乗り捨て型レンタル自転車を対象にして検討するつもりである。

## 2 主なシェアリング自転車のブランド

### ■ 2-1　ofo（ofobicycle・小黄車）[1]

　ofo は 2014 年に北京において事業を展開しはじめた。創立者は北京大学の卒業生であり，大学生のために，便利で安く利用できる乗り物を提供する発想にもとづき，最初は北京大学に 2000 台を設置した。保証金の安さ，および車体の充実ぶりと

---

1）ofo のホームページ：http://www.ofo.so/#/about（最終閲覧日：2021 年 3 月 20 日）

図 15-1　ofo 単車 [2]

乗りやすさで，2018 年 5 月になると，ofo の愛用者は 2000 万人を超えたという。また，北京から世界の 20 国あまり，約 250 の都市にまでその業務範囲を広げた。

　自転車には GPS 通信機能が搭載されているため，ofo の使用者は専用アプリを使い，近くにある自転車を探すことができる。また，自転車に設置されている QR コードをスキャンすることで開錠することができる。このような中国国内に限定されていた ofo の専用アプリは，2017 年 8 月には海外でも使えるようになり，海外のユーザーもクレジットカード以外，モバイルアプリでの支払いが可能になったため，利便性がさらに高まった。

　ofo の日本への初上陸は，2018 年 3 月 28 日に和歌山で実現した。セブン‐イレブンおよび Softbank も事業に着手したが，交通規則など様々な制約があったため，日本ではあまり発展しないまま消えたようである。

　2018 年 7 月，ofo 本部はドイツからの撤退を発表した。そしてその 8 月に，シアトルからの撤退を発表し，自転車もごく安い価格で処分された。さらに 10 月になって，ofo の法人交代が行われた。融資に失敗し，破産の可能性を示唆する噂が広まるようになった。当初の保証金の返却を求める人が徐々に増え，それによって，もともと窮地に立たされていた ofo はさらなる難局に陥った。保証金に関するトラブルは今でも継続しているが，街からは ofo の黄色い車両はもうほとんど消えている。

### ■ 2-2　摩拜単車（mobike） [3] と美団単車

2015 年 1 月 27 日，北京で摩拜の本部が設立され，その翌年の 4 月，上海での

---

2) https://baike.so.com/gallery/list?ghid=first&pic_idx=3&eid=24059091&sid=24643943
　（最終閲覧日：2021 年 3 月 20 日）
3) https://mobike.com/cn/about/（最終閲覧日：2020 年 11 月 14 日）

業務展開が開始された。2017 年 1 月，摩拝が中国トップシェアのチャットアプリ WeChat（ウィーチャット）と組んで，そのプログラムに登場し，WeChat ペイで決済ができるようになった。4 月に，ofo も同じような戦略を運用し，配車アプリ企業である滴滴出行（ディディチューシン）と組むようになったため，両者の対立が激化した。

2017 年 2 月，摩拝は招商銀行と提携関係を結び，保証金管理，取引先の共有などの面で協力の合意を得た。それにもとづき 2018 年 7 月，保証金を 299 元から 0 元へと変更した。もともと保証金の返却をユーザーみずから自由に操作できる摩拝は，シェアリング自転車業界ではじめて保証金ゼロを実現したため，それによってより

図 15-2　摩拝単車 4)

図 15-3　美団単車

図 15-4　摩拝 WeChat プログラムでの業務停止提示（筆者撮影）

---

4) https://mobike.com/cn/about/ （最終閲覧日：2020 年 11 月 14 日）

多くのユーザーを獲得することになった。

　シェアリング自転車業界での競争が激しくなっている現在，摩拜は使用料金を徐々に値上げしている。当初は0.5元／30分であったものが，その後1元／30分になり，2019年11月にはさらに1.5元／15分まで値上げした。一方，長時間使用のユーザーのために，「紅包（ラッキーマネー）」が設置された。この措置は，ある程度，固定客を維持するのに役に立ったといえる。

　摩拜は2018年4月3日の株式総会で，美団による買収に合意した。2019年1月，「美団単車」と名称変更した摩拜単車が美団アプリに登場した。同年12月，美団単車は利用料金を値下げし，それによって1.5元／30分になった。摩拜アプリとWeChatでのプログラムの運営は，2020年12月14日の夜23時までとなって，それ以後，美団アプリはその唯一のログインアプリとなっている。美団による業務の範囲は配達事業以外に，配車およびレンタル車にまで及んでいる。美団単車の登場は，そのレンタル車事業展開のための力になるかもしれない。

### ■ 2-3　哈啰単車 hellobike（Helloglobal）

　ホームページ[5]を参照すると，哈啰単車の初登場は2016年11月になっている。翌年8月になると，第3代の車種である哈啰単車3.0の運用が開始された。さらに10月には，レンタル自転車の運営会社である永安行が哈啰単車を買収し，両社が合

図15-5　哈啰単車[6]

図15-6　哈啰校園車（筆者撮影）

5）https://www.helloglobal.com/index.html（最終閲覧日：2021年3月20日）

6）https://st.so.com/stu?a=simview&imgkey=t012230eec5b2f4b5f0.jpg&fromurl=https://www.sohu.com/a/243497103_100229664&cut=0#sn=0&id=a2dda9042ad8eb8a9b6d380a2e07367d&copr=1（最終閲覧日：2021年3月20日）

併することになった。

　2018年2月に，哈啰単車の登録者はすでに1億人を超えている。7月には，その利用回数は日に2000万回を超え，数も質も他のレンタル自転車企業を圧倒し，トップといわれる存在になった。2020年9月になると，登録者がさらに増えて4億人に達し，400あまりの都市で使用されるようになった。

　2018年3月，アリペイ（alipay）と提携していた哈啰単車は，業界でははじめて，保証金の免除を全国的に行なった。その基準となったのは，Alipay（アリペイ／支付宝）による「芝麻信用」という信用システムでのスコアである。また10月に，大学キャンパス内での使用限定で「哈啰校園車」が登場し，アリペイの芝麻信用か，もしくは学生証によって保証金が免除されるようになった。これにより400の大学に定着した哈啰は，数百万ものユーザーを獲得するようになった。

### ■ 2-4　青桔単車（didibike）[7]

　青桔単車は，中国最大の配車アプリ企業である滴滴出行が2018年1月以降，成都で運営しはじめたレンタル自転車である。他のレンタル自転車ブランドより遅れているが，滴滴出行という後ろ盾があるため，運営面においてはすでに成熟している。滴滴出行公式アプリで青桔単車という項目があり，それを使い，自転車にあるQRコードをスキャンすることによって使用が可能となる。また，公式になった当

**図 15-7　青桔単車　（筆者より撮影）**

7）ホームページ：https://www.didiglobal.com/travel-service/bike（最終閲覧日：2021年3月20日）

初，青桔単車は芝麻信用のスコアにより保証金の免除を実施していた。2019 年 12 月，その料金も前述のレンタル自動車会社と同じように，1.5 元／30 分まで値上がりした。

### ■ 2-5　永安行単車 [8]（小緑）

　永安は，中国では最大の公共自転車運営会社であり，永安行はそのレンタル自転車事業のブランドである。「エコシティを目指し，エコ交通システムを構築する（打造緑色交通体系，促進生態城市建設）」という理念をホームページで掲げているこの会社は，2016 年 11 月，事業を展開する都市として成都を選び，ロッカーポストなしのレンタル自転車永安行を発表した。それと同時に展開したのは，政府の公共自転車事業に参与して運営している緑色のロッカーポストのあるレンタル自転車事業である。2017 年 10 月，永安はレンタル自転車業界で初の買収を行い，哈啰単車をその管理下に置いた。現在，永安行のホームページを閲覧すると，そのレンタル自転車の画像は哈啰単車と，政府と連携した緑色の「小緑」だけである。ここで取りあげるのは「小緑」である。

図 15-8　鄭州地下鉄龍子湖駅の永安行単車

図 15-9　青桔単車　（筆者より撮影）

8）ホームページ：http://www.ibike668.com/（最終閲覧日：2021 年 3 月 20 日）

図 15-10　料金表示

　そのサービスの登録は，永安行アプリかアリペイから行うことができ，芝麻信用のスコアによって，保証金の免除も可能である。しかも 0.5 元／30 分のごく安い値段設定により，現在のところ，290 あまりの都市に 5100 万以上のアプリ登録者がいる。

　以上，2014 年にはじまった ofo など数社の事例をあげながら，こんにちの中国におけるレンタル自転車の種類およびその発展について述べた。次節ではそれにもとづき，レンタル自転車の現状，ならびに問題について論じたいと思う。

## 3　レンタル自転車の現状

　アプリをつうじて簡単な操作をすれば誰もが使えるレンタル自転車は，経済および環境保護の両面において「エコ」なサービスだといえる。既述のとおり，それは短距離移動の便利な手段として人気を博し，短期間のうちに急速に発展してきた。一方，急速な発展には様々な問題も随伴している。先行研究（曽, 2017）では，すでに 2017 年の段階で，レンタル自転車の現状を 4 点──膨大なユーザー数，ユーザーによる高い依存度，テクノロジーの進歩，地方都市での流行──にまとめて考察を展開している。曽による指摘はもっともではあるが，実際のところレンタル自転車

事業の発展にともなって，新たな状況が出現しつつある。以下ではその新たな状況を概観しておこう。

### ■3-1　競争の激化

2017年に，20あまりのレンタル自転車会社が台頭し，空前の盛況があらわれた（曽，2018）。しかし競争の激化にともない，2018年はこの業界が大きく動揺する1年となる。小規模な会社の倒産はもちろん，創始者であるofoでさえ事業を停止し，摩拝単車は美団単車と名称を変更した。他の会社はユーザー満足度のために，保証金の免除，GPSシステムの改善，ロッカー技術の革新，車種の更新などにさらに力を入れた。

### ■3-2　常用アプリとの連携

中国におけるレンタル自転車事業の流行は，スマホ決済と密接にかかわっている。スマホ決済が流行する以前に，公共自転車の使用はICカードに依拠していた。これだとリチャージも必要であり，便利であるとは言い難い。それがWeChatペイ，Alipay（アリペイ／支付宝）などの登場により，支払いがワンタッチで完了できるようになって，人びとは現金をもつ必要がなくなった。

また，WeChatは現在のところ，中国におけるトップシェアのチャットアプリであり，膨大なユーザーを有している。それとの連携は，決済や客層においても有力な後ろ盾を獲得することになる。中国アリババグループが提供するAlipayは，中国最大級のオンラインモール「タオバオワン」でも利用されている第三者決済である。膨大な客層以外に，信用システムももち，保証金を免除したレンタル自転車会社にとっては管理コストの節約にもなる。

### ■3-3　公共交通機関との接続

レンタル自転車は，公共交通機関までの短距離移動，あるいは，そこから降りた後の「最後の1キロ」の移動に役立つ。そのため，地下鉄の出入口かバス停などのような公共交通機関の近くに設置するのは，利用頻度を高めるのに最も有利な方法である。しかし他方で，自転車の配置問題をめぐっては，各会社による競争の激化を招くことにもなった。

### ■ 3-4　大学生客層への重視

レンタル自転車はスマートフォンと緊密にかかわっているため，その使用に長けた若者たちが客層の中心となる。哈啰単車が使用する人工知能ビッグデータサービスによると，そのユーザーの年齢は 18 歳から 35 歳までに集中している。職業からみると，大学生が相当な割合を占めている[9]。当初，レンタル自転車事業は，大学生の短距離移動のニーズに応じて開始された。大学生は相対的に時間のゆとりがあるうえ，短距離移動の需要が高く，安い交通機関を求める傾向にあるため，シェアリング自転車の主要な客層として想定されたのである。しかも大学生の信用状況は比較的良好であるため，管理しやすい客層ともいえる。これを十分に認識したうえで，哈啰単車は 2017 年 9 月，大学生のために 365 日保証金なし，使用料金なしのプロジェクトを先行的に実行した。さらに 2018 年 10 月に，大学のキャンパス内使用限定の「哈啰校園車」をも登場させ，他のブランドに対して先手をとった。

### ■ 3-5　並行する都市と地方

「一線都市」[10] のレンタル自転車が飽和状態になった現在，地方都市における市場開拓は極めて重要になった。哈啰単車は，地方都市の価値を十分に認識していた。ofo と摩拝単車は一線都市から事業を開始し，そこで併存していた。このような局面に直面された哈啰単車は地方都市を皮切りに，地方都市から大都市への開拓方針を取って，業界でのトップになった。

### ■ 3-6　値上げと多様化されたコース

競争の激化にともない，レンタル自転車会社は車両の更新，技術の革新などに注力することになる。また，政府の規制に対応するため，各会社による自転車配置への投資が激化した。それによって，各会社がその使用料金を値上げしたことは既述の通りである。しかし，1.5 元 /30 分という値段はバスより高いので，客層を維持するために，会社側は各種割引のあるコースを提供しなければならなくなった。

---

9) https://www.sohu.com/a/197200321_589621（最終閲覧日：2021 年 3 月 20 日）
10) 一線都市とは，北京，上海，広州，深圳などのような全国的な政治活動や経済活動が行われるなど，中国の都市のなかでも重要な地位をもち，模範的役割や影響力，牽引力をもつ大都市のことである。

### ■ 3-7　レンタル自転車会社の業務の多元化

　滴滴出行の成功は，配車サービスの可能性を示唆している。運営方式が類似するレンタル自転車会社もその市場に進出する心づもりで，配車企業を開始した。たとえば，全方面に立体化した交通システムを構築するため，永安行は「永安行専車」事業を開始している。美団は固有のユーザーにもとづき，配車事業をはじめたうえ，摩拝単車を買収し，レンタル自転車業務まで開始した。また，各社は中国で普及した電動アシスト付自転車のレンタル事業にも力を入れている。

## 4　レンタル自転車の問題

### ■ 4-1　モラルの問題

　これはおもに，ユーザー側の問題だといえる。たとえばレンタル自転車の GPS システムを破壊して，カギをかけて私物化するケースもあり，また，車体を汚損することもある。アプリを使って自転車を探して近隣の自転車を見つけたとしても，それが壊れていて利用できないことも少なくない。これは企業側にとっても大きな問題になっている。また，シェアリング自転車の運転中にユーザーが交通違反をすることもあるが，これを企業が規制することは難しい。

### ■ 4-2　車両の修理・処分

　レンタル自転車の車体整備は，各企業の選択により自転車生産企業と組んで行なっているため，質においては同一ではない。各レンタル自転車会社は，自社の自転車の使用寿命を規定している。使用寿命に達した自転車をどう処分するかという点は，企業にとっては大きな問題である。また，故障がある自転車の修理についても，企業の評価にかかわっている。

### ■ 4-3　自転車の過剰配置

　前述のとおり，公共交通機関の近く，あるいは人出が多いショッピングモールやキャンパスなどに自転車を配置するのが利益を得るうえではもっとも効率的である。そのため，自転車がある場所に過剰に配置されたり，それによってユーザーによる乗り捨てが増えたりすることで，交通問題を生み出すこともある。バランスを欠いたレンタル自転車の配置は，資源の無駄だといえる。

### ■ 4-4　乗り捨て問題

現在のところ主流であるレンタル自転車は，利用後に車体をどこでも好きな場所に乗り捨てられる点を特徴としているが，規制の欠如はユーザーによる好き勝手な停車を誘発し，交通状況の改善どころか，交通渋滞の要因にもなり，大きな社会問題となっている。2017 年からは，政府の規制により指定エリア外に駐車した場合は罰則が科せられるようになったが，しかしそのエリアは限定されているため実情にあわない。

### ■ 4-5　保険と安全

シェアリング自転車の普及は人びとの移動手段に新たな選択肢を提供したが，混雑した都市で自転車専用レーンを設けることは難しく，自転車と自動車が同じレーンを走行することはよくある。それはユーザーにとっては，安全な使用環境とは言い難い。しかも企業にとっては，ユーザーの実態がわからないので，その管理が難しいともいえる。ある企業は 12 歳未満の子供や，あるいは年長者にもユーザー登録を認めているが，他方でこれは人身事故のきっかけにもなっている。また，軽微な故障のある自転車を使用する場合，問題があってもすぐには解決できないこともある。したがって，損害にそなえて人身保険が必要となる。むろん現在の使用料金

**図 15-11　哈啰単車車体の QR コードのところにある年齢提示**

には保証金が含まれているが，実際に賠償を求めることは難しい。

　企業が預かった保証金は，破産によって返却が困難になるケースもあるかもしれない。ofo はその一例である。ofo は融資の失敗によって業務停止に追い込まれたが，保証金の返却問題はそれから 2 年が経過した現在でも世間を騒がせている。また，アプリの登録には個人情報が必要であるため，個人情報の漏洩のリスクがないとは言い難い。

## 5 問題の解決策と展望

　以上のようにレンタル自転車事業をめぐっては様々な問題が浮上しつつあるわけだが，本節ではそれにもとづき，政府，個人，企業の三つの視点から解決策を述べたい。

### ■5-1 政府の支持と規制

　中国政府は近年，環境保護や経済問題に取り組んでおり，それを背景として，シェアリング自転車は勢いよく普及してきた。2017 年 3 月，上海で「レンタル自転車技術条件（共享自行車技術条件）」，「レンタル自転車サービス規範（共享自行車服務規範）」が制定された。それによるとユーザーの身長は 145–195cm と規定され，年齢は 12–70 歳と限定されている。ただし，70 歳以上の健康証明をもつ人も使えるという付帯事項も設定されている。それ以外，運営方式，自転車の修理，使用料金，保証金管理，ユーザー信用システム管理，損害賠償などについて具体的に規定し，シェアリング自転車を運営する各企業は国が強制する基準にしたがうことになった。ちなみにこれは，シェアリング自転車の配置の均衡，ならびに管理団体の規模についても触れている[11]。

　成都も同月，「レンタル自転車事業を促進するための試行意見（関与鼓励共享単車発展的試行意見）」を公布し，政府側はサービス以外，とくに規制や管理の機能を担い，企業側は自転車の配置，経営と維持を担うと定められている。また，ユーザー側に「文明的な使用」の責任を求める記載も含まれている。このように「政府」，「企業」，「個人」の三つの視点から責任の所在を明確化させたのである。2017 年 5

---

11) https://www.thepaper.cn/newsDetail_forward_1638381（最終閲覧日：2021 年 3 月 20
　　日）

月，普及しているシェアリング自転車を管理するため，中国自行車協会共享単車専業委員会が設置された。このようにして，シェアリング自転車が中国自行車協会の管理下に入ったのである。

　しかしシェアリング自転車の普及速度があまりに急速なこともあり，規制だけは問題を解決できないと考えられる。とりわけ乗り捨て問題のおもな原因としてあげられるのは，駐車エリアが足りないことである。政府側は都市計画の側面から，シェアリング自転車の停車エリア，および専用車道の整備により注力する必要がある。また，ユーザーの安全性を確保するために，道幅，とくに自転車専用レーンの拡張は必ず実施すべきである。それと同時に，企業間の競合に由来する自転車の過剰配置については，政府が制止しながらバランスのとれた競争を導くことも大切だ。

　シェアリング自転車をめぐる企業間の競争はむろん利益獲得を目的とするものでありながら，他方ではエコで経済的な短距離移動手段として公益性もある。それを「公共自転車」として最大限に活用することは，政府の課題ともいえるだろう。これについては，哈啰単車は良いモデルを提示しつつある。

　地方公務員は固定的な公用車をもっておらず，公務での外出を統一的に管理することは難しい。哈啰単車はそのために，インテリジェントパトロールシステムを開発している。それによってオンラインでタイムカードを打刻することができ，移動路線を即時に提示することもできる。そして農村部の公共交通を構築するために，哈啰単車は農村部に自転車を配置し，地元の有力者を管理者に設定している。これは就職機会の増加とともに，収益の一部は地元の建設と貧困援助のために使えるため，農村の発展に大いに貢献しつつある。また，2018 年に哈啰単車はデータ分析にもとづき，地下鉄およびバスなどの公共交通機関の運行が終了した深夜でも，まだ移動需要があると分析したうえで，シェアリング自転車の無料サービスを提供し，都市公共交通機関の予備手段を確立した[12]。

　このように，事業の公益性が活用されれば，企業の宣伝になるだけではなく同時に，社会への貢献も大きい。政府としては，規制と同時に，シェアリング自転車の公益性を最大限に発揮するための環境や政策を提供することが重要だ。

---

12）https://baike.baidu.com/item/ 哈啰出行 /22879308?fr=aladdin（最終閲覧日：2021 年 3 月 20 日）

## ■ 5-2　企業の革新と監督理念の強化

　競争の激化に対応するため，企業側はより力を蓄える必要がある。ユーザーのために，さらに迅速なアプリ体験，車体の革新，GPSシステムの更新などをすべきだと考えられる。また，都市部における車両の飽和状態に対して，地方はまだ普及していないところもあるため，その市場開拓も重要だと考えられる。

　さらに付言しておくと，利益の獲得のためには，値上げよりも他のアプリとの連携が有効な手段だと考えられる。企業側はこれを明確に認識したうえで，美団，アリペイ，WeChatペイ，滴滴出行などと連携をしている。アプリユーザーのプロフィールを想定したうえで，ofoが女性ユーザーのために，軽くて小型の自転車を配置するように，個性的なプランやサービスを提供することで，ユーザーの乗車体験を重視している。

　政府によってエリア外駐車の罰則が実施されるようになってから，それぞれのシェアリング自転車会社はみずからの対応措置をとるように要求されている。摩拜単車はエリア外駐車について，警告，信用システムでのスコア減点，罰金などのよ

**図 15-12　哈啰単車の開錠ページとエリア外駐車の罰金提示**（筆者撮影）

---

13）https://www.sohu.com/a/212173333_267369（最終閲覧日：2021年3月20日）

うな措置を講じている。なお，信用スコアが 80 点以下になると，使用料金は 100 元まで値上げ，0 点になれば，使用権を喪失することになる[13]。しかし現状では，ホームページかアプリでそれぞれ罰金が提示されるが，しかし提示の時間までにエリア外駐車をしていた車両を移動させれば，罰金の戻しができるため，ユーザーに対する拘束力は強いとはいえない。そのため，銀行などのような機構と信用システムでの連携により，全国的な信用システムの構築をすべきだと考えられる。

### ■ 5-3　ユーザー側の自律

　シェアリング自転車は便利であり，経済的で，また環境保護にも貢献しうる。また，ある程度は交通渋滞を改善することにも寄与しうる。この利益を享受するため，自転車を公共インフラとして保護しなければならない。そしてそれは，ユーザーによる適正な利用と，他者による監督によって実現されるといえる。

　今のところ企業側は，ユーザーによる悪意ある損害などに関する報告システムを設置しているが，宣伝不足のためかあまり利用されてこなかった。これについてはボランティアを募集したり，報酬を提供するなど，いくつかの解決策があると考えられる。

### 6　おわりに

　以上，本章では中国におけるシェアリング自転車の現状，問題点，および解決策について紹介してきた。シェアリング自転車の普及により様々な問題が発生したが，様々なかたちで解決策も実行されてきた。しかし，それにはまだ改善する余地があるともいえる。シェアリング自転車のさらなる発展は，政府，企業，個人の 3 者による協力が欠かせないといえるだろう。

**【引用・参考文献】**
曾芸淑（2018）.「共享単車的現状分析」『中小企業管理与科技』*13*, 62–63.
陸燕芳・欧秀英（2018）.「共享単車発展的環境分析」『中国市場』*22*, 52–54.

# コラム：中国人インバウンド客への電子決済対応 —————

平崎 真右

　日本を訪れる外国人観光客のデータを「日本政府観光局」統計によって確認すると，2019 年度の「訪日外客数（総数）」31,882,049 人のうち，国別では上位から中国（9,594,394 人：30.1%），韓国（5,584,597 人：17.5%），台湾（4,890,602 人：15.3%），香港（2,290,792 人：7.2%）となっており，これ以下もタイ，シンガポール，マレーシアなどアジア圏の国々がつづいている。全体に占めるアジア圏の総数は 84.1%であり，改めて日本がアジアの国々と近しい関係にあることがわかる [1]。このうち中国からの訪日客数は群を抜くが，2015 年度に韓国と順位が逆転して以降，中国は常に「インバウンド消費」の先頭にある [2]。「爆買い」なる言葉が「ユーキャン新語・流行語大賞」の年間大賞を受賞した年も同年度であることから，この頃には，訪日中国人の存在がとくにビジネスの文脈で大きく焦点化したのだといえよう。この訪日客数の増加に付随する現象は様々な角度から語りうるが，ここでは，何かを購入する際の決済手続きに注目してみたい。

　現代中国社会のインターネット普及率は人口の 70.4%を数え，そのうちモバイルネット（おもに「スマホ」）の利用は 99.7%と，生活に欠かせないインフラであることがわかる [3]。そのスマホに提供されるアプリは様々だが，何かのサービスを購入した際の電子決済（とくにモバイル決済）方法としては，大きく二つがあげられる。「阿里巴巴集団（アリババグループ）」の提供する「Alipay（支付宝）」と，「腾讯（テンセント）」の提供する「WeChat Pay（微信支付）」がそれであり，スマホ

---

1) 「日本政府観光局ホームページ」〈https://www.jnto.go.jp/jpn/statistics/ visitor_trends/（最終閲覧日：2021 年 3 月 20 日）〉
2) 観光庁による「訪日外国人消費動向調査」をみると，国別の「費目別購入率および購入者単価」における「買物代」は，2015 年度以前より中国はトップであることがわかる。「国土交通省観光庁ホームページ」〈https://www.mlit.go.jp/ kankocho/siryou/toukei/syouhityousa.html（最終閲覧日：2021 年 3 月 20 日）〉
3) 統計は，「中国互聯網絡信息中心（CNNIC）」が公表する「第 47 次《中国互联网络发展状况统计报告》」より。「中国互聯網絡信息中心ホームページ」〈http://www. cac.gov.cn/2019-08/30/c_1124938750.htm（最終閲覧日：2021 年 3 月 20 日）〉

を普段使いする人びとの間では，基本的にはこの2種の決済が頻用される[4]。

　そのため，日本国内において，とくに中国からのインバウンド客が多数訪れる地域の事業者たちには，これらの決済方法に対応する店舗が現れる。たとえば，新宿駅東口に位置する百貨店「伊勢丹新宿店」では，インバウンド客向けの「ゲストカード」を発行する。これは現金やクレジットカードのほか，「Alipay」，「WeChat Pay」，「銀聯カード」での買い物が5%優待となるものだが[5]，ここでは明らかに中国人インバウンド客を意識していることがわかる。また，伊勢丹と同じく新宿駅東口に位置する「ビックロ」や，近隣に複数店舗を構える「ダイコクドラッグ」なども，中国人インバウンド客が多く買い物する場所であり，団体バスから店舗へ入っていく光景や，店内の免税カウンター，中国人店員による対応などは，すでに日常と化している。著者の記憶ではあるものの，新宿歌舞伎町エリアの居酒屋（「はなの舞」）では，遅くとも2018年時点では「Alipay」，「WeChat Pay」，「銀聯カード」に対応していたことも思い出す。

　このように，中国発の決済方法に対応する店舗がある一方で，それらと提携する日本企業も現れている。2018年9月には，ソフトバンクとヤフーの合弁会社でスマホ決済事業を展開するPayPay株式会社が「PayPay」と「Alipay」の提携を開始し，2019年8月には，Line Pay株式会社が「Line Pay」と「WeChat Pay」の連携を開始した。スマホ決済アプリである「PayPay」および「Line Pay」が使用できる店舗で「Alipay」，「WeChat Pay」が使える仕組みだが，ソフトバンクでは提携とほぼ同時期に，中国国内で広く配車サービスを手掛ける「滴滴出行」と共同出資会社 DiDi モビリティジャパンを設立し，日本国内でのタクシー配車サービスも開始している（2018年9月，大阪府より開始）。モバイル決済で提携するだけではなく，サービスの参入についても積極的に連携する姿がみえる。

---

4) なお，ここに中国銀聯が提供する「銀聯カード（**銀联卡**）」を付け加えることもできるが，本コラムでは決済の簡便性という点から「Alipay」と「WeChat Pay」に絞っている。ただし，中国における電子決済（またはキャッシュレス）の変遷をたどるうえでは，モバイル決済の土台として「銀聯カード」の普及を見過ごすことはできない。
5) 「ゲストカード」は，全国23店舗で使用が可能（2019年9月25日現在）。「三越伊勢丹ホームページ」〈https://isetan.mistore.jp/store/shinjuku/foreign_customer_service/jp/guestcard/index.html（最終閲覧日：2021年3月20日）〉

　ここで触れた事例は，年々増加する中国人インバウンド客への対応から生じてきたものだが，中国発のモバイル決済への対応という面では，別の点も指摘できる。中国でのモバイル決済が，「Alipay」か「WeChat Pay」のどちらかを使用できれば事欠かない状況に対し，日本においては先の「PayPay」，「Line Pay」以外にも，「楽天ペイ」や「Amazon Pay」といったIT系，「7pay」，「FamiPay」，「atone」などのコンビニ系，「ゆうちょ Pay」，「Bank Pay」，「PayB」などの銀行・金融系など，業態によって多種多様な決済（コード決済）がそれぞれ提供されている状況にある[6]。中国に比べ日本では決済方法が氾濫しているともいえる。

　このような状況を整理・統一するための規格として，総務省が推進するQR・バーコード決済用の統一規格「JPQR」が，2019年度より開始された[7]。この動きには，「Alipay」や「WeChat Pay」のような「スーパーアプリ[8]」に刺激を受けた一面も垣間見える[9]。統一規格の理念と，実際の小売や決済の現場との間には一定の隔たりも予想しうるため，今後の動向が注目されよう[10]。

　日本にとって最大のインバウンド国である中国がもたらす影響は，「爆買い」に象徴される人や金の移動だけではなく，商習慣のあり方や発想にまで及んでいる一面があるといえるのかもしれない。なお，2020年以降に世界的流行をみせる「COVID-19」によって訪日外国人観光客数も激減していることから，この事態が今後の商習慣にどういった影響を与えるのか，注視する必要もあるだろう。

---

6) このうち，「7pay」は2019年9月30日でサービスが廃止された。

7)「2020年度 総務省統一QR「JPQR」普及事業ホームページ」〈https://jpqr-start. jp/（最終閲覧日：2021年3月20日）〉

8) プラットフォームとなるアプリ内に様々な機能をもつアプリを統合し，日常生活のあらゆる場面で活用シーンをもつ統合的なスマートフォンアプリを指す。

9)「JPQR」への参加予定決済事業者には，「WeChat Pay」「銀聯カード」が含まれている。注7ホームページ参照。

10)「JPQR」を下支えしようとする動きは，民間企業側にも認められる。「NIPPON Platform 株式会社」は，コード決済システムを導入していない個人の中小企業店舗に対してキャッシュレス化を進める事業（「静的QRコード」から「動的QRコード」への切替など）を展開していたが，加盟店に対する支払い金の未払いなどの問題から，2020年4月にサービスを停止している（小山安博「ニッポンタブレット停止。加盟店への未払いなどトラブル」「Impress Watch ホームページ」〈https://www.watch.impress.co.jp/docs/news/1250115.html（最終閲覧日：2021年3月20日）〉）。

# 16 越境文化としての化粧

## チャイボーグにみる日中間トランスナショナルコミュニケーション[1)]

廖 静婕・髙馬 京子

## 1 はじめに

　1980年代から日本や欧米諸国の影響を受け，徐々に発展してきた中国の化粧であるが，近年では，中国風メイクである「チャイボーグ」が日本で流行りはじめた。本章では，このチャイボーグの流行過程を事例に，中国の化粧文化がいかに発展してきたのか，現代の日中における化粧文化の構築はどのようになされているのかを検討する。これらの検討をとおして，1980年代以降の化粧文化をめぐる事例をとりあげながら，日中におけるトランスナショナルコミュニケーションの流れを明らかにしたい。

## 2 中国におけるファッション誌と化粧文化

　化粧は社会文化として重要な役割をもち，中国，日本においては謝（2017）や大坊（2001）が指摘するように，コミュニケーションの手段の一種ともいえるほど，国が違ってもどの時代にも存在した文化だといえる。李（2015）によると，中国における化粧の歴史は数千年の蓄積があり，化粧法や化粧品に関する資料や骨董品が数多く残っている（李，2015：1–2）。また，謝（2017）によれば，1949年の中華人民共和国成立後，政治的理由や自然災害による経済危機により，女性の化粧が禁止される時代もあったが，現在では化粧品の購買力，化粧とファッションへの関心も次第に高まっている（謝，2017：26–27）。

　中国におけるファッション産業の発展は，ファッション雑誌からはじまるといえ

---

1) 本章では第2節，第3節，第4節を廖が，第1節，第5節，第6節を髙馬が担当した。

るだろう。1988年に中国で最初のファッション雑誌『世界時装之苑（ELLE）』が創刊され，その後，1995年に日本の主婦の友社と提携した『瑞麗服飾美容（Ray）』が，1998年には中国側が海外の出版社の版権を買い取る型で創刊した『時尚・COSMO（COSMOPOLITAN）』が創刊された。これらファッション雑誌の登場により，従来の中国にはなかったファッション概念とファッション産業が発展しはじめたのである（北方・古賀，2011）。このように，『世界時装之苑（ELLE）』をはじめ，中国と海外の出版社が提携して様々なファッション誌を出版しはじめ，さらに2005年には，アメリカの出版社コンデナスト・パブリケーションズによるファッション雑誌『VOGUE』中国語版の発売が開始されている。

　このような中国のファッション誌業界の現状について，横川（2006）は日本の「瑞麗」系，アメリカの「時尚」[2]系，ヨーロッパの『世界時装之苑（ELLE）』の三つが中国のマーケットを占めていると指摘する（横川，2006：47）。

　また，北方・古賀（2011）によると，中国のファッション誌にはおもに三つの特徴がある。一つ目は海外，とくに日本と提携する雑誌が多いという点である。二つ目は，日本で雑誌の売上が伸びない原因はインターネットの発展にあるとされるが，中国では紙媒体とデジタルメディアの共存が求められている，という点である。三つ目は，中国の読者がもつファッションについての意識や考え方は，雑誌をつうじて育まれた場合がほとんどである，という点である（北方・古賀，2011：22-23, 28-29）。このような指摘があるわけだが，じっさいに中国ではデジタルメディアのみならず，マスメディアとしてのファッション誌が影響力をもっている。そして，マーケットの一部を日本の「瑞麗」系が占めているという現状からも，日本の化粧文化が中国で雑誌にも紹介され，読者に一定の影響を与えていると考えられる。

## 3　中国における化粧の発展史（1980年代以降）

　日本からの影響を受けていると考えられる中国の化粧文化だが，そもそも中国において化粧の発展はいかなる歴史をたどってきたのであろうか。まず，指摘できることは，中国の化粧では長く赤色が愛用されてきたということである。李（2015）によると，秦漢時代から臙脂，朱砂（辰砂）を使った様々な赤粧（紅粧）が流行りはじめ，唐朝では濃い赤粧が主流となり，近代に入っても赤色が常に化粧品の主流

---

2）流行・ファッションの意味を指す。

であったとされる（李, 2015：54, 57–58, 97）。

　しかし謝（2017）によると，1949 年の中華人民共和国成立後の自然災害と，その後の文化大革命の影響により，中華民国では盛んだった化粧は衰退し，再び化粧をしていない素顔に戻っていった（謝, 2017：26–27）。中国女性の髪型は統一化され，化粧をしていない素顔が規範となったのである。

　改革開放の政策を実施した後，1980 年代頃になると，経済の発展とともに欧米などの様々な海外ブランドも中国市場に流入するようになった。李（2015）によると，この時代の女性は華やかな色を好む傾向があり，派手な色があふれた化粧をし，清純さの代わりに艶やかで人びとの目を奪うような化粧をしていた。彼女らは色鮮やかであること以外，眉や唇，鼻などは一目で輪郭がわかるような正確さを特徴的としていたのである（李, 2015：216）。

　2000 年以降，場面や職業に応じて様々な化粧法が出現した。職場，パーティー，モデルなどに向けた様々なメイクがあるが，中国における美的認識に関しては従来と同じ傾向にあるとされる。謝（2017）は現在の中国女性の美に対する認識は世代ごとに若干の違いがみられるが，基本的には白くて綺麗な肌とそれがもたらす清楚な雰囲気が好まれる傾向があり，現代だけでなく，歴史的にみても同じ傾向が認められると述べている（謝, 2017：25）。

　こんにちの中国で普遍的に行われるメイクは，どのようなものであろうか。それは現在，日本で流行っている「チャイボーグ」とは同じものだろうか。次節では，2019 年の『VOGUE 服飾与美容』，『世界時装之苑（ELLE）』，『瑞麗服飾美容 MINIBOOK』における事例，ならびにチャイボーグに関するネット記事を参照しながら，中国のファッションメディアにおいて中国メイクがどのように紹介されているのか考察していく。

## 4　中国ファッションメディアにおける中国メイク

　表 16-1 で示すように，2019 年に紙媒体で刊行された合計 24 冊の『VOGUE 服飾与美容』および『世界時装之苑（ELLE）』を調査したが，中国風のメイクが何かを示す記事，「チャイボーグ」と称された化粧に関する記事は存在しなかった。『VOGUE 服飾与美容』にはチャイボーグ関連の記事がなかったが，「中国赤」という中国伝統的な色を使ったメイクと化粧品を紹介するものは，以下のとおり二つの記事があった。

表 16-1　中国のファッション雑誌におけるチャイボーグ関連記事数

| 雑誌名 | 媒体 | 冊数 | チャイボーグ関連記事数 |
|---|---|---|---|
| 『VOGUE 服飾与美容』 | 紙 | 12 | 0 |
| 『世界時装之苑（ELLE)』 | 紙 | 12 | 0 |
| 『瑞麗服飾美容 MINIBOOK』 | 電子 | 19 | 0 |

『VOGUE 服飾与美容』2019 年 9 月号
おしゃれな中国赤
「プロフェッショナルな色の解決策を提供している Pantone 社は，Chinese Red と名付けた赤シリーズを出した。国の名前である色を名付けることで，その「国色赤」が隠された代表的な文化であることを提示する。この赤が標準色として名付けられる前に，中国赤は中国人一人ひとりにとって意味が異なるものであった。中国赤はある人にとっては朱色の漆で塗る扉，ある人にとっては赤い漆器，また，赤い対聯や提灯など……中国赤は生活の様々な形になり，その存在を無視できないほど私たちと強く関係があるのである。中国赤は一つの色というより，一種の精神的な象徴である。この鮮やかでどこか落ち着く赤は，近年様々な領域に応用され，ファッションから化粧品などどこでも見られ，若さとおしゃれな一面を披露している。紛れもなく，化粧品になった中国赤はとても美しく，もっとも中国人の肌色に似合う赤である。このシーズン，元気満々中国赤色の口紅は Louis Vuitton，Fendi などのブランドのランウェイでよく見られ，Sephora も中国赤シリーズの化粧品を出す予定がある。現代のデザインと伝統的な要素と組み合わせ，私たちにとって意味深い中国赤は，中国の伝統的な色だが，今は間違いなく世界のものでもある」（『VOGUE 服飾与美容』9 月号：265）。

　この記事では，中国の代表的な赤色を中心として紹介がなされている。この記事からわかる中国風，あるいは中国メイクは，「もっとも中国人の肌色に似合う赤」という特徴といえる。

『VOGUE 服飾与美容』2019 年 10 月号
中国の伝統的な要素である磁器，漆器，京劇，水墨画，詩詞などを入れ，メイクアーティストに自分の心の中の「中国風」を表現するコラムが掲載されている。しかし，表現としては日常的なメイクではなく，ランウェイなどの舞台に適する，中国の伝統的な要素を取り入れた舞台メイクの形に近い。①の中国赤を中心とした記事と共通しているのは，中国の伝統的な要素を入れることが中国風であることが指摘できる。

また，単独のコラムではないが，中国赤をテーマとした限定商品が紹介されたページもある。その中には「中国風は今人気であり，化粧業界でも流行り始めた。中国の要素を美容品に入れて，優雅と高貴さをもたらす」という記述があったが，中国メイクは中国の要素を取り入れたものであるという文面であった（『VOGUE 服飾与美容』：293）。

　以上みてきた紙媒体である『VOGUE 服飾与美容』と『世界時装之苑（ELLE）』，電子版である『瑞麗服飾美容 MINIBOOK』の 19 冊には，中国メイクの紹介記事は見当たらないが，しかしネット記事には，日本で流行している「チャイボーグ」を紹介するものがいくつかあった。

テンセント[3]「日本の化粧ユーチューバーが中国メイクをして人気を得た」
　最近，（鹿の間の）穂乃香というユーチューバーが中国メイクの動画をアップロードし，人気を得たことによって，中国メイクと深く関わる中国的な美とはどのようなものかが紹介されている。
　また，中国的な美について，「素敵な笑顔，魅力的な目と目配せ，微笑みと花が咲くよう，唇はチェリーのように小さい」などの言葉で形容している。しかし，「ナチュラルメイクを代表とした日本メイク」のように，具体的にアイメイク，唇メイクなどをどのように描けばいいのかは説明されていない。ナチュラルメイクのような，中国メイクをまとめられる言葉もない。

Sohu[4]「日本人にとっての中国メイクは，こんなもの？」

　日本人がまとめた日本人にとっての中国メイクの特徴のほかに，日本のクリーム肌や韓国のみずみずしい肌より，中国メイクはマットのような高級感（霧面的高級感）を生み出していることが強調されている。

　クリームのような肌でスイート系の日本メイクと，みずみずしく潤った肌とキラキラしたアイメイクが代表的な韓国メイクに比べて，中国メイクのポイントは立体的な輪郭，【中略】深めなアイメイク，はっきりした唇メイクがポイントであると指摘し，立体的で堂々としたイメージを提示するのが中国メイクであると述べられている。

　こちらの記事は明確に中国メイクの雰囲気やメイクの仕方を指摘しているが，しかし他方でそれは筆者による主観的な意見でもあるため，中国メイクとはこうであるという断言はできない。

环球时报[5]「日本メディア：韓国メイクを倒し，中国メイクが日本で流行った」

　これは日本のメディアが報道した記事「韓国メイクに続いてヒットした中国メイク」を元にして，中国メイクが日本で次第に注目されつつあると報道した短い記事であるが，チャイボーグの流行は「中国のソーシャルメディアの急速な発展と個人メディア従事者」のおかげであると指摘されており，ネットにおける有名人がそれぞれのソーシャルメディアをもちいて活躍し，人気を得ることによって中国メイクを世界に広げたとされている。また，韓国メイクのスタイルは若さと可愛さを特徴とするのに対し，中国メイクのスタイルはセクシーさと大人っぽさを特徴とすると指摘している。

　以上みてきたように，ファッション雑誌の記事数から，中国メイクに関する化粧記事は多いとはいえず，中国メイクより「中国赤」という色が流行しているという内容のものがほとんどだった。ファッション雑誌における中国風メイクは，中国赤という中国を代表する色を使い，中国の伝統的な要素を取り入れるものと考えられる。それに対し，インターネット上の記事は，おもに日本で流行った中国メイク

4）https://www.sohu.com/na/374065098_526827?scm=1002.45005a.15d015e01a3.PC_NEW_ARTICLE_REC&spm=smpc.content%2Fnew.fd-d.10.1581984000026oXoZw5N（最終閲覧日：2020 年 3 月 31 日）

5）https://oversea.huanqiu.com/article/3xNpz4f7H8S（最終閲覧日：2021 年 3 月 20 日）

とはどのようなものかを中心的に紹介する内容であるが，実際の中国メイクの特徴，ポイントは曖昧なままである。中国メイクの仕方，特徴について日本人がまとめたものに対して意見を述べている。記事のなかには，中国メイクが具体的にどのようなものかを提示したものもあったが，記事数と他の記事の内容からみて，共通の意見であるとは言い切れない。

　ともあれ中国メイクそのものはたしかにスタイルとして一定の特徴があるが，一言でまとめられるほど明確な特徴をそなえているとは言い難い。このことからも，中国メイクが本国から日本に伝えられたというより，中国メイクという流行的な要素を取り入れて，日本で構築されたものといえるのではないだろうか。

　中国のファッション雑誌の記事数をみてみても，「中国メイク」や「チャイボーグ」そのものは中国国内で流行ってはおらず，むしろネット記事から，中国国外における流行現象として捉えたほうが適切だと考えられる。中国における「中国メイク」や「チャイボーグ」は，日本，韓国，欧米のように，誰もが知っているメイクスタイルにはなっていないのではないだろうか。次節では，日本のファッションメディアにおいて，中国メイクの受容と表象がいかになされたかを考察していく。

## 5 日本ファッションメディアにおける中国メイクの受容と表象

### ■5-1 日本の雑誌における中国人女性の表象：
### 　　日本，欧米の化粧文化を受容する中国人女性

　日本のファッションメディアにおいて，化粧に関する情報は多い。ファッション雑誌の広告をみても，日本の化粧品のみならず，欧米の高級ブランドの化粧品なども数多く紹介されている。本節ではまず，日本のメディアで「中国人女性」と「化粧」との関係がどのように取り扱われてきたかを考察するため，ウェブ版大宅壮一文庫で「中国人女性」で検索をした結果を考察の俎上に載せる。その調査の結果，1972年の初出から2018年までに刊行された記事のうち，合計で82件がヒットした。そのうち中国人女性に関連して，化粧に関する記事は5件，消費に関する記事は2件であった。後者は，中国人女性の購買意欲，購買力に関する記事である。化粧に関する記事は4件で，日本，欧米の化粧品メーカーがいかに，中国人女性に対して商品を売り込もうとしているか，マーケティングの視点から書かれた記事が大半を占めている。

　表16-2のように1999年から2012年までの雑誌に掲載された記事をみると，中

表 16-2 ウェブ版大宅壮一文庫の検索記事（1999-2012）

| 発行年月日 | 雑誌名 | タイトル |
|---|---|---|
| 1999 年 11 月 5 日 | 週刊朝日 | 北京ではやる変身写真館 ＊髪を整え，バッチリ化粧し，衣装を付けて撮影する写真屋さんは，中国女性の人気スポット |
| 2004 年 11 月 21 日 | Yomiuri weekly | 中国 日本 VS 欧米「化粧品」戦争 ターゲットは中国人女性 6 億人 ＊化粧品メーカーの中国進出 |
| 2008 年 9 月 9 日 | 激流 | 資生堂 中国女性美の進化を捉えた「オプレ」イノベーション ＊中国専用ブランド「AUPRES 欧珀菜」中国事業は資生堂にとって成長のシンボル |
| 2008 年 5 月 | 国際商業 | 資生堂「オプレ」イノベーションで中国女性美意識の進化に対応 ＊中国専用ブランド，高森竜臣執行役員中国事業部長インタビューあり |
| 2010 年 4 月 1 日 | 宣伝会議 | Marketing Data 中国女性の化粧品に関する調査 きれいだと思う女性「ノーメイクでもきれいな人」75％ ＊化粧品に関する情報源，化粧品がどこの国のブランドが気になる？ |
| 2010 年 9 月 22 日 | ニューズウィーク日本版 | 消費 中国女性買い物大革命！中国女性の購買意欲がさらなる成長をけん引し，洗練された市場を作る。 |
| 2012 年 4 月 | 激流 | 海外レポート，中国女性の「独身ブーム」が映し出す商機と社会問題の二面性 |

国人女性はファッション，化粧に興味をもつ購買力のある女性として描かれ，またそれに対して，日本や欧米の化粧メーカーがマーケティングの機会を求めて中国市場に進出していることが取りあげられている。すなわち，ここでは現代日本の雑誌表象において，中国人女性は日本，欧米の化粧品を購入する「消費者」として想定されていたことがわかる。

　日中の大学生がもつ化粧意識と化粧行動を調査した孫・木藤（2018）は，①日本は中国よりも女子の化粧意識が高い（孫・木藤，2018：15），②化粧行動のうち，日中の学生がともに高い頻度で行うのは「肌の保護」である（孫・木藤，2018：21）が，それでも③中国の女子大生は日本の女子大生と比べて，飾り立てるような化粧行動がより高い頻度で認められたという。ここからは，現代中国の若い女性が華やかな化粧に積極的であると読み取れるが，日本と比較するならば中国の化粧文化は発展途上であり，中国人女性の化粧スキルや化粧スタイルは未熟で，そのため練習の意味を含めて，飾り立てるような化粧への関心が高いのではないかと結論づけている

（孫・木藤, 2018）。

　研究対象によっても異なってくるかもしれないが，研究対象を一部の大学生に限定したこの論文の調査においては，2018 年当時，日本では中国人女性の化粧スキル，あるいは化粧スタイルは「未熟」なものとして位置づけられている。中国固有の化粧観をみてみると，「消費」という観点からも西洋文化への憧れが化粧文化にも表れていた，と捉えることができるだろう。

### ■ 5-2　2020 年以降の中国人女性の表象：
#### 日本のメディアにおける「チャイボーグ」の登場

　以上のように 2010 年代前半まで，中国人女性の化粧文化は発展途上ではあるものの，その消費力やファッションへの関心は増大しており，日欧の化粧品会社にとって重要な顧客として見なされていたことがわかる。このように，日本や欧米の化粧文化を「受容」する存在として語られてきた中国人女性のメディア表象に変化が生じるのは，前述のウェブ版大宅壮一文庫での調査によると，2020 年 2 月号発行の『JJ』からである。その号の表紙でもっとも大きく取りあげられた Beauty Special のキャッチコピーは，以下のとおりであった──「ちょっと大人で，ちょっと女らしくて，ちょっとカッコよくて──今，kawaii より "美人っぽい" が憧れ」。なかでも「華やかでカッコよくて小顔効果もあるなんて！最新の美人メーク＃チャイボーグって知ってる？」との記事に認められるように，チャイボーグを紹介するものも認められる。

　ウェブ版大宅壮一文庫だけではなく，最新の情報を掲載している日本の雑誌のうち，デジタルで購読可能な Dmagazine において，2020 年 2 月前後の雑誌で「チャイボーグ」が当初どのように紹介されていたかを検討するために調査を行なったところ，それをキーワードとする以下の記事が見受けられた。

　これらの 3 誌において，当時いかにして「チャイボーグ」が日本に紹介されつつあったのかを紹介しておこう。2020 年 3 月号の『ViVi』では，チャイボーグが 3 大

表 16-3　Dmagazine での調査結果

| 2020 年 3 月号 | ViVi | 360 度最強美人になれる最新メイク，研究したよ！How to be ＃チャイボーグ |
| --- | --- | --- |
| 2020 Spring　春の絶対トレンド SPECIAL | S Cawaii! | チャイボーグになれちゃう秘儀伝授　最新！中国メイクを極める七つのルール |
| 2020 年 4 月号 | 美ST | 40 代でもいける！噂の「チャイボーグ」メーク |

メイクの一つとして取りあげられ，その定義が以下のように規定されている。

> チャイボーグというのは「チャイニーズ」と「サイボーグ」を掛け合わせた造語で，「サイボーグ並みに人間離れした美しい女の子たち」という意味なんです。アプリの加工の力もあると思いますが，肌はさらっとマットで白く，山のある眉，赤身のあるシャドウに切りっと引かれた黒いライナーと，真っ赤なリップがトレードマーク。髪は長めでツヤっとした印象の人が多いです。さらに身体もお人形さんのように細い人が特徴です。

ここには可愛いという言葉はなく，「美しい女の子」や「美人」といった，美しいという言葉がチャイボーグを形容するために使用されている。それらを反映するように，『ViVi』において定義されている3大メイクとは，日本の「血色ピンクリップの」「ナチュ可愛ベースの清楚系メイク」としてのkawaiiメイク，中国の「赤のマットリップが特徴」の「抜けなしの全部盛りフルメイク」の「チャイボーグメイク」，そして韓国の「輪郭を曖昧にぼかしたじんわりグラデな派手色リップが多め」の「ツヤ肌とリップが主役のモテメイク」の「オルチャンメイク」と指摘されている。そして，チャイボーグに似合うファッションとして「いろっぽセクシー系が強め系」が提案されている。

つづいて，『S Cawaii!』におけるチャイボーグの定義は以下のとおりである。

> かわいさが九割のオルチャンメイクにかわり，妖艶で豪華絢爛な中国メイクがこの春のネクストトレンド！ゴージャスなのに繊細，かわいいのにセクシー，二面的な魅力をまとえる中国メイクの全貌を，インフルエンサーの鹿の間さんが全力実況中継します♡

ここでは，美しいという言葉は使用されておらず，かわいいという言葉が使用されているものの，9割がかわいいとするオルチャンメイクに比べ，「妖艶」で「豪華絢爛」，「ゴージャス」という特徴と，「繊細」，「可愛い」のに「セクシー」という特徴をあわせもつ，二面的な魅力がある化粧として紹介されている。

ここでも「大胆なはねあげ目じり」，「しっかり眉山」，「光沢感のある練りチーク」，「陶器肌」に加え，ここでも「純度の高い深紅」の口紅がルールとして紹介されてい

る。この『S Cawaii!』では，中国メイクの全貌を紹介できる人として，化粧動画で多くのフォロワー数を獲得しているユーチューバーの鹿の間を取りあげている。

　同記事で言及されている Youtube の動画サイトを考察しておこう。ユーチューバーである鹿の間の穂乃香 6) は 2019 年 5 月 10 日，「絶対流行るよ中国メイク。【中国メイク第 1 弾】網紅メイク」7) という番組コンテンツを公開している。これをつうじて日本向けにはじめて，中国メイクの紹介がなされ，その後，この動画サイトのコメントにあるように「ほんとうに流行った」というようなコメントの投稿が 2020 年に入ってみられるようになった。また，その 1 か月後の 6 月 5 日，鹿の間は「【中国メイク第 2 弾】チャイボーグ風大人っぽブラウンメイク「プチプラ」網紅メイク」8) と題する動画を投稿している。ここで「チャイボーグ」という言葉をはじめて使っているが，その根拠を Twitter におけるあるアカウントの投稿であると示している。この Twitter のアカウント名は「i hate kawaii（私は kawaii が嫌い）」とされており，これによっても，チャイボーグはかわいらしさの対極にある大人っぽさ，美しさを提示するメイクであることが暗示されている。当該アカウントの投稿は非公開なので内容を確認することはできないが，そこで使われた「チャイボーグ」という言葉が第三者の公開ツイッターに紹介されたのは 2017 年 1 月 8 日のことである。「チャイボーグ」という言葉はそれ以前から個人的に使用されていたが，化粧動画などで人気を博す鹿の間が自身の動画で「流行るメーク」として 2019 年 5 月に紹介し，それによって流行へと結びついたと想定されるのである。

　また，ファッション専門誌の『WWD』オンライン版（2020 年 3 月 2 日号）で，女子高校生の 2020 年度のトレンド予測で中華メイク，「チャイボーグ」メイクが選出され，ヒト部門で選出された鹿の間の穂乃香によるインタビュー記事が掲載されている。そのインタビューでは，この「チャイボーグ」メイクの動画をリリースしたきっかけとして，もともと韓国アイドル好きであった鹿の間が，韓国アイドルグループの中国メンバーの写真を SNS で見かけたことがきっかけで，中国の SNS アプリをもちいて情報を収集しはじめ，そこから日本，韓国，欧米の影響を受けながら中国風の「カッコよくてクールな印象にしている」中国メイクのポイントを学び，日本風にはアレンジせずそのまま真似て紹介していったという（『WWD』オンライン 2020 年 3 月 2 日号）。

---

6) チャンネル登録者数 31.2 万人（2020 年 4 月 18 日現在）。
7) https://www.youtube.com/watch?v=eIysIKZipgI（最終閲覧日：2021 年 3 月 20 日）
8) https://www.youtube.com/watch?v=VY4FeDm1F4g（最終閲覧日：2021 年 3 月 20 日）

その後，化粧専門雑誌『美ST』においてチャイボーグメイク特集が組まれているが，それはどのような内容であったのだろうか。以下にみていこう。

> しっかりメークだけど若見えする。NEXT ブレイクは中国の美女顔，40 代でもいける噂の「チャイボーグ」メーク

> オルチャンメークの次にくると若い子の間では常識になりつつあるチャイボーグはチャイナ＋サイボーグの造語なんです。中国美女のように抜け感ゼロの完璧メーク。粗をすべて隠してくれるのでサイボーグのような美しさが手に入るのです。

> 目指すはファン・ビンビン
> 色白な肌にきりっと強めな眉毛。女らしくて色気のある大きな目と真っ赤な唇。華やかで現実離れしている

　以上のように表現しながら，チャイボーグのメイク法として，とくに下地を中心に紹介がなされている。ここでも，「美女」や「美しさ」という言葉がチャイボーグを形容するものとして使われ，40 代女性向けに「若いコの間で流行っている」とする，若く見える方法としてチャイボーグメイクを紹介していることがわかる。

　また，同誌の 6 月号（2020 年 4 月発売）では，チャイボーグの理想像として描かれていたファン・ビンビンが表紙を飾り，その記事においても彼女は，「美しすぎる容姿」，「美の女王による美しさの極み」として「超透明肌をもつ」美しい人として紹介されている。

　以上の議論を整理しておこう。チャイボーグという中国メイクは，化粧を紹介する日本人ユーチューバーによって紹介された。彼女の動画コンテンツにおいても，「私の思い込みかもしれないけれど」とか，あるいは「中国の方々をみていると○○としているのを見つけた」といったかたちで，どちらかというと主観的な視点から中国の SNS における中国女性のメイクが紹介されている。SNS での投稿から情報を収集し，中国人女性の「真似」をし，それを「チャイボーグ」メイクとして紹介したのである。つまり中国人がみずから海外に売り込もうとして提案したメイクではなく，鹿の間による第 1 回目の動画でも紹介されているように，「独断と偏見でやっているのですが」という，彼女の視点に依拠しているのである。

　YouTube 動画を中心に広がった「チャイボーグ」メイクは 2020 年に入り，20 代前後をターゲットとする日本の女性誌で紹介されはじめ，それが 40 代，50 代の女性メイク雑誌にも取りあげられていった。こうしてチャイボーグメイクの流行はマスメディアとしてのファッションメディアをつうじて広がり，正当化されていったのである。

　また，雑誌におけるチャイボーグメイクの表象からみるその役割は，以下の点に集約される。すなわち，ファッション雑誌上においてチャイボーグは，それまで日本で隆盛していた美的基準である「かわいい」（田中・高馬，2020）を超えて美しいもの，もしくは（それと相反する特徴と考えられてきた）セクシーなものをあわせもつものとして提示されているのである。

　しかし，鹿の間の穂乃香の YouTube 動画に対するコメントをみていると，メイクの方法へのコメントというよりも，ほとんどがこの中国メイクが似合う鹿の間自身を褒めるコメントで占められているが，その際に「美しい」という言葉だけではなく，「かわいい」という言葉が中心に使われていることも注目に値するといえるだろう。

## 6　現代の化粧をとおしてみる日中文化の　トランスナショナルコミュニケーション

　以上にみてきたように，日本を含む海外の影響を受けて発展してきた中国の化粧文化を，デジタルメディアをつうじて日本が取り入れ，一つのメイクスタイルとして構築し，それが SNS のなかで様々に承認されていくことで流行として拡散していった。本章ではそれをマスのファッションメディアである雑誌などに注目しつつ，トランスナショナルコミュニケーションという視点から化粧文化の形成プロセスを考察の俎上に載せてきた。

　戴錦華が『中国映画のジェンダー・ポリティクス──ポスト冷戦時代の文化政治』（戴，2006）のなかで言及しているように，中国の『花木蘭』を題材としたディズニーアニメ映画『ムーラン』（のちに実写版も制作されている）は 1998 年に公開されたが，ハリウッドはアメリカの文化を意味するだけではなく，ハリウッドにおける中国への浸透度が中国の開放と進歩を測る一つの尺度になるとする（戴，2006：55）。

　このように『ムーラン』は，ディズニー映画というアメリカのグローバリゼー

ションを担う企業によって「アプロプリエーション（文化盗用）」されているともいえる。ディズニーによるこの動きをフランスの宗教史学者であったミシェル・ド・セルトー（Michel de Certeau）がいうところの，ある意思と権力の主体が，「周囲から独立してはじめて可能になる力関係の計算，操作」としての「戦略」と名づけるなら，中国がそれをとおして中国の開放と進歩を測ろうとする行為は「ある意思と権力の主体が，周囲から独立してはじめて可能になる力関係の計算，操作」という「戦術」的なものといえるだろう。

　それと比べ，本章で考察してきた「中国メイク」「チャイボーグ」の拡散は，日本を含む西欧文化の影響を受けた中国のメイクの現状をめぐって，日本人ユーチューバーが主観的な解釈を含みつつ拡散し，それがマスメディア，そして中国のSNSで広がっていくことで「チャイボーグ」という文化が形成・伝達され，さらには正当化されていったといえるのではないか。そこには，マスメディアといった企業の「戦略」は後追いでしかない。トランスナショナル時代においては，複数の行為者による「戦術」がリゾーム的に交差していくなかで，「チャイボーグ」という化粧文化が構築され，マスメディアによってそれが正当化されていくという動きがみられる。

　これまで考察してきたように，このようなチャイボーグのブームの発生は，まさにSNSの発達によって可能になった現象だと考えられる。日本人女性の美意識の一つとして考えられる「かわいい」（田中・高馬，2020）とは異なる基準を提供するこの「チャイボーグ」現象をみていると，アジアでもっとも西洋化した国として，様々な文化モデルの手本になろうとしていた日本（Iwabuchi, 2006）という幻想はここにはない。また，それは中国主導による中国メイクのブーム構築でもない。このチャイボーグの事例をとおして，デジタルメディアを発端とし，複数の他者＝行為者によって中国の化粧文化がブームとして生み出されるという構図が認められるのである。

【引用・参考文献】

北方晴子・古賀令子（2011）．「中国ファッション誌の現在」『文化女子大学紀要』42, 21–30.

时尚杂志社『时尚COSMO』

謝黎（2017）．「化粧へのまなざしにみる中国女性の美的価値観の変遷」『東北芸術工科大学東北文化研究センター研究紀要』16, 25–30.

上海译文出版社有限公司『ELLE 世界时装之苑』

人民画報社『VOGUE 服飾与美容』

孫 暁強・木藤恒夫（2018）．「日中大学生の化粧意識と化粧行動」『Psychological Research』17, 15–23.

戴錦華（2006）．『中国映画のジェンダー・ポリティクス─ポスト冷戦時代の文化政治』御茶ノ水書房

大坊郁夫［編］（2001）．『化粧行動の社会心理学』北大路書房

田中洋美・髙馬京子（2020）．「現代日本のメディアにおけるジェンダー表象──女性誌『an・an』における女性像の変遷」『明治大学人文科学研究所紀要』87, 1–45.

中国軽工業出版社（2008–2018）．『瑞麗服飾美容』

樋口耕一（2014）．『社会調査のための計量テキスト分析──内容分析の継承と発展を目指して』ナカニシヤ出版

横川美都（2006）．「海外動向 中国動向 China News 中国のファッション誌」『繊維トレンド』61, 46–52.

李芽（2015）．『脂粉春秋：中国历代妆饰』中国纺织出版社

Certeau, M. d.（1990）．*L'invention du quotidien I.* Arts de faire, Gallimard Education（ド・セルトー, M. ／山田登世子［訳］（2021）．『日常的実践のポイエティーク』筑摩書房）

Iwabuchi, K.（2006）．Japanese popular culture and postcolonial desire for Asia, in M. Allen & R. Sakamoto（eds.），*Popular culture, globalization and Japan.* Routledge, 15–35.

Weber, R, P.（1985）．*Basic content analysis.* Beverly Hills, CA: Sage.

第1部

第2部

# コラム：ランゲージパートナーとの
## 越境的コミュニケーション ─────────

劉 麗

　中国で日本語を学んでいると，「なぜ日本語を選んだのですか」とか，あるいは「日本のどこが好きですか」などとよく聞かれる。それに対して中国人学習者は，「日本のアニメが好きだから」とか，あるいは「日本の文化が好きだから」などと答える。しかし筆者からすると，そのような回答はどうも表面的に聞こえる。むろんそうしたセリフは本心かもしれないが，しかし日本での生活を実体験したことのない学習者は，多くの場合，書物やネットから異国である日本の情報を得て，そのイメージに甘んじているように思えるからである。むろん現代において，たとえばインターネットやソーシャルメディアなど，海外の情報を得るための，そして異文化を理解するための媒体は多様化している。そのなかでも本コラムでとりあげたいのは，外国語の学習に際しての「ランゲージパートナー」という存在である。

　「ランゲージパートナー」とは，ある外国語を学習する者が，それを母国語とする人物とパートナーになり，その人物とのやりとりをつうじて言語を学ぶことを意味する。中国の大学でそれは制度的に確立されているわけではないが，外国語を学ぶための選択肢の一つとして捉えることができる。

　筆者自身，もともとランゲージパートナーについては懐疑的であったが，その印象を変える経験をしたことがある。修士１年のとき，北京大学に留学中の気さくな日本人女子学生とランゲージパートナーになったのである。ここで仮に彼女のことをＡさんと呼びたい。私たちは毎週，時間を決めて会い，語学学習のみならず個人の趣味，若者の流行文化，自国の文化まで，様々な領域にわたって会話し，交流を重ねた。そうしているうちに，相手との友情を深めつつ楽しく言語が身につき，異国の文化が会話をつうじて理解できるようになった。このとき，ランゲージパートナーが異文化理解のための重要なメディアになりうることを実感したのである。

　ここで，あるエピソードを紹介したい。ある日，Ａさんとファストフード店での語学学習を終えて帰ろうとしていたところ，彼女はトレーをもって立ち上がった。しかし私はそれをみて，彼女が何をしようとしているのかを理解できなかった。すると彼女は店内のゴミ箱にゴミを捨て，食べ終

わったあとのトレーを片付けたのである。むろんこの行動は，日本人にとってごく当然だと思われるが，ほんの数年前までの中国では，食事の後のゴミはそのままテーブルに放置するのが一般的であった。そんな中国で生活していた私は，ファストフード店に客のためのゴミ箱があることすら知らなかったのである。私はこの経験をつうじて日本語の言語的なコードのみならず，日本人の価値観を支える文化的なコードを理解することの重要性を再認識した。このような体験は，生身の人間であるランゲージパートナーの存在があってはじめて実現したことだといえる。

　異なる文化を背景にもつ人と交流することは，本などで学んだ表面的な知識を，実感できる生身の文化体験へと変換し，とくに自国で知りえない若者文化について実際に学ぶことができる。本やネットではなく，ランゲージパートナーをつうじて言語を学習することは，現代の大学生にとっては文化越境を体験する重要な手段になりうるのかもしれない。

# あとがき

　漢学塾として始まった二松学舎は，その開始からすでに日中文化の融合体であったといってよい。そして今でも，全国的に希少になった中国文学あるいは中国古典学の分野を，学芸・教育双方において担っている。ただ，学術としての中国学は，とくに日本においては年々目に見えて衰弱している。中国古典学という修養に時間と手間のかかる学問は，経済効果重視の昨今の価値観とは共存すべくもないのだ。

　一方で，日中の文化交流は，上記漢学とは異なる形でホットである。映画に始まりアニメ・マンガ・ゲームを中心とするコンテンツ文化の受容と流行は，政治問題や経済摩擦を超えて，力強く結び合っている。

　船に乗って海を越えて，というかつての隣国との交流は，いまでは指先一つで瞬時に可能になった。言語の壁を越えて，デジタル化され記号化された情報は，難なく双方をつなぐ。そもそも人が面白いと思い，愛でたいと思うものは，文化の壁を越えて共通なのだろう。日本のアニメに夢中になる中国の若者と，三国志や西遊記に時を忘れた日本の若者には，文化交流という言葉すら不要なのではないだろうか。

　本書は，漢学という日本と中国を結ぶ学問から始まった本学が，最も新しいメディアコンテンツで繋がる日中の文化交流について，多角的な視点から問題にした論考を集めたものである。二松学舎の東アジア学術総合研究所の研究プロジェクトの成果として，都市文化デザイン学科の松本健太郎教授を中心としたメンバーの，2年間にわたる研究交流の成果として，ここに上梓する。

二松学舎大学

文学部長

牧角　悦子

# 索　引

## 執筆者紹介

### 監修者

**江藤 茂博**（えとう しげひろ）
二松学舎大学文学部教授・学長。最近の業績に，『読む流儀──小説・映画・アニメーション』（言視舎，2020），『講座 近代日本と漢学 第二巻 漢学と漢学塾』共編（戎光祥出版，2020），『講座 近代日本と漢学 第八巻 漢学と東アジア』編（戎光祥出版，2020）などがある。

**牧角 悦子**（まきずみ えつこ）
二松学舎大学文学部長，文学部中国文学科教授，三国志学会副会長，儒教学会理事，六朝学術学会評議員・理事。おもな業績に『經國と文章──漢魏六朝文学論』（汲古書院，2018），『詩経・楚辞』（角川文庫，2012），『中国古代の祭祀と文学』（創文社，2006），『列女伝──伝説になった女性たち』（明治書院 2001）などがある。

### 編 者

**松本 健太郎**（まつもと けんたろう）
二松学舎大学文学部都市文化デザイン学科教授，日本記号学会理事，観光学術学会理事，日本コミュニケーション学会理事。おもな業績に『デジタル記号論──「視覚に従属する触覚」がひきよせるリアリティ』（新曜社，2019），『ロラン・バルトにとって写真とは何か』（ナカニシヤ出版，2014）などがある。

**王 怡然**（おう いぜん）
京都大学国際高等教育院非常勤講師。おもな業績に「留学生名簿にみられる清末中国人の日本蚕糸業への留学実態」（『歴史文化社会論講座紀要』16，2019 年 3 月），「『湖北商報』と日本──人と翻訳を通じて」（『人間・環境学』27，2018 年 12 月）などがある。

### 章執筆者

**范 周**（はん しゅう）
中国文化産業協会副会長。国家発展改革委員会大運河専門家委員会委員。文化・観光部「第一四次五カ年計画」専門家委員会委員，文化・観光部国家文化改革発展研究基地主任，教育部高等芸術学理論教学指導委員会副主任。中国教育国際交流協会教育と文化創意産業分会理事長，海峡両岸文化創意産業大学研究同盟理事会理事長。中国伝媒大学文化発展研究院院長，教授，博士指導教員。『中国文化産業年鑑』（中英版）編集長。2020 年中国国家観光文化旅行風雲人物賞，2020 年中国全面的小康十大傑出貢献者。国連創意経済顧問，国務院特別手当専門家。

**秦 剛**（しん ごう）
北京外国語大学北京日本学研究センター教授，国際芥川龍之介学会副会長。おもな業績に「″大東亜の歌姫″李香蘭の表象性」（岩本憲児・晏妮編『戦時下の映画 日本・東アジア・ドイツ』，森話社，2019），「鶴崗炭鉱日本人の文化活動と『戯曲蟹工船』」（『ツルオカ復刻版』，三人社，2019），「なぜ孫悟空は子どもになったのか」（『マンガ／漫画／MANGA 人文学の視点から』，神戸大学出版会，2020）など。

**沈 浩**（しん こう）
翻翻動漫集団総裁。中国の杭州大学（現浙江大学）外国語学院を卒業後，九州大学大学院へ留学，修士学位を取得。2003 年から東京を拠点に漫画関連のビジネスに取り組み，2009 年に中国へ帰国。浙江省杭州市で翻翻動漫という会社を設立した。同社は「ワンピース」や「鬼滅の刃」など日本の人気漫画を中国へ導入，また，中国のオリジナル漫画の育成にも取り組んでいる。近年では，さらにフィギュアなどキャラクターグッズの販売や企画分野へと幅広く展開している。

**劉 心迪**（りゅう しんでぃ）
西安工程大学新媒体芸術学院広播電視編導系講師。おもな業績に「浅析受衆心理需求対電視新聞編集革新的影響」（『芸術技術』2016 年 8 月），「新媒体時代媒介融合対電視新聞編集転型的影響」『新媒体研究』2016 年 12 月），「一帯一路下的中国電影的機偶与挑戦（西江文芸，2017 年第 17 期），「5G 引領下雲端文化芸術活動対西安国家中心城市建設的影響研究」（西安市 2021 年社会科学規劃基金項目）などがある

楊 駿驍（よう しゅんぎょう）
早稲田大学，東洋英和女学院大学ほか非常勤講師。専門は現代中国文学，文化。おもな業績に「『荒潮』と中国における「SF 的リアリズム」」（特集 近現代通俗小説）（『野草』105, 2020 年 10 月），連載「〈三体〉から見る現代中国の想像力」（『エクリヲ』(11-13), 2019 年 11 月 -2021 年 4 月）などがある。

張 文穎（ちょう ぶんえい）
北京第二外国語大学日語学院教授。おもな業績に『来自辺縁的声音──莫言与大江健三郎的文学』（中国伝媒大学, 2007），『トポスの呪力──大江健三郎と中上健次』（専修大学出版局, 2002）などがある。

鄧 剣（とう けん）
北京大学新聞与伝播学院博雅博士後。おもな業績に『日本遊戯批評文選』（編訳，上海書店出版社, 2020 年），「MOBA 遊戯批判──従"遊戯烏托邦"到"遊戯夢工厂"的文化変奏」（『探索与争鳴』, 2020 年 11 月）「日本遊戯批評思想地図──兼論遊戯批評的向度」（『日本学刊』, 2020 年 4 月）などがある。

ヴィグル・マティアス
二松学舎大学文学部都市文化デザイン学科専任講師。おもな業績に「Transmettre quels savoirs ?」（Eurasie, 2019），「The surgeon's acupuncturist: Philipp Franz von Siebold's encounter with Ishizaka Sōtetsu and nineteenth century Japanese acupuncture」（Revue d'Histoire des Sciences, 2017），「曲直瀬道三と 16 世紀の日中鍼灸医学」（『曲直瀬道三と近世日本医療社会』武田科学振興財団, 2015）などがある。

伊藤 晋太郎（いとう しんたろう）
二松学舎大学文学部中国文学科教授，三国志学会評議員，四川省諸葛亮研究中心外籍学術委員。おもな業績に『「関帝文献」の研究』（汲古書院, 2018），『三国志：漢文講読テキスト』（共著，白帝社, 2008），『秦漢──雄偉なる文明』（翻訳，創元社, 2005）などがある。

須藤 廣（すどう ひろし）
法政大学大学院政策創造研究科教授，観光学術学会副会長。おもな業績に『オフショア化する世界──人・モノ・金が逃げ込む「闇の空間」とは何か?』（明石書店, 2018），『観光社会学 2.0──拡がりゆくツーリズム研究』（福村出版 2018）などがある。

林 茜茜（りん せんせん）
同済大学外国語学院助理教授。おもな論文に「谷崎潤一郎が中国へ投射したもの──「天鵞絨の夢」を視座にして」（『比較文学』59, 2017 年 3 月），「十年一覚揚州夢──谷崎潤一郎「鶴唳」論」（『アジア遊学』200, 勉誠出版, 2016 年 8 月），「「風流」な文学者──谷崎潤一郎「蘇東坡（三幕）──或は「湖上の詩人」」論」（『国文学研究』178, 2016 年 3 月）などがある。

楊 爽（よう そう）
二松学舎大学大学院文学研究科博士後期課程修了。博士（文学）。現在，中国・河南農業大学日本語科講師。おもな論文に，「現代中国の旅と食──屋台事情から考える」（『フードビジネスと地域』第 3 章，ナニカシヤ出版, 2018 年），「依田学海与晩清中国外交官的交流」（『日語学習与研究』, 201, 2019 年 4 月），「近代文学と漢文小説──依田学海の作品から考える」（『近代日本と漢学』巻 6, 戎光祥出版株式会社, 2019）などがある。

廖 静婕（りょう せいしょう）
明治大学情報コミュニケーション研究科修士課程修了。

高馬 京子（こうま きょうこ）
明治大学情報コミュニケーション学部専任准教授，日本記号学会理事，ジャポニスム学会理事。主な業績に『越境するファッション・スタディーズ』（共編著高木陽子・高馬京子，ナカニシヤ出版，印刷中），『転生するモード──デジタルメディア時代のファッション』（日本記号学会編，高馬京子特別編集, 2018）などがある。

コラム執筆者

呉 玲（ご れい）
浙江外国語学院東方語言文化学院教授・院長

李 原榛（り げんしん）
北京大学歴史系博士課程

金子 真生（かねこ なおき）
二松学舎大学非常勤講師

松浦 史子（まつうら ふみこ）
二松学舎大学文学部国文学科准教授

李 文哲（り ぶんてつ）
延辺大学朝漢文学院准教授

朴 銀姫（ぱく ぎんひ）
魯東大学東北アジア研究院院長・文学院教授

黄 碧波（こう へきは）
安徽広播影視職業技術学院講師

平崎 真右（ひらさき しゅんすけ）
二松学舎大学非常勤講師

劉 麗（りゅう れい）
北京大学歴史系博士課程

翻訳担当者

周 潭（しゅう たん）
二松学舎大学大学院文学研究科博士前期課程修了
（修士）

久保 輝幸（くぼ てるゆき）
浙江工商大学東亜研究院日本研究中心副教授・国際
交流中心主任，早稲田大学宗教文化研究所招聘研究
員

二松學舍大学学術叢書

**日中文化のトランスナショナルコミュニケーション**
コンテンツ・メディア・歴史・社会

2021 年 3 月 31 日　　初版第 1 刷発行

監　修　江藤茂博
　　　　牧角悦子
編　者　松本健太郎
　　　　王怡然
発行者　中西　良
発行所　株式会社ナカニシヤ出版
☎ 606-8161　京都市左京区一乗寺木ノ本町 15 番地
　　　　　　　　　Telephone　　075-723-0111
　　　　　　　　　Facsimile　　 075-723-0095
　　　　Website　http://www.nakanishiya.co.jp/
　　　　Email　　iihon-ippai@nakanishiya.co.jp
　　　　　　　　　郵便振替　01030-0-13128

印刷・製本＝ファインワークス／装幀＝白沢　正
Copyright © 2021 by S. Eto, & E. Makizumi
Printed in Japan.
ISBN978-4-7795-1596-5